U0476945

知性育儿

0~10岁人格养成的误区与对策

孙存昌 / 著

图书在版编目（CIP）数据

知性育儿：0～10岁人格养成的误区与对策/孙存昌著. —福州：福建教育出版社，2024.6
ISBN 978-7-5334-9661-6

Ⅰ.①知… Ⅱ.①孙… Ⅲ.①家庭教育 Ⅳ.①G78

中国国家版本馆CIP数据核字（2023）第076140号

Zhixing Yu'er——0～10 Sui Renge Yangcheng De Wuqu Yu Duice

知性育儿——0～10岁人格养成的误区与对策

孙存昌　著

出版发行	福建教育出版社
	（福州市梦山路27号　邮编：350025　网址：www.fep.com.cn
	编辑部电话：0591-83763280
	发行部电话：0591-83721876　87115073　010-62024258）
出 版 人	江金辉
印　　刷	福建新华联合印务集团有限公司
	（福州市晋安区福兴大道42号　邮编：350014）
开　　本	710毫米×1000毫米　1/16
印　　张	17.25
字　　数	238千字
插　　页	3
版　　次	2024年6月第1版　2024年6月第1次印刷
书　　号	ISBN 978-7-5334-9661-6
定　　价	59.00元

如发现本书印装质量问题，请向本社出版科（电话：0591-83726019）调换。

序

本书作者孙存昌博士，主修高等教育学专业，毕业后却有志于育儿研究。他在第一个孩子尚未出生时，就跟我透露了一个比较宏大的计划：像近代著名儿童教育家陈鹤琴那样，从孩子呱呱落地起就写观察日记，做亲子研究。当时我对他的这个计划颇为存疑，并不看好，这倒不是因为他远离了高等教育学专业，而是鉴于当下的高校科研导向，非常不利于这种难以申请课题、难以在核心期刊发文的自选项目。以科学的方式做亲子研究，需要随时随地观察记录孩子的一举一动、一言一行，一旦上手，少则数年，多则十余年，必须年复一年、日复一日地全身心投入，任何一个时段的疏漏都有可能造成无法弥补的素材缺失。一个世纪前，任教于南高师的陈鹤琴可以心无旁骛地做亲子研究，可如今的大学教师在严苛的量化考核重压之下，大多气喘吁吁、身心俱疲，不太可能像陈鹤琴那样做周期长、吃力不讨好的亲子研究，除非你敢于将量化考核置之度外，敢冒"不发表就出局"的风险。

转眼十年过去了，今夏酷暑之中，孙存昌博士将这本凝聚了十年心血的书稿发给我，嘱我作序。在粗粗浏览了目录和书中几个片段之后，当初的疑虑便烟消云散，自愧低估了他做亲子研究的学术抱负和毅力。

这部《知性育儿——0~10岁人格养成的误区与对策》,以培养儿童健全人格为主旨,针对儿童身心发展的主要因素,如身体、独立能力、认知能力、安全感、自信心、情绪表达、毅力、社会能力、多子女关系等,胪陈家庭教育的常见误区及其可能的危害,富有针对性地提出了家庭教育的具体建议。这是一部切合我国家庭教育实际、渗透了丰富教育理论的儿童教育参考书,也是一部有血有肉、可读性和操作性俱强的新"父母必读"。

父母是儿童的第一任老师,育儿是一门大学问。可怜天下父母心,没有一个父母无舐犊之爱,也没有一个父母从无望子成龙之心。然而在现实生活中,同样的良善愿望,实际效果却可能大相径庭,个中原因,除去难以控制的外部因素外,家庭教育的方式方法无疑会起到关键的作用。得其法者,孩子在阳光雨露下茁壮成长,家庭也因此其乐融融,平添几分和睦;不得其法者,孩子受罪,父母受累,不仅无益于孩子的发展,还可能适得其反。孙存昌博士正是本着这个初衷,本着一位教育学者的学术立场和价值取向,以他十年如一日对自己两个孩子不间断地亲子观察为资料基础,通过他不间断的实践反思,积十年之功而写成。这部书也是作者十年呕心沥血的教子篇,是作者十年育儿经验及教训的理论总结篇。

本书的主要优点,是紧贴生活、观察细致、言简意赅、情真意切。这些优点,得益于作者宽厚的教育学理论素养,也得益于他十年如一日细致入微的亲子观察。因为有理论的支撑,所以他的观察独具慧眼、感觉敏锐,能见一般人所不能见,听一般人所不能闻;因为有十年如一日的坚持,几乎每天都不懈地进行观察、记录、思考、总结,所以他能够在占有大量素材的基础上去粗取精,晓之以理,动之以情。书中所述种种家教误区,在日常生活中司空见惯却又极易掉以轻心;各章节对误区危害的分析由表及里、入木三分,所提家教建议既有针对性,又简单可行。更加不易的是,作者态度和蔼可亲,用的是亲人般的口吻。例如,可否让婴儿吸吮手指,如何对待孩子的哭闹或尖叫,如何引导婴儿照镜子,为什么不宜过早让孩子看电视、玩电脑和手机，如何处理孩子之间的冲突，如何引导孩子吃苦耐劳，如何培养孩子的是非善恶观念，等等，我在阅读这些"误区"和"建议"时，不仅为所述的内容深深吸引，而且内心深处每有触动，或者会心一笑，或者扼腕叹息，不由自主地反省自己在初为人父的当年，在育儿的过程中是否陷入过这些"误区"，是否暗合了这些"家教建议"。这种阅读体验，正是本书的成功之处，也是本书的魅力所在。

孙存昌博士先后任教于广西大学、南宁师范大学，十多年来之所以能在繁忙的本职工作之余，几乎每天都用心观察孩子的行为，在夜深人静之时写观察日记并分析思考，这样一种专注和执着，最主要的是源于他作为人父的那份慈幼爱心和责任感，也源于他作为一位教育学者的情怀。在我与他多年的交往中，我从他的身上能感受到，他是发自内心地希望所有孩子都能拥有一个幸福快乐的童年，希望所有孩子都能在阳光雨露下自由而茁壮的成长；他是发自内心为那些"好心办坏事"的父母们而着急，对儿童正逐渐失去童年和童真而痛心疾首，对那些发生在家庭或学校中的种种"伪教育""负教育""反教育"而义愤填膺；他也发自内心地希望与所有新手父母分享他的育儿经验和教训，希望所有父母都具有育儿的智慧、都能成为孩子人生中最好的第一任老师。百年树人，始于襁褓之时，蒙以养正，方能根深叶茂，也许这就是他在高等教育学博士毕业后执意转而研究育儿智慧的深层原因吧。

毋庸讳言，为了这份专注和执着，孙存昌博士会面临较大的风险，在个人的职业发展上难免受到某些影响；尽管以我所知，他在本职教学工作中始终尽心尽责、富有激情，是学生眼里的好老师，但他这十年育儿研究的所有付出，想必难入量化考核指标的法眼，很难转化为实际的科研绩效，他在量化考核体系中也难免处于不利的位次。但是，也正由于他敢冒风险，甘愿损失和牺牲个人的某些绩效实利，仍然十年如一日地坚持做育儿研究，并且完成了这部凝聚了他十年心血的著作，他的这份专注和执着，也就显得更加难能可贵，更加令人肃然起敬。汤因比说过，教育事业需要一份近乎宗教的虔诚和情怀,在孙存昌十年如一日的育儿研究中,我真切地领略到了这种虔诚和情怀。

欣然写下这些文字,聊充书序。

周　川

(苏州大学教育科学研究院院长、教授、博士研究生导师)

2022 年 9 月 1 日

前 言

儿女是上天赐给父母的产业，父母有责任守护好这份产业，这于父母，于孩子，都是福祉。

把孩子养育成一个身心健康的人，这是父母们的盼望，也是父母的责任。然而，有的父母，只是把这当着任务罢了，在养育儿女的过程中，缺少为人父母的方法，甚至责任，以至于孩子们逐渐偏离身心健康发展的目标，出现诸多问题。

而这些问题，往往又都是不可逆转的，当父母想要从头再来一次，纠正这些问题时，一切都变得几乎不太可能。

孩子为什么不爱运动，孩子为什么会挑食，孩子为什么和父母激烈对抗，孩子为什么懒散拖拉，孩子为什么经常大吵大闹，孩子为什么沉迷于网络游戏，孩子为什么不主动做事情，孩子为什么人际交往能力差，孩子为什么缺乏毅力，孩子为什么自控性低，孩子为什么缺乏勇气……这都可能是当前家庭育儿过程中面临的困扰。

如何避免孩子出现这些问题，使得他们在体能发展、语言发展、情绪表达、毅力养成、好奇心维护、独立能力发展、人际交往能力发展等得到支持，是父母育儿要着力的地方。

人们往往靠经验来养育孩子，这看起来好像没有问题，而随着时间推移，这样随性而为的教养方式，常常会把他们养成情绪失控的孩子、啃老的孩子、身心出现严重问题的孩子。父母也为此身心俱疲，焦虑不安，遍寻各种方法，却也无济于事。

要把孩子养育成身心健全的人，不能只是靠经验进行，还得有科学的方法，父母要早早地做好思想准备，不仅仅在养育孩子的物理条件上，更要在养育孩子的教育理念上做好准备，思考我们要养育出一个什么样的孩子，能为孩子带来什么，应当要做的是什么。

而在当前家庭教育中，父亲往往不参与子女教育，几乎都是由母亲主导孩子的教养，这是一个普遍存在的错误现象，却无法警醒育儿父母。要让孩子养成健全人格，父亲需要全程参与教养儿女。

知易行难，是育儿中的现实困境。不少父母也都明白大多数育儿道理，甚至也能头头是道地讲论一番，但是，他们不愿意为了孩子成长而有太多改变，以至于随波逐流，缺失为孩子发展提供尽可能的帮助。然而，教养儿女过程中，父母要亲自参与，要有有效的陪同，要有育儿的反思，更要有育儿方法的调整和优化。

早早地预备我们的心思意念，把养育儿女当成做父母的头等大事，得为孩子的成长做出巨大的调整，甚至放弃以往安逸享受的生活。为孩子身心健康发展，提供有效的家庭教育支持，这是父母们当尽的义务。

我是一位有着两个孩子的爸爸，也是一位从事教育研究的大学教师，我们的大孩子已经十一岁，小的也六岁半了，在这十一年的育儿过程中，我几乎每天陪同他们，并观察记录他们的成长变化。

我也始终坚信：孩子独立自主、人格健全，要比仅仅会考试更重要。培养孩子良善的品质、健全的身心，是我所思所行。

在这十一年养育孩子过程中，经历过苦痛，也品尝到甘甜，略有一些心得，想把它们通过教育科学的视角加以总结，分享给诸位父母，希望能为愿意寻求参考的家庭提供一些帮助。

目　录

身体、独立能力篇

第一章　如何养护孩子的健康身体

一　肌肤之亲的策略/4

二　允许幼儿吮吸手指/6

三　如何引导孩子独立进食/9

四　如何引导孩子学走路/13

五　如何培养孩子的运动能力/17

第二章　如何培养孩子的独立能力

一　如何引导孩子感知事物/22

二　多给孩子照镜子/25

三　不要抱哭闹的孩子/28

四　让孩子自己做可以做的事/31

五　让孩子自己做决定/35

六　性别认同养成策略/38

认知能力篇

第三章　如何培养孩子的语言能力

一　如何引导孩子清晰发音/45

二　如何丰富孩子的口头词汇/49

三　如何预防并处理假口吃/52

四　如何培养孩子流畅的表达力/55

五　如何避免孩子习惯性说脏话/59

第四章　如何培养孩子的阅读习惯

一　如何陪孩子看书/64

二　为什么不要过早给孩子玩手机/67

三　为什么不要过早给孩子看电视和电脑/70

四　如何避免阅读习惯养成的其他误区/74

第五章　如何维护孩子的好奇心

一　允许孩子在可控危险范围内探索/78

二　允许孩子"搞破坏"/82

三　允许孩子"走样"/85

四　如何培养孩子的观察力/89

五　及时解答孩子的提问/92

六　如何培养孩子的多样兴趣/95

安全感、自信心、情绪表达篇

第六章　如何培养孩子的安全感和自信心

一　为什么要多跟孩子拥抱/102

二　为什么父母要亲自带孩子/104

三　如何给孩子提供必要的帮助/107

四　如何做孩子信任的朋友/110

五　允许孩子出错/114

六　如何安抚和鼓励孩子/117

七　如何培养孩子的勇气/120

第七章　如何培养孩子的良好情绪

一　允许孩子哭泣/126

二　不允许孩子哭闹/129

三　避免孩子尖叫的策略/133

四　愤怒的体验和引导/137

五　恐惧的体验和引导/141

六　如何缓解孩子的急躁情绪/143

七　如何培养孩子平和与乐观的个性/147

社会能力篇

第八章　如何培养孩子的社会交往能力

一　如何帮助孩子选择同伴/154

二　如何培养孩子合作与分享的能力/157

三　如何避免孩子产生攻击性/160

四　如何培养孩子的主动参与能力/163

五　如何培养孩子感知爱和表达爱的能力/166

六　如何培养孩子责任意识/170

七　如何引导孩子学会道歉/173

第九章　如何培养孩子的良善品性

一　为什么不许孩子摘花草、踩蚂蚁/178

二　如何培养孩子的同情心/181

三　如何预防孩子成为爱抱怨的人/184

四　如何培养孩子诚实守信的品性/187

五　如何培养孩子宽阔的胸怀/191

六　如何培养孩子的审美能力/195

第十章　如何培养孩子是非判断

一　"孩子之间的冲突"不能由孩子自己解决/199

二　不能对孩子大是大非让步/202

三　如何培养孩子公共规则意识/207

四　如何让孩子明白善恶/209
五　如何避免孩子出现极端思维/212
六　如何培养孩子的社会担当/215

毅力篇
第十一章　如何培养孩子的毅力
一　如何引导孩子学会吃苦/221
二　如何培养孩子的专注力/224
三　如何培养孩子主动解决问题的能力/227
四　如何培养孩子注重细节/231
五　赞赏孩子的劳动成果/233
六　允许孩子放弃/236

多子女关系篇
第十二章　如何培养多子女间的亲情关系
一　如何让大孩预备接纳二孩的心/243
二　为什么要把孩子们放在一起养/246
三　如何避免偏爱某个孩子/250
四　如何处理孩子间的冲突/254

后　记

身体、独立能力篇

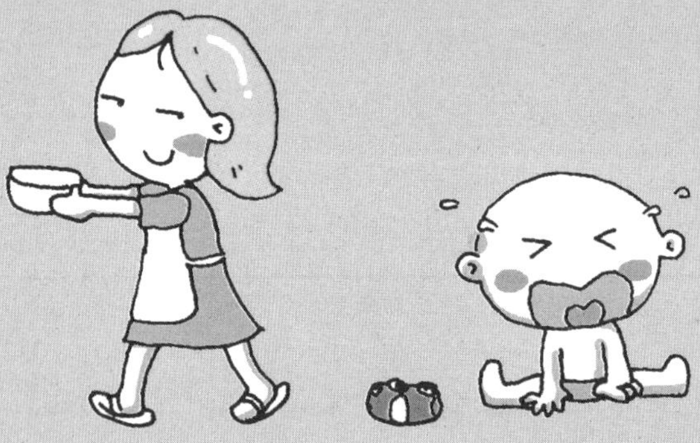

第一章

如何养护孩子的健康身体

身体健康是一个孩子发展的生理性基础，只有在健康身体之上，才能促进认知、情感、社会交往等能力发展。

养育孩子的健康体魄，不是一个简单的事情，而是一个复杂且长久的过程，需要及早地准备和行动，甚至要从受孕时就开始给予科学的孕育，并在婴儿出生之后，进行科学的喂养。

对孩子身体发育投入合理有效的方法，不仅能让孩子少生病，而且能够促进孩子在饮食、运动、体型等方面有更好的发展。正确的养育方式，能够避免孩子因挑食导致的身体瘦弱多病，也能避免孩子在运动能力上的不足，使得孩子运动的灵活性、平衡性、协调性都有好的表现。

父母要在孩子婴儿期就投入更多的时间，和孩子进行亲密的互动，引导孩子在学习进食、练习走路、攀爬运动等方面获得良好的发展。而这些方面的发展，又能促进孩子在安全感、自信心、心理健康、认知能力、独立性等方面得到更好的发展。

一　肌肤之亲的策略

跟婴幼儿进行亲子间的肌肤接触，能促进其感觉的发展，也能增加其心理安全感。有研究表明，婴儿降生后，马上跟妈妈进行身体接触，能让婴儿第一时间获得安全感，激活母婴间亲密情感，促进婴儿稳定情绪的养成，增加其自信心，也能很好地促进母亲认同自己妈妈身份，消除产后抑郁情绪。

加拿大最新研究发现，母亲跟婴幼儿的高频度肌肤接触，能增加母乳喂养的成功率，增强婴儿的消化功能，使得婴儿的心跳和呼吸趋于稳定，同时降低母亲产后抑郁症的概率，与婴儿的亲子关系更加亲密。

同时，父亲跟婴幼儿进行肌肤接触，能进一步促进婴幼儿的安全感和自信心的养成，增强父子间亲密情感的建立，形成家庭成员间多元互动的良好情感网络。

误区

①妈妈除了喂奶等必要时才抱孩子，其他时候几乎不抱孩子，也不跟宝宝进行身体接触，甚至把孩子扔在床上任由其哭闹。这极大地阻止了母亲和孩子间依恋关系的养成，使得宝宝不能充分地得到妈妈所带来的安全感，导致孩子长时间哭闹，使得宝宝情绪不稳定，更容易形成暴躁的个性。

②妈妈把母乳喂养当负担，甚至喂奶时不跟孩子进行目光、语言等交流，还有的妈妈为了保持体形，人为地过早给宝宝断奶。缺乏母子间目光、语言的交流，会使得孩子缺乏安全感。过早地给宝宝断奶，会使得孩子身体发育受到影响，身体免疫力在断奶后会下降，容易生病。

③爸爸不参与宝宝的互动，几乎不抱、不接触宝宝。婴儿的日常起居、洗漱都是由妈妈或者他人代劳，爸爸在家时，也只是象征性地看看孩子，而这是一个普遍且错误的做法。因为缺乏爸爸参与的养育模式，会阻

碍孩子自信心、安全感、勇敢个性的发展，而这些品格的形成，主要由爸爸影响而成。

④父母为了逗乐，用力地摇动宝宝的四肢，甚至故意抓挠宝宝的胸部、肚皮、腋窝等，逗其长时间剧烈大笑。剧烈摇晃孩子身体或者四肢，会让孩子感觉到惊吓，对孩子情绪发展不利。让孩子长时间剧烈大笑，可能会引发窒息的危险。

家庭教育建议

①新生儿要及时跟妈妈进行肌肤接触。较好的医院会在处理好脐带后把婴儿放置在妈妈身边，和妈妈进行第一次肢体接触。建议母亲在临产前跟医生沟通，要求产后立即跟婴儿肌肤接触。此后，每日逐渐增加妈妈跟其皮肤接触的次数，轻抚婴儿手掌、脚掌、胳膊等部位的皮肤，这样能增进亲子间的亲密度。

②有条件的妈妈可坚持母乳喂养。婴儿在吮吸乳头的时候，增加母子肌肤接触的频度，妈妈怀抱婴儿的同时跟其进行目光交流、言语互动，轻轻哼唱儿歌等，把微笑的面孔展示给孩子。这样能安抚婴儿的情绪，增加孩子安全感。

③爸爸要尽力参与养育孩子的全过程。做父亲的不能以工作等为借口逃避养育孩子的责任，每天最大可能地保障在家的时间，可以帮着抱抱孩子，带孩子到户外玩耍，和孩子进行语言、目光、肢体交流。

爸爸也要帮妈妈给婴幼儿洗澡，增加爸爸跟孩子亲密接触的机会。在给婴儿洗澡时要特别注意做好安全防护，家长要把手卡在婴儿腋窝和肩膀，防止滑落，如果是用浴盆给宝宝洗澡，要把婴儿的头抬着，防止没入水中导致宝宝呛水。给宝宝洗澡后可直接抱着他，也可用浴巾裹住抱到床上，为宝宝擦拭身体，并适当按摩其身体各个部位，在这过程中增加肌肤接触，提高亲子间的亲密度。

④在婴儿半岁大以后，睡前可以把他放到爸爸或者妈妈的肚子上，让宝宝接触父母的胸部、脖子等部位，跟其嬉戏一会儿，亦可轻轻地把他反

复举起、放下几次，或者让其躺在身边，轻抚或者按摩其四肢。此外，家长平时也可以经常轻柔地拉、握孩子的手，这也能增进亲子之间的情感。

⑤父母多亲吻宝宝。爸爸妈妈可适时亲吻宝宝的额头、脸颊，在宝宝洗澡后可亲吻其胸膛、胳膊等部位；也可以用面颊触碰宝宝的面颊，用鼻尖触碰宝宝的鼻尖、额头等部位。亲吻宝宝后可以亲切地对他说：爸爸（妈妈）爱你！

切忌饭后不漱口、酒后熏气浓的时候亲吻宝宝。

二　允许幼儿吮吸手指

小宝宝在两个月左右时，就会自发地把手指头放到嘴边吮吸，很香甜地吃着、啃着。这种现象大概会持续到两岁半左右。这是他在满足嘴巴最初的生理需求，符合幼儿发展的一般规律，要允许他这样做。

婴幼儿吮吸手指或其他物品，是其身心发展必经的阶段和现象，他需要借助吮吸手指和其他物品来满足这一阶段的需要，同时也是其感知、探究外部世界的途径和方法。

如果允许婴儿顺其自然地吮吸手指，允许其尝试其他干净的物品，这种现象在两岁左右会自然消失（个别会持续到两岁半到三岁）。如果强行干涉或者进行所谓的说教，会使其变成强迫行为，久久不能顺利消除，甚至导致畏惧、胆怯等性格。所以，父母要明白，幼儿早期吮吸手指是正常的行为，除了把他手指洗干净外，不要阻止或做其他干预。

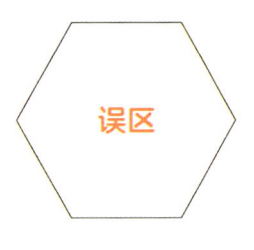

误区

①父母误以为宝宝吸手指不干净，是不正常的现象，就禁止宝宝吮吸手指，甚至给宝宝戴上手套，或者给宝宝手指头涂抹刺激物，使得宝宝被迫停止吮吸手指。这些做法是错误的。

②父母在宝宝吸手指时，强行把宝宝手指从嘴巴里拉出来，此外，父母还不停管教宝宝不要那样做，

甚至通过打骂来阻止宝宝吸手指。这种做法看似能让宝宝在父母面前不敢吸手指，但是，他还是会偷偷地去吮吸手指，甚至持续到更大的年龄还不能停止。

③父母尽管不是打骂孩子来阻止他吮吸手指，但却是反复口头提示："宝宝不要吃手指，怎么又吃手指啦，快不要吃了，那样很不卫生。"试图让孩子也认为吮吸手指是错误的行为，想让孩子在主观上感觉到羞愧、害怕，进而不吮吸手指。这样会让孩子产生怯懦，甚至产生强迫症。

④一些看似开明的父母以为宝宝一岁之前可以吸手指，一岁以后就不应该吸手指，这也是错误的认知。家长认为宝宝大一些继续吮吸手指会不卫生、不安全，会把手指吃变形等，因此就要求宝宝不再吮吸手指，甚至出现上述强行拉扯孩子手指、打骂孩子，试图阻止孩子再吮吸手指。这也是没有看到孩子这样的行为是一个自然产生、自然消除的过程，一岁后的人为干预，对孩子吮吸手指行为自然消除依然不利。

家庭教育建议

上述几种做法，不仅不能消除宝宝吮吸手指的现象，反而会使其吮吸手指行为更频繁，时间上更持久，甚至延续到小学阶段。同时，会导致宝宝形成孤僻、胆怯、畏惧等性格品质，严重者会形成强迫症，这些对孩子心理发展极其有害。

家长要从认知上清楚地明白幼儿吮吸手指是正常的现象，只要他们在正常的发展过程中，吮吸手指没有被阻止和干预，到了两岁左右，这个现象就会自然消失。

反之，人为干预，不让宝宝吮吸手指，甚至打骂孩子来加以阻止，不仅不能让孩子顺利度过这个阶段，不会自然消除吮吸行为，反而使得他强迫自己不由自主地吮吸手指，乃至持续到儿童时期。那时候再调整，就比较困难了。

①允许宝宝自然而然地吮吸手指。家长要做的是：洗干净宝宝的手掌、手指，由他自由地吮吸。发现宝宝手指脏了要及时清洗，保证宝宝手

指是干净的，避免他因吸脏手指拉肚子。做好这些事情后，就可让宝宝自由地舔、咬、啃、吮吸手指了。

②及时给宝宝剪指甲。家长可选择宝宝专用的，比较小巧、安全的指甲剪，可在其吃奶或者睡觉等扭动较少的时候给他剪指甲。这样可以保持宝宝手指干净，也可以避免宝宝因为指甲锋利而抓伤自己的脸。

③保证宝宝的饮食及时、够量。父母要留心观察宝宝吃奶、进食的时间，当他有进食的信号时，及时给宝宝喂奶或者辅食，直到他吃饱为止，防止其因饥饿而长时间吮吸手指。有些妈妈因为工作原因，无法在工作期间喂奶，可以告知其他监护人及时给宝宝喂奶或辅食，以避免宝宝因为饥饿吮吸手指。

④为宝宝提供安全的啃咬物品。宝宝在吮吸手指的年龄段，也会抓啃其他物品，家中不放置较小的、可以入口的物品，防止其卡住婴幼儿咽喉。可以提供较大的、带有安全硅胶的玩具，擦洗干净，供宝宝啃咬。这样既能防止宝宝啃咬物品产生危险，也能满足宝宝啃咬的需求。

⑤宝宝在一岁左右会捡来各种物品放到嘴里品尝，甚至品尝树叶、烟头、石子等。家长要及时观察和分类处理：当宝宝抓到树叶、草叶来啃咬时，家长不要强行阻止，可宽容对待，等其尝过后，询问其是什么滋味，耐心等其主动吐出来，再及时给宝宝清洗嘴巴和手掌，只要顺应宝宝这样的需求，不要加以干涉，这种状况大概持续到一岁半到两岁半就会自然消除。相反，如果人为强行干涉，宝宝就会把这样的行为变为习惯，等到上小学的年龄都可能还消除不了。

当宝宝捡到脏的物品，比如烟头、垃圾等要品尝时，家长要及时告诉他那些东西不可以尝，同时给他换一个可以啃咬的东西，把他的注意力从不可尝的物品转移到可以啃咬的物品上。这样既能保证他有东西可以吮吸、啃咬，又不会不卫生。

三　如何引导孩子独立进食

宝宝从六个月以后，可以逐渐添加辅食，这不仅能增加他的营养，也是训练他养成自主进食习惯的开始，同时也是避免他挑食的开始。家长追着给宝宝喂饭，或者在进食的时候给宝宝看电视、看手机、看图画书，都是不当的行为。

要鼓励和引导宝宝逐渐学会自己使用餐具，自主完成进餐。否则，宝宝不能很好地养成正常的饮食习惯，这对他身体发展不利，也对他进入幼儿园后独立生活不利，更不利于他养成独立完成任务的认知和习惯。

误区

①家长让宝宝一边进食，一边看电视、玩手机、玩玩具等。这使得孩子吃几口食物，就转而看电视，或者离开座位去玩玩具，玩了一会，再去吃东西，不能连贯地完成一次进食。这不仅不能让宝宝集中精力调动起消化系统正常工作，也不能使得进食和消化协调一致，还会让其养成有附加条件的进食习惯，对宝宝注意力养成，消化系统、神经系统发育都不利。

②家长追着宝宝喂饭。这种现象多出现在老人带宝宝的家庭中，当然，许多年轻父母也这样做。宝宝在进食时不愿意主动张口，家长就追着、哄着他，一口一口地喂他吃。这样看似能让孩子在"威逼利诱"下吃点东西，但是没有激发他进食的主动性，也让宝宝错误地认为：是你要我吃，不是我要吃。不能很好地引发他的食欲，也不能很好地促进他养成主动、独立进食的习惯。相反，会使得他养成一边玩、一边吃饭的习惯，不能很好地专注吃饭，对他的消化系统发育不利。

③要求宝宝在固定的时间，吃固定量的食物。父母以为这样早早地给孩子定规矩，可以训练他的纪律性。因此，规定了宝宝每一餐的进食时间，必须准时吃东西，甚至做到分毫不差，如果错过了规定时间用餐，父

母就发脾气，训斥孩子。

除此之外，还规定宝宝每次要吃多少种食物，多少量的食物，比如，给吃奶的宝宝规定每次喝多少毫升的牛奶，给吃饭的孩子规定每次吃多少分量的饭等。

给孩子确定一个大体的进食时间，这个没有什么问题，而要求孩子每次都必须赶在规定的时间进食，就比较机械。如果因为错过了规定时间进食而发脾气，训斥孩子，就更加破坏了孩子情绪养成的环境。

规定孩子每次都必须吃多少东西，这个做法非常错误，因为孩子每天的身体需求都不相同，不可能像机器一样完全等比例地需要燃料或者电力，规定孩子每次都吃等量的食物，会导致孩子对进食行为抵触，不容易形成主动进食的习惯，甚至产生强迫症。

④给宝宝的食物较为单一。容易使宝宝养成偏食、挑食的习惯，且对宝宝身体健康发育不利。家长甚至会说："我家孩子就爱吃什么什么，不爱吃什么什么。"如果反思一下，是不是在给宝宝早期添加辅食的时候较为主观地、简单地给他们提供单一的食物呢？

⑤以饼干、饮料等工业食品代替饭菜。工业化食品因使用色素、香料等，对幼儿的味蕾刺激强烈，宝宝容易偏好它们。家长如果疏于引导，会使得宝宝因依赖这些食品而减少甚至拒绝正常饭菜摄入。长此以往，宝宝有可能养成偏食的习惯，影响正常营养需求摄入，破坏免疫系统发育，患病率增加。如果摄入大量碳酸饮料，还有可能破坏激素分泌水平，导致第二性征过早地出现，还有可能导致肥胖、骨质疏松症等疾病。

家庭教育建议

引导孩子养成主动、独立、自主的进食习惯，是家庭教育中要特别关注的地方，要避免在孩子进食的时候给他看手机、电视，玩玩具等，更不要追着喂饭。给孩子提供丰富的食物，激发他的进食兴趣，并要避免让他养成挑食的习惯。

①宝宝用餐时不要给他看电视、看手机、玩玩

具、看图书等,不能让这些行为成为他吃饭的条件。要做到这一点,就要从宝宝添加辅食的时候坚持去做。否则,宝宝就会因为没有看手机、看电视、玩玩具而哭闹,并且不愿意继续吃饭。

当宝宝哭闹着不肯吃饭,非要看手机、看电视、玩玩具时,父母可以严肃而坚定地告诉他:"吃饭的时候不可以做其他事情,如果你想玩玩具,那就先去玩玩具,等你想吃饭的时候,再来吃饭。如果你想哭,可以哭,等你哭过了,再吃饭。"这时,父母不可为了安抚孩子而让步,而是由其哭闹一会,等到他不哭了,再引导他吃饭。如果家长一旦让步,就会让孩子进一步通过哭闹来控制父母,满足一边吃饭一边玩的要求。那样就会阻碍他养成好的进食习惯。

②不要追着宝宝喂饭。每次进餐时,只要孩子表示不想吃饭了,哪怕他没有吃饱,也不要强迫他再吃一口,更不要追着喂给他吃。可以口头提醒他再吃一些,或者跟他确认他是否真的不要继续吃饭了,如果他表明自己确实吃好了,就任由他去玩耍。

如果父母觉得孩子没有真的吃饱,而是想去玩耍,就要明确地告诉他:"如果现在不继续吃饭,只能等到下一顿饭时才能吃东西,中间不能再吃东西。"如果孩子真的没有吃饱,过后肯定很快就会饿,会吵着要吃东西,此时可以跟他解释:"刚才不认真吃饭,才导致这样的结果,如果吃饭的时候认真地、连续地一次吃饱,现在肯定不会难受了。"这时也不要给他加餐或者提供零食,而是坚持让他等到下一餐时间到了才能吃东西。经过几次这样"严肃"的训练,他就能明白不认真吃饭所带来的饥饿要由自己承担,就会在下次进餐时认真吃饭了。

为了让宝宝把全部精力集中到进食上,可以给他做一些可口的饭菜,也可以用语言引导他说:"今天这些饭菜比较香甜,你尝尝,是不是很好吃?"也可以就饭菜内容进行积极讨论,引起他们对食物的兴趣,增加食量。但不要过多谈论,当吃饭开始后,就尽量不说话,保持安静地就餐。

③不要强逼着孩子在固定时间吃饭,也不要强迫他每次必须吃固定量的食物。可以让孩子在大体相同的时间点吃饭,但是不要强逼着必须在哪

个时间点吃饭。也不要强迫孩子每次都必须吃够定量的食物。宝宝每一顿饭的需求都不一样，每次都吃等量的食物不符合孩子身体发展的实际需求，只要宝宝大体吃饱了，不再想吃东西，就允许他离开餐桌。

④训练孩子一次性连续地完成进食。当吃饭开始后，要求宝宝不间断地吃完。当宝宝不想进食的时候，询问他是否需要继续用餐，通常他都会说不要，此时可以告诉他："如果你不吃了，我们就要收走你的餐具。"如果他表示同意，就果断地把餐具收走，不给他提供玩耍一会再回餐桌吃东西的机会。这样就能让他逐渐懂得吃饭的时间就只能吃饭，想玩一会儿再吃饭是不可行的。那么，他就能逐渐养成在吃饭时间连续地吃饭，而不分心做其他事情的习惯。

⑤给宝宝提供一个相对固定的专用座位，每次吃饭都让他坐在那里，不要每次吃饭都把他换来换去放在不同的位置。这能让他意识到吃饭是一个稳定的行为，需要正式地对待。专用的相对固定的座位，也能使他认识到自己是一个完整的人，和大人们一样，是餐桌上的一个重要角色，也需要像大人一样完成用餐。

⑥尽量给宝宝提供丰富多样的食物。父母在家庭食谱中，可以搭配南北方不同风格的面食、米饭，素菜、荤菜，及其他菜品等，让宝宝能够有不同的选择，也能逐渐接受不同口味的食物，不要只是给他做他爱吃的少数几样饭菜，以避免他养成挑食的习惯。

在给宝宝添加辅食之初，可以单独给他做一些婴儿吃的食物，比如蒸蛋、蒸鱼等，而在宝宝一岁后，可以偶尔让他尝试大人们的饭菜，逐渐过渡到跟大人吃一样的饭菜，不再给他单独做饭菜，这样能避免他养成唯我独尊的饮食认知。同时可以告诉他："我们吃什么，你也要吃什么。"不给他养成挑食的机会。

此外，父母要尽力自己在家烹饪饭菜，少在外面用餐或者订外卖，让自己家庭可口的饭菜对孩子产生强烈的吸引力，激发他的食欲。少提供或者不提供工业化食物给宝宝，尽量不给他们食用饼干、糖果、薯片、各类碳酸饮料等，以避免不合格的工业化食物过早地侵蚀他的身体。

⑦鼓励宝宝自己尝试使用筷子、勺子。宝宝两岁之前，家长可以给他喂饭，等过了两岁后，可以慢慢尝试给宝宝提供幼儿专用的勺子和筷子，进餐时鼓励他自己使用它们，父母逐渐减少或者直接不给宝宝喂食。

允许宝宝用手抓饭菜。即使宝宝每次都会用手抓捏食物，甚至到处泼撒，大多数的时候也要允许其做这样看似"任性"的行为，可进行适当的言语引导，但是不要强行制止，以免他在进食的时候总是被批评管教，进而抵触吃饭。可以告知他用手抓饭菜的行为是不受欢迎的，使用筷子、勺子夹或舀饭菜才是受欢迎的，要慢慢养成用餐具的习惯。可以鼓励他说："你可以用勺子试试，注意不要弄脏衣物"等。过一阶段后，宝宝就能逐渐学会用餐具自己进食，而减少用手抓饭菜的行为了。

四 如何引导孩子学走路

婴儿通常从八个月左右开始学爬行，通过一个月左右的训练，能够自主地坐稳，再过一个多月，可以扶住稳固的物体站起来，偶尔也能不依靠其他物体而晃晃悠悠地站起来，然后再坐下，这样反复练习后，他就能站直，甚至可以迈出腿往前走，再过一段时间，他就可以颤巍巍地行走了，完成了从爬到走的历程。

这个过程中，宝宝会不断地探索与尝试：坐起来，站起来，再坐下，再站起来……他会出现站不稳、走不动的现象，也会出现跌倒，甚至受伤的情况，这些，都是这个阶段正常的现象，家长没有必要担心，经历了这个过程后，他就能独自走路了。

宝宝学走路的过程，是他综合调动感官、神经等系统，探索外部世界、协调内部机能的过程，通过不断尝试和探索，他逐渐掌握四肢平衡的技能，促进脑部发育，同时促进四肢肌肉的发展。这是宝宝自我尝试和感受外部世界的必然过程，需要支持他独立尝试，不可过多干预。

误区

在宝宝学习从爬到走的过程中，如果使用学步车、学步带，或者提供更多的人为帮助和干预，看似能够使得宝宝较快地学会行走，其实阻碍了他不断尝试协调身体平衡、协调内在认知和外部世界能力的发展，对其脑部结构、身体平衡感和四肢协调能力的发展都不利，甚至导致他在儿童及成人阶段的身体动作协调能力不强，动作技能笨拙，认知能力欠佳。

①父母不懂得幼儿学习爬、坐、站、走的时间段，没有专门对各个发展阶段进行引导和练习。家长要么一直抱着婴儿，较少让其在床上或者垫子上自由地活动，要么把婴儿放到小推车、座椅里，缺少让他趴着、滚动、爬行、坐起、站立的机会。

②父母认为让宝宝早点学会走路是好事情，让他使用学步带或者学步车。尤其是在父母在忙不过来时，把婴儿放到学步车里，既能减轻家长负担，也能很快使其学会走路。但是这个做法，使得孩子缺失了"从爬到坐，从坐到站，从站到走"的三个有机阶段，对他的身体协调能力发展是有害的。

③父母过于保护孩子，担心孩子学走路跌倒摔伤，总是牵着孩子的手，或者用带子束住孩子的腰，帮他走路。这种做法，一样是过度地人为干预孩子独立学走路的行为，使他缺失了自主练习从站到走的过程，同样会导致他肢体协调能力、平衡能力发展受阻。

④婴儿学步跌倒后，马上扶起来，人为地阻断了孩子尝试自主站立起来的机会。此外，在孩子练习走路的时候，家长不断重复地告诫他"小心哦、注意安全哦"等等，而不是鼓励他勇敢地去尝试。这也打击了孩子学习独立行走的信心。

家庭教育建议

婴幼儿学会走路，是一个相对自然而然的过程，他的内在本能会促使这个过程得到实现，家长要认识到这点，并给予孩子独立学习"从爬到坐、从坐到站、从站到走"的机会，由他在这些阶段独立地去完成，而不要进行过多的干涉或者束缚。

①在宝宝三个月以后，每天可以把他放在床上趴三分钟左右，这有助于他活动四肢，练习抬头，进而促进他四肢协调运动，为他七八月大小时在垫子上爬行打基础。

②有意识地引导宝宝练习爬行。在宝宝七八个月大小时，就可以让其在床上或者垫子上练习爬行，而不是经常把他抱在怀里或者小推车里。这一阶段，要多给他练习爬行。这时家长需要陪同在旁边，语言上鼓励宝宝往前爬，比如："你真棒，再往前一点。"或者放置玩具在他前方，吸引他爬行。

③关注宝宝从爬到坐起的过程。宝宝经过爬行的训练，极大地促进了他的四肢发展，再过一段时间，他就能慢慢坐起来，这个时候，他会坐一会儿，再爬一会儿，家长要明白这是一个正常现象，不要制止他又坐又爬的行为。经过一段时间反复练习后，他就能较长时间稳定地坐着，这为他接下来独自站起来，打下了坚实的基础。

④当宝宝可以独立坐稳后，有时候会用屁股坐在地上移动，到达他可以扶着站起来的地方，父母可以在家里放置稳固不易倾倒的物体，比如厚重一些的板凳，让他能够扶着站立。

宝宝学会了扶着物体站立后，很快就会出现不扶物体自主站起的现象，这表明他站立的能力有了很好的发展。这个时候，宝宝会颤颤地站起，再坐下，再站起，这个时候，父母出于担心，往往去扶孩子，这是错误的做法。要静静地观察他，或者语言上鼓励他："不要害怕，你做得很好，继续试试。"让宝宝自己在独立的锻炼中，达到能够自如地坐下、站起的程度。

⑤由宝宝自己练习从站到迈步的过程。当宝宝可以稳稳当当地站起、

坐下，坐下、站起后，他就会慢慢学习迈步走路了。他开始的时候通常会扶着墙壁、桌椅等物品走路，不会轻易松开手。家长不要急着让他松手，应完全由孩子自己决定他是否松手，继续鼓励他先扶着物品走路，慢慢等待他松手不扶物品行走的频度逐渐增加。

当宝宝不用扶物体也能迈步的时候，表明他很快就要学会走路了。这时候，家长千万不要因为着急，而牵着他迈步，那样就会让他一直不敢放手自己走路，阻碍了他自主迈步的发展，更阻碍了他认知空间距离、寻找平衡点、保持平衡能力的发展。

家长要做的是：由宝宝自己决定是否迈步。家长可以在宝宝前方一两步远的地方蹲下，向宝宝张开双臂，鼓励他向家长迈步走路。经过这样的训练，宝宝很快就能完全自主地走路了。

⑥宝宝学走路跌倒时，不要急着把他抱起来，而是鼓励他自己尝试坐起来或者站起来。宝宝无论是从爬到坐，或是从坐到站，还是迈步学走，都可能会出现身体不稳，猛然趴下或者跌倒现象。如果宝宝经历了自主地从爬到坐，从坐到站，这样的现象会很少出现。因为在自主练习爬行、坐起、站立、迈步的过程中，宝宝的认知能力、平衡能力得到了充分发展，他能够小心翼翼地探知身边事物，慢慢地尝试站起来，如果没有站稳，他会颤巍巍地坐好，或者颤巍巍地半蹲半站，摇晃后再坐下，然后再站立，一直到能够站稳。如果没有突然意外声音或者物体打扰，他们都能安全地坐下，即使个别时候猛然坐下，也都不会有危险。

经过自主发展引导的宝宝，在尝试坐或者站立时偶尔跌倒了，一般都不会哭，大人在旁边观察防止他摔伤即可，不用急着抱他起来，而是用语言鼓励他："再来一次，再试试，真棒，可以站起来了，不错的。"如果宝宝跌倒且出现哭闹现象，要蹲在旁边用手安抚他身体，并用语言安慰他，等他不哭后，继续鼓励他尝试爬行、坐、站立，也就不需要抱他起来。

⑦宝宝从站到走的过程，不要给他使用学步车或者学步带等辅助工具。使用学步工具，破坏了孩子协调性、平衡感的自主发展，对他今后运动能力全面发展具有不可逆转的阻碍性影响。家长此时要有足够多的耐心

等待他独立迈步，由他自主地练习迈步，这是他协调肢体、探索外部世界的关键过程，等他掌握了平衡点，有了更多的意识能力后，就能稳当地迈步行走了。哪怕再忙，也不要把孩子放到学步车里由他"行走"，可以把他放到地板上坐着，或者练习爬行。

五　如何培养孩子的运动能力

幼儿如果在从爬到走的过程中得到了较好的独立性、自主性锻炼，那么，他的平稳行走能力、身体协调能力都会有较好的基础，他的运动能力也会有更好的表现。

运动能力表现为大动作的稳定、连贯、协调、敏捷，精细动作的准确、稳定。这些特点，是人能够顺利完成运动、生产、生活的生理性基础。在幼儿阶段通过合理的引导和训练，能够使得他们在这些方面有较好的发展，并能使得他们具有健康的身体，充沛的体能，良好的运动技能。

误区　有人说："孩子会走、会跑、能运动就行了，讲求那么多干什么。"这个说法没有对孩子身体协调性发展有足够的重视，对孩子动作能力缺乏积极的引导，就会阻碍孩子动作的连贯性、灵活性、柔韧性、稳定性等方面的发展。

①家长在幼儿爬行训练时期，缺少有效的支持，经常抱着孩子，不让他接触到地面，没有给予他充足的爬行锻炼。这会延缓孩子学会爬行的进程，使得他四肢的协调性运动没有得到足够多的练习，进而延缓他学会走路的进程。

②家长在幼儿从爬到行走的发展过程中，使用了学步车、学步带等工具，使得孩子失去了平衡感发展的有效锻炼。因为宝宝在学步车里，几乎得不到从坐到站的练习，原本这个过程中四肢和躯体协同工作的机会也就缺失了，他只能靠着两条腿来运动，肢体协调发展得不到实现。

③家长不允许宝宝随便抓、捏、握、挖、撕、扔物品等，限制孩子用手抓握他们认为不干净、不安全、易损害的物品，并使用"不要抓、不要拿、不要捏、不要撕"等语言来阻止孩子。使得宝宝畏手畏脚，不敢尝试接触身边的物品，这极大地消减了孩子探索外界事物的兴趣，也阻碍其精细动作的发展。

④当孩子学会走路后，家长因为担心宝宝跌倒，摔伤，不允许他快速跑动，跳跃，攀爬石头、树木等。同时使用"不要跑那么快，不要爬树，不要爬石头"等话语训斥孩子。这些要求和命令，使得孩子得不到足够多的跑动、蹦跳、攀爬等锻炼，阻碍他运动能力的发展。使得他缺失了在平衡感、灵活性、协调性等方面的发展。

⑤家长因为担心孩子受伤，认为等孩子足够大了，才能给他玩儿童自行车、平衡车、滑板车、轮滑鞋等运动器具。这使得孩子缺乏四肢、躯体联合运动的练习，不能很好地支撑他协调能力的发展，甚至可能错过他平衡能力养成的关键期，导致四肢平衡能力较差。

⑥家长自己不喜欢户外活动，所以不主动陪伴孩子到户外，经常把宝宝留在室内玩玩具、看书，甚至任由他们打游戏、看视频等，这会逐渐导致孩子缺乏对户外活动的兴趣，使得孩子缺少足够的运动时间，这不仅不能让孩子身体得到有效的锻炼，更让孩子缺乏对外部世界的主动探索的兴趣。

家庭教育建议

身体协调能力及动作技能的发展，跟孩子运动有密切关系，家长在可控的安全范围内，要尽量让孩子动起来，让他在充足的运动过程中，促进运动能力发展。

跑动、攀爬、骑行等能够促进孩子身体协调能力、平衡感、动作技能、身体肌肉的发展。不用担心他们摔倒、跌倒所带来的轻微创伤，谁家孩子还不磕磕碰碰的呢，在可控的危险范围内，保持胆大、心细，放手让孩子去行动。可以在语言上鼓励他，比如孩子攀爬时，可以说："不用怕，想一下还有什么办法能爬上去，你可以做到的。"

①在幼儿练习从爬到走的时期，多放手让他去行动，不要使用学步车、学步带等工具。

②多给宝宝提供抓、捏、握、挖、撕、扔等动作练习的机会。提前清理完家中可能存在危险的物品，比如打火机、热水壶等物品后，可以任由他去抓、捏、握、挖、撕、扔、敲，甚至在他撕破东西后，也不要太在意，这一过程，可以促进他精细动作的发展，并带动注意力、空间感知能力的发展。

③在孩子运动跌倒时，除非目测他摔得特别严重，不然不要马上把他抱起来，而是蹲在他旁边，先安抚他的情绪，如果他哭了，不要使用"不哭，不哭"等话语，而是允许孩子哭一会儿来宣泄情绪。等孩子情绪稳定后，轻抚他的身体，使用安慰的话语："没事的，不要紧，不要怕，试试自己站起来。你真棒。"鼓励他慢慢爬起来。

这种安抚和鼓励的做法，能让孩子更加自信，让他更勇敢地继续尝试运动，也能促使他反思运动过程，掌握运动平衡的技巧，减少跌倒的次数，进而促进他运动能力的发展。

④在可控的危险范围内，让孩子自由地跑动、追逐、跳跃等，比如在大草坪、操场等宽阔的地方，完全可以放手让他去运动，语言提醒"注意安全"即可。不要反复叮嘱"不要跑，不要跳"，那样会阻碍孩子运动能力的发展。

⑤在有条件的地方，允许孩子爬树、爬石头、蹦跳等。在攀爬过程中，可以提前跟孩子讲清楚可能出现的危险，以及如何防止这些危险，并提醒"注意安全"后，即可由他尝试着去做。他会在不断的攀爬中掌握更复杂的技巧，减少跌落等危险。

和孩子外出游玩时，多鼓励孩子完成爬山、爬台阶等活动，以促进他运动能力和体能的发展。不要因为孩子说累了，就让他坐车，或者抱着他、背着他。

⑥给孩子提供尽可能多的户外运动。除了必要的室内亲子活动，家长要经常主动地带孩子到户外玩，一起打球、骑行、散步、跳绳、爬山、游泳等，这些都可以增强孩子的运动能力，促进他身体协调能力的提升。

在幼儿阶段，不要过早地给宝宝选定某一个或少数几个运动项目，要尽量让他广泛地接触各种运动形式，使其运动兴趣得到更好的激发，以及全面发展运动能力。

⑦及时给孩子提供运动器具。通常，家长对孩子的运动能力没有信心，不了解孩子多大年龄段可以使用哪些合适的运动器具，没能及时给孩子使用小自行车、平衡车、滑板车、轮滑鞋等，等到孩子大了，再让他尝试学习这些运动器具时，效果往往不太理想。及时给孩子提供合适的器具，鼓励他尝试练习，能够更好地促进他运动技能的掌握，也能更好地促进他身体协调能力的发展。

第二章

如何培养孩子的独立能力

孩子是一个独立个体，他终将会从出生时的嗷嗷待哺，成长为刚强自主的人。但是这不是自然而然的过程，而是需要父母从小培养孩子的独立能力，使他习得基本的生活技能，才能够在未来的生活、工作中，完成各种任务。

溺爱和包办，是孩子养成独立能力的最大障碍，会让孩子缺少独立能力养成的锻炼，处处依赖，甚至完全没有独立能力，成为一个"巨婴"。"啃老族""坑老族"基本都是这种模式教养的结果。

无论是在认知上，还是在实际行动中，父母要引导孩子认识自己、相信自己，做自己可以做的事情，来促进他的独立能力的发展。孩子只有在自我认知上，认识自己、接纳自己、相信自己，才能充分地发挥主体能力，独立地处理各种关系，才能独立地完成各种任务，而不是依赖父母或者他人。

父母在家庭教育中，要积极引导孩子认识自己的长处和优点，鼓励孩子做力所能及的事情，不轻易代替孩子做事情，让他在日常的生活中锻炼独立自主的能力，并鼓励他在各种选择、判断的时候，自己做决定。

一　如何引导孩子感知事物

宝宝从出生开始，就对外部世界充满好奇，他要通过自己的各种器官来感知世界，逐渐认识外部世界，并认识他自己。宝宝通过认识事物，逐渐区分自己和它们的不同，进而形成"我"和"它"的真实概念，建立起自我意识。

在感知外部世界的过程中，婴幼儿使用四肢、眼睛、口唇、耳朵、鼻子等器官来判断事物的性状，形成对事物的形状、硬度、距离、速度、声音、颜色等概念，他有时抓握、有时观看、有时啃咬、有时倾听、有时闻嗅，这不仅能使得他逐渐完善对事物的认识，也使得他的感知能力不断提升，促进他各个感觉器官的发育，促进不同感觉器官协调工作，养成综合感知能力。

误区　父母们往往以安全、卫生等为理由，禁止孩子触摸、舔尝原本可以接触的物品，有意无意地阻碍了孩子感知外部世界。

①孩子在婴儿期，家长常常把他放在床上、小推车上，基本不管不问，很少抚摸他，不经常跟他说话，也不给他可以抓握的玩具，使得宝宝在触觉、视觉、听觉等感官上缺乏锻炼。

②幼儿在一岁左右，会出现拍打玩具、撕拽物品、扔摔物品等现象，这是他感知外部世界的正常表现。父母对此不理解，以为是孩子在搞破坏、不听话，就会训斥孩子，甚至打骂孩子，以阻止他做出这些行为。这其实是在限制他的感官发展。

③家长限制孩子动家里除了玩具以外的生活用品。因为担心孩子弄乱或者弄坏物品，不准他动书本、衣服、鞋子等等，不允许其打乱家里物品的位置、秩序等，同时伴有语言训斥："不准动、不要拿。"甚至警告他

"有危险。"这看似能让家里的物品保持好的秩序,但是限制了孩子探知触角的发展。

④除了禁止孩子吃手指,还禁止孩子用嘴巴啃咬其他物品。

⑤不允许孩子钻帘子、桌子,躲猫猫等。家长认为这是孩子在捣乱,会弄坏物品,或者把衣服弄脏,通常会斥责他,命令他不要继续那样做。这其实阻碍了孩子对声音、方位判断能力的发展,阻碍孩子对"客观事物永远存在"这种意识的形成,阻碍孩子交往、互动能力的发展。

⑥让孩子长时间看高亮度电子屏幕,或者让他长时间暴露在高分贝的声音环境中。尤其是在宝宝玩手机时,把屏幕调得很亮,没有意识到会损害孩子的视力。有的家长喜欢把孩子带到KTV、商场等地方,使得孩子长时间在噪声环境里,这对他的听力有害。

⑦打断孩子正在做的事情。通常,家长不事先观察孩子在做什么,随性任意地突然对孩子喊话,比如,打断孩子正在做的事情,要求他吃饭、外出等等。此外,家长完全出于自己的心情,随时进入孩子正在做的事情场景里,大声地问孩子在做什么。有的家长想要孩子不要做家长认为"不正确"的事情,强行把他从洗澡、玩玩具、观察物品等情景中拖走。这都破坏了孩子专注能力、观察能力的发展。

家庭教育建议

上述几种做法,都在阻断孩子感受外部世界,切断他们跟事物之间建立的正确认知关系,阻碍了他们感知器官的发育、自我认知的发展、积极主动与社会交往的尝试。家长要引导孩子积极地去探索身边的世界,在不断探索中,增强他的感知觉能力,并促进他的身体和意识发展。

①在婴儿两个月大小,就可以给他呈现鲜艳的玩具,尤其是球形的玩具,在他眼前轻轻地移动,激发他对物体的观察兴趣。长大一些后,他就会主动移动目光追着玩具看,甚至扭头去追看玩具。家长每天都要如此给宝宝看玩具,这对他的视觉发展、观察能力的发展都有促进作用。

②在宝宝三个月以后，给他可以抓握的玩具，让他来抓、握、把玩。也可以给他买一个玩具架，把他放到玩具架下，让他抓、碰、踢上面的玩具。这有助于他的四肢发育，有助于抓握能力的发展，也有助于视觉的发展。

③宝宝从一岁左右开始，会看似故意地把东西拿在手里，然后滑下，或者扔掉，摔下，有时会抓住物体拍打、摔打，使得它们发出声音。这是他在感知物品的硬度、声音、质料、距离等，通过这些行为，他逐渐掌握物体的材质，以及物体间距离等观念，这对他的肢体平衡能力、空间感觉等养成有帮助。因此，要允许宝宝上述行为发生，不要禁止，在他完成这些动作后，帮他把物品捡起来，鼓励他继续重复这样的动作。等到一岁半左右，这些行为就会逐渐消失，家长不用担心。

④移除家里危险的物品，如暖瓶、玻璃杯、榔头等，在可控的危险范围内，有监护地任由孩子翻动、摆弄家中的物品。

孩子在这些行为中，可以接触更丰富的物体，感受不同物体的形状、颜色、质地等。而宝宝打乱物品位置的行为，看似在破坏物品原有的秩序，其实他又建立了一种新的秩序，这对他的思维扩展有促进作用，提高认知丰富性和灵活性，也更有利于培养他的创造性思维。

家长如果禁止宝宝接触丰富的家庭用品，实际是切断了他感知世界的触角，会对他感知器官发育不利，同时也逐渐破坏了他的好奇心，阻碍了他的兴趣广泛发展。

⑤宝宝在一岁半左右喜欢躲到窗帘后面、桌子下面等隐蔽的地方躲猫猫。家长要支持他这样做，甚至要经常陪他一起那样玩。这是他在感知真实的我和虚拟的我的关系，感知自己在现实情境中的存在和消失的关系，这对他自我主体性认知有帮助，也能让他逐渐明白"客体永不消失"的观念，减轻父母离开身边时的焦虑。

同时，通过躲猫猫，孩子对声音、方位、距离等有进一步的掌握，也会培养他细致的观察能力、分析判断能力。所以，躲猫猫游戏是非常有益的活动，要多支持孩子去玩。

⑥不能过早地给宝宝看手机、电视、电脑、Ipad 等电子产品。高亮度的屏幕对宝宝视力发育有害，大概率会引发孩子近视。也不能经常带宝宝去噪声场所，如 KTV、商场、广场舞、工地等，这会使宝宝的听力发育受损，还会引发宝宝焦虑的情绪。尽量让孩子待在相对安静的环境里玩耍，比如公园，郊区的大自然等。

⑦家长不要轻易打断孩子正在做的事情。在他专注地玩玩具、观察事物、思考问题的时候，要耐心地等他做完，再跟他进行对话，或者再布置他进行下一个活动。这有利于培养孩子感知事物的兴趣。不要催促孩子说："快点过来，吃饭了""不要玩玩具了，快去洗澡"等等。经常无端打断孩子正在做的事情，会导致其专注力下降，同时会对大人产生抵触情绪，破坏亲子亲密关系，导致青少年时期亲子正常沟通受阻。

二　多给孩子照镜子

孩子需要认识自己，形成自我认知和自我意识。他除了通过认识外部世界，来形成自己和外部世界不同的观念外，也需要直接认识自己，来建立对自己的认知。

孩子通过跟各种对象互动来认识自己，比如跟人（大人、小朋友）亲昵、对话、玩耍等，来认识"你""我""他"；跟物体接触，懂得什么是物品，什么是自己，形成"我"的观念。

孩子要形成自我认识，需要看到自己的形象，可以通过照镜子，使他直接地观察到自己，直观地认识"我"是什么样的。宝宝在照镜子的时候，还会去抚摸、拍打镜子里的"宝宝"，唤起"他"的注意，这是宝宝逐渐形成社会认识、开启社会性交流的基础。

宝宝在照镜子的时候，会仔细盯着里面的"宝宝"看，或者观察镜子中的其他事物，这对宝宝的观察力、空间感、虚实观念的养成有促进作用。

当前，在电子相片、视频普及的情况下，也可以适当地给孩子看他的

照片、影音等，使他从侧面更多地认识自己。

误区

很多家长没有意识到让宝宝照镜子对自我意识的形成有积极作用，疏忽于此，没有及早地让孩子照镜子。即使家长有给孩子照镜子，也是偶尔为之，使得宝宝通过照镜子来认识自我的机会较少。

①家庭中没有镜子。虽然这种情况比较少见，但也偶尔存在，这样家庭里的宝宝基本没有机会照镜子，缺失直接观察自己、认识自己的机会。

②家庭中的镜子放置的位置不合适，要么是位置过高，宝宝不能看到；要么是镜子在卧室里，宝宝不能经常看到。这也不方便孩子自由地照镜子，不能经常通过镜子来观察自己。

③家长迷信"小孩不能照镜子"的说法，不给宝宝照镜子。家长会有意不给孩子照镜子，在宝宝要去照镜子的时候把他拉开，或者斥责宝宝，告诉他不能照镜子，这样的做法，使得孩子逐渐失去对照镜子的好奇心，错失及早地观察自己的时机。

④家长基本不给孩子拍照，也不给孩子展示他的相片或者视频。这使得孩子失去通过图像来认识自己的机会。

⑤即使家长给孩子拍照，或者录制视频，却是选取他哭闹、出丑等时刻，然后展示给他，取笑他。家长觉得这很好玩，其实伤害了孩子的自尊心，使得孩子逐渐产生对家长疏远的情绪，甚至对拍照等行为极其抵触。

家庭教育建议

让宝宝照镜子、看自己照片等，能帮助他认识自我、观察自我，促进他的自我意识的形成和发展。在不断认识自我的过程中，使得他能形成较为客观的自我评价，能够接纳自我、欣赏自我，同时对他的社会性认知发展有帮助。

①要及早地给宝宝照镜子，不错过形成自我认识

的好时机。在宝宝四个月左右时，就可以把他抱到镜子前，让其观察镜子中的自己。这种较早地给宝宝照镜子的做法，能让宝宝喜欢照镜子，并通过观察镜子中的"宝宝"，来逐渐认识自己。

②家中准备一面平整的、大一些的镜子，固定在宝宝经常活动的场所，比如客厅、活动室，镜子下端的位置要跟宝宝趴着的时候高度相一致，这样宝宝在趴着、坐着时，都能直接看到镜子里的自己。

同时，包裹好镜子下端的棱角，防止宝宝撞上。此外，宝宝照镜子时候喜欢用手拍打，安全起见，可以选择防破材质的镜子。

③鼓励孩子和镜子里的"宝宝"互动。提示他可以用头跟镜子里的"宝宝"相抵，用手抚摸、亲吻镜子里的"宝宝"等。当宝宝拍打镜子里的"宝宝"时，可以告诉他：轻轻地，不要把小宝宝打疼了哦，你要疼爱"宝宝"。帮助孩子建立社交规则意识和社交能力。

④引导孩子观察镜子里的"宝宝"，告诉孩子，那个"宝宝"就是你自己，使得孩子逐渐明白自己的样子，以及真实的自己和影像自己的关系。

同时，也可以询问孩子镜子里"宝宝"五官的位置，让他用手指出来。比如："镜子里的宝宝鼻子在哪里？请摸摸。宝宝的眼睛在哪里？请摸摸。"这样可以帮助宝宝认识自己的身体，认识自己的特点。

⑤家长要多陪宝宝一起照镜子，询问他"妈妈在哪里，你在哪里，哪个是你自己，笑一个"等。让他通过参照自己和家长的区别，来辨别自己，进而认识自我。

⑥如果有条件，多给孩子拍照，拍摄宝宝的照片和视频后，及时地用手机或者电脑展示给他看，让他更多地认识到自己的样子、特点。给孩子看照片或者视频时，可以询问："哪个是你啊，你在干什么啊？"引导宝宝去观察自己的照片，回忆过去等，进而更好地认识自己，形成自我意识。而不要故意拍宝宝哭闹、出丑时候的照片来取笑他，那样会让孩子对自己形象产生自卑感，甚至排斥拍照。

三　不要抱哭闹的孩子

孩子有懒惰的本能：在婴儿期喜欢大人抱着，在会走路以后喜欢大人背着，在愿望没有满足时常常哭闹，甚至躺到地上打滚，要家长抱他起来并满足他的要求后，才停止哭闹。

家长通常在孩子哭闹时，马上去抱他，不加判断地满足他所有的要求，以平息他的哭闹。然而，这不仅不能消除孩子哭闹、躺下耍赖等行为，反而使得他变本加厉地用哭闹来让家长满足他的要求。

要避免这些倾向发生，可以从调试孩子的主动性上着手。从孩子婴儿期到童年期都要一直坚持在他哭闹时不要急着去抱他，也不要马上满足他不合理要求，等他安静下来后，再进行沟通和交流。在他不想走路、不想做自己可以做的事情时，不要抱着他走，不要马上替他完成，而是鼓励并要求他独自完成。

误区

家长为了防止孩子长时间哭闹，当他一哭就去抱、一哭就给他东西，这种做法是有害的。这会使得孩子养成娇惯、任性的性格，也使得孩子情绪脆弱，阻碍孩子毅力的形成，使得他缺少面对困难的勇气。一味地依赖家长，也使得他缺乏独立性。

①婴儿一哭，家长马上就去抱他。家长只要看到宝宝哭，就去抱他，希望通过抱他，来减少他哭闹，其实相反，这会使得孩子更加频繁地哭闹。因为宝宝会很快明白，哭闹能让家长抱他，或者满足他的需求，他就会习惯使用哭闹来"呼唤"家长，或者用哭闹来要挟家长满足他不合理的要求。

②宝宝学走路，只要跌倒，家长马上就抱他起来。这不仅不能帮助孩子形成四肢平衡能力，也不能激发他的独立性发展。导致他一遇到困难，就要哭着寻求家长帮助，而不愿意主动去想办法解决问题。

③孩子在学会走路后，没有走多久，就借口累了，家长因为心疼他，马上抱他起来或者背着他走。这会导致孩子不愿意走路、不愿意运动，而是长时间依赖家长，不能很好地促进孩子主动性的发展。

④宝宝上楼、爬山、外出游玩等，也会借口说累，不愿意再继续攀爬或者走路，哭闹着要家长背着、抱着，家长就迁就他，抱他走，背他走，用小推车推着走，或者找其他交通工具供他乘坐。缺乏对孩子坚持、毅力等方面的要求，会导致孩子慵懒、娇贵，以至于孩子缺乏克服困难的毅力，不愿意主动面对困难，也不主动寻找自主解决问题的方法。

⑤家长针对哭闹、耍赖的孩子语言不当。遇到宝宝喊累、哭闹后，家长常说："不哭、不哭，来，爸爸（妈妈）抱抱、爸爸（妈妈）背你。""不哭、不哭，给你买。"这些语言看似能安抚孩子，实际上，这会让孩子更加明白哭闹能满足自己不合理要求，进一步强化他哭闹的现象。

家庭教育建议

孩子一哭就去抱他的做法，看似能暂时平息哭闹，让宝宝获得父母的"浓浓爱意"，然而，却让宝宝失去了很多自我锻炼的时机，使得他过度依赖家长，遇到困难退缩不前，这对提高孩子的自主能力、独立能力非常不利。

家长不要在宝宝一哭闹时就马上抱他，也不要在他借口偷懒时马上帮他做，而是鼓励孩子自己先寻找解决的办法，等他实在做不到时，再给他提供必要的帮助。

①对待婴儿期的宝宝哭闹，在排除饥饿、排便等原因所导致的哭闹外，不要急于抱他起来。可以轻轻地拍抚，并温和地看着他，询问他怎么了，轻轻地给他哼唱等，等他平静后再抱他起来。这样就可以使得宝宝逐渐懂得：哭闹不能获得想要的拥抱，只有安静，才能有大人温暖的拥抱。

②宝宝学走路难免会跌倒，也会因为跌倒而哭泣，那是因为他害怕或者摔疼了，这样的哭是正常的。在确定他没有摔得太重的前提下，可以不用急着抱他，而是用语言安慰他："没事的吧，觉得疼吗，试试能站起来

吗，自己慢慢起来可以吗？"经过这样鼓励，宝宝一般都能自己爬起来，然后继续练习走路，这既提高了他的自信心，减少一跌倒就哭闹的次数，也能提高他的独立性、主动性，促进他走路平稳性的发展。

③宝宝会走路以后，不要再经常抱着他，而是要多把他放到地面上，引导他自行走动，哪怕他摇摇晃晃地行走，也要鼓励他坚持。因为只有不断练习走路，才能走得更稳当。宝宝一喊累家长就抱着，或者放小推车里的做法，阻碍了他的运动能力的发展，也不利于胆量的培养，缺乏对走路，乃至跑动的信心，导致运动兴趣低，慵懒散漫。

④宝宝在走路、爬台阶、外出游玩中难免会累，这时要认真辨别他是真累了，还是借口偷懒。一般来说，会走路的宝宝，都能连续行走半个小时以上，时间甚至更长。不能因为他刚走几十米、上百米，爬台阶爬几级喊累，就马上抱他或者放到小推车里。

通过实践观察，宝宝在刚学会走，或者刚学会上楼后，走一段或者爬几级后就会偷懒，要么坐下不动，要么哭闹着让家长抱。这时千万不能立即抱他，一旦成了习惯，此后他就基本不想主动走路、爬楼了，且不说对宝宝运动能力发展不利，单单对家长来说，是一种极大的负担：上楼要抱、走路要抱、逛街要抱、干活要抱、游玩要抱……本来是宝宝自己可以完成的事情，却成了家长的负担。

当宝宝在一岁左右会走后遇到偷懒要抱时，先蹲下来安慰他，抚摸一下脑袋，用语言鼓励："你自己可以走的，真的没有问题，试试看，再走几步。咱们先休息一下，一会儿你再继续走（爬）。你看，我们大人都是自己走的啊，你也一样的。"在使用这些话语时，语言要温和，要多一些等待和耐心，不要急着抱他，而是等待他自己继续完成。

孩子在不断的鼓励后，都会继续行走下去，从能走一百米、二百米，到一千米，最后完全不会说累。那么，恭喜你，成功了。宝宝能自主地行走了，大人也得到了解放，就不怕一起外出走路了。

当游玩时宝宝真的走累了，可以停下来休息一下，吃点东西，语言上鼓励："你真棒，都走了这么远。"而后可以适当抱他一会儿表示奖励和安慰，再要求他继续自己行走，而不要长时间地抱着他走。

四 让孩子自己做可以做的事

独立是一个人一生中重要的品质，是个体从幼儿到成人的发展中不可替代的要素。幼儿要养成较好的独立能力，需要在成长中不断完成自己可以做的事情，家长不可替代，更不能包办。

引导幼儿从吸奶、翻爬，到吃饭、穿衣等环节，由他自己完成，让他在这些行为中逐渐养成独立意识，不断形成自主性、主动性，最终形成独立生活能力。

家长往往出于爱惜、心疼、担心孩子累着等心理，在幼儿阶段几乎帮他做完所有的事情，显然，这是有害的。家长需要尽力引导幼儿去完成他能做的事情，这个过程充满着艰辛、不稳定性，需要家长们持之以恒地引导、督促、鼓励。家长对孩子长时间的溺爱，其实是在阻碍其独立能力的形成，很大可能养出一个懒惰散漫、爱逃避的人。

误区

家长以为爱孩子就是替孩子做很多事情，不让孩子累着、饿着。其实那不是爱，而是溺爱。

①婴儿出生头几天，妈妈担心宝宝吸不出奶，把乳汁用工具吸出来，放到奶瓶里给宝宝吃。此外，家长在母乳分泌还没有足量之前，全部用奶粉替代乳汁喂宝宝。这两种做法，都不能让婴儿主动吮吸母乳，减弱他的进食主动性，也减弱了母乳的分泌，这对孩子的身体发展和个性养成都不利。

②替代孩子背背包、拿东西。如早上去幼儿园、出门玩耍、放学接孩子的时候，家长随手替孩子拿着背包，让孩子空着手到处跑。这看似是一个小问题，但时间久了，就让孩子以为家长帮他拿东西是应该的，他就不会主动去承担自己应该承担的责任。

③幼儿可以拿得动、够得着的物品，大人担心他磕碰等，替他拿取。孩子在家里任意指使家长帮他拿桌子上原本自己可以拿得到的东西，家长就去帮他拿，而不是鼓励孩子自己拿。这样的做法，也会让孩子认为他是世界的中心，他可以指挥别人去替他做事情，他只管指挥和享受就可以了。这容易让孩子养成自私的性格。

　　④幼儿在两岁左右，基本上自己可以拿握勺子吃饭，然而，家长不是鼓励孩子自己学着独立进食，而是继续给他喂饭，甚至追着喂食。这种做法不仅不能让孩子养成独立的进食习惯，更让孩子养成任性的性格。

　　⑤孩子饭后用过的碗筷，玩耍后散落的玩具，家长不是鼓励孩子自己收拾，而是长期替孩子收拾。这样也是在替代孩子做他应该承担的事情，长此以往，会让孩子认为家长替他收拾餐具、玩具是理所应当的，缺乏主动承担家庭事务的认知和实践，以后也不会愿意主动承担工作、社会中的责任。

　　⑥在幼儿长到四五岁之后，可以自己完成穿衣、洗澡。家长不是鼓励孩子自己去做，而是依旧帮他穿衣服、洗澡。这样的做法，使得幼儿缺乏完成自己可以完成的事情的长期实践，降低了他的独立性和主动性的发展水平。

　　⑦孩子外出玩耍前，家长替孩子准备好玩具、衣物、食物等，完全不要孩子参与。出门后，这些物品也由家长拿着，并没有让孩子拿他可以拿的物品。这样的方式，让孩子不懂得为自己的未来做准备，缺乏事前的计划、实施等锻炼，在未来的生活中，也就可能养成散漫、无规划的习惯。

家庭教育建议

　　在婴幼儿成长过程中，家长要仔细思考和观察，找准孩子可以完成的事情，鼓励孩子自己完成，家长不能盲目帮忙，更不要替代孩子去做他能做的事情。

　　①让宝宝及时吮吸母乳。婴儿从生下来开始，就会主动吃奶，这是动物性本能。宝宝出生后几个小时内，会寻找乳头吃奶，不过此时他可能嘴张得不够

大，吃不下，护士一般会弹一下宝宝脚板，让他哭出声来，这时他因哭而张大嘴巴，就能含住乳头，有时宝宝不能够一次就顺利地含住乳头吸奶，还会吐出来，然后再尝试含住乳头吮吸，反复几次后，他就能掌握张口吃奶的方法。宝宝及时吮吸母乳，既能满足他的进食需求，也能刺激妈妈更顺畅地分泌乳汁。

妈妈生产后（尤其是第一胎）乳汁还没有及时形成，前两天、三天，乳汁量对宝宝来说是不足的。此时除了设法给予妈妈饮食调理，促进乳汁分泌外，还要坚持让宝宝自己吸奶，虽然有时根本没有吸出足够的乳汁，但也要让他不断吮吸，而不要用奶瓶替代母乳，那样他就不主动吮吸母乳了。

除非经过几天努力后，确定妈妈乳汁分泌不足，否则不要随意使用奶瓶和奶嘴作为母乳替代品。更不要把原本就已分泌充足的乳汁用吸奶器吸出来，再放到奶瓶里让孩子吃。这都会阻碍婴儿主动吮吸母乳，导致母乳进一步分泌不足，以致宝宝后来不能正常吸奶。

因为宝宝吸奶瓶比吸母乳轻松，宝宝一旦吮吸奶瓶后，很快就会依赖这样轻松的吸奶方式，不愿意再吸乳头，而宝宝吸母乳频度减少，实际是对妈妈分泌乳汁的刺激减弱，使得乳汁分泌进一步减少，甚至渐渐没有乳汁分泌，而宝宝得不到足够乳汁后，又哭闹不再吮吸，进入一个恶性循环模式。

宝宝主动吮吸母乳，是他迈开人生第一步的象征，也是其生存下去的要素，是其健康成长的必要环节，为他此后各种主动性行为的发生奠定了基础。因此，新手父母要重视引导婴儿主动吃母乳，尽量避免给孩子使用奶瓶替代母乳。

②要求孩子拿他可以拿得动的物品，家长不要替他拿。孩子两岁半以后，体力已经有了很大的提升，可以拿得动自己的生活用品，出门玩耍或者回家，父母都要要求他自己背背包、拿着自己的玩具，而不要替他背着、拿着。等孩子上幼儿园后，要求他自己收拾自己的衣物，出门、回家都要自己背书包。从这些日常点滴的要求中，让他认识自己要承担的责

任，完成自己可以完成的任务。

③要求孩子自己拿取可以拿得到、拿得动的物品。宝宝在玩耍时会频繁地拿取不同的玩具，这些基本都是可以自己完成的事情，要鼓励他自己去拿，而不是替他去拿，遇到宝宝撒娇说："你帮我拿嘛。"此时可以鼓励他说："你可以自己拿的啊，自己能做的事情自己做哦，你先试试拿，如果拿不了，我再帮你吧。"引导孩子自己动手做事，而不是依赖父母。

④在宝宝两岁左右，鼓励他自己拿勺子吃饭，减少喂饭频度，直至他能完全自己夹菜吃饭。如果一直给宝宝喂饭，他就会逐渐养成饭来张口的惰性，不愿意主动吃饭。这对他独立性的养成是有害的。

⑤要求宝宝饭后收拾好自己的餐具。宝宝学会自己吃饭后，要引导他饭后收拾他自己的碗筷，送到厨房，如果有可能，让他把自己产生的残渣也收拾干净。一日三餐，如果坚持这样做，能很好地培养他的自主能力，反之，如果溺爱而放任他不做这些事情，就可能使他缺少承担家庭义务的意识和习惯。

⑥鼓励宝宝做一些力所能及的家务。除了让宝宝养成饭后收拾碗筷、玩耍后收拾玩具的习惯，还可以鼓励他帮助干农活、干家务等。宝宝在两岁左右，会因为好奇，模仿大人洗衣服、刷碗等，这时要借机鼓励他去做，并表扬他说："你做得真不错。"不要因为担心孩子洗得不干净、干得不完美而阻止他做。这样能帮助他逐渐养成帮助家人做力所能及家务的习惯，从而规避好逸恶劳、好吃懒做的可能。

⑦要求宝宝收拾、归位自己的玩具。幼儿期的宝宝喜欢把玩具撒满房间、院子、阳台等各个角落，他只要玩得开心，就不会在意玩具散落在什么地方。宝宝有时玩完后不收拾玩具，转而去做其他事情。这时，家长要询问孩子是否会在当天再玩这些玩具，如果他不再玩，就要要求他把玩具收拾起来，放回原来的位置。

在刚开始要求孩子收拾玩具的时候，他可能不怎么愿意配合家长的要求，家长可以先跟他一起收拾，示范给他看，要他跟着一起做，同时可以用语言鼓励："你做得真不错，你看，一会就收拾干净了，房间也清爽了许多，对吗？"同时还可以经常提醒他："你看，玩具是你玩的时候散落在地上的，收拾玩具是你自己应该做的事情啊，就像我们每天要收拾碗筷、洗自己的衣服一样啊。"在坚持不断的督促中，就能让孩子养成收拾自己玩具的习惯。

⑧宝宝在四岁左右，就可以逐渐引导、鼓励他尝试自己穿衣服，家长只在他穿衣遇到困难时适当帮助一下，经过半年左右训练，他就能自己穿衣。

在这个年龄段，也要慢慢引导孩子自己洗澡。当给宝宝洗澡时，可以先给他调好水温，陪同在旁边，由他自己洗头、洗身体，哪怕孩子起初自己洗得不那么干净，家长也要多鼓励他自己去尝试，而不是一直替他做。经过一段时间的引导，就能使得孩子养成自己洗澡的习惯。

⑨每次带孩子出门前，要他自己选择要带的东西，并自己拿着。要孩子自己选择玩具、衣服、食物。出门时，要求孩子帮忙拿东西，无论是背背包，还是提东西，都要给他分配一定的任务，不可让他空手跑走。这样既能培养他自主选择的能力，也能够培养他分担任务的意识和习惯，形成齐心协力、共同担当的家庭氛围。

五 让孩子自己做决定

有一个关于小学生大热天穿厚厚的衣服的故事说："有一种冷，叫你妈妈觉得你冷。"这个说法，能折射出在家庭教育中，时常存在着家长替孩子做决定、替代孩子做判断的情况，这是一种错误的做法，会使孩子逐渐失去了选择、判断的能力，失去了自我决定的兴趣。

家庭教育中，家长要支持、鼓励孩子自我选择、自我决定。当孩子遇到做选择的时候，由孩子自己做主，家长不要代替孩子做决定，而是顺应孩子合理的意愿，支持他做出的决定。

误区

①家长认为，孩子还小，不懂得判断，应由家长替他们做决定，等他大了再由他去选择。于是，都由家长决定一切，家长常说"我们今天去那里玩，我们今天吃这些，你出门带这些玩具"等等。甚至命令孩子："让你这样做，你就这样做。"没有给予孩子选择的机会和锻炼。

②家长为孩子做选择。在为孩子购买衣物、用具、玩具等物品时，不跟孩子商量，不询问孩子的意见，或者轻描淡写地问一下孩子的意见，并没有真正关注孩子的意愿，而是主观地替孩子做决定，使得孩子被迫接受家长的决定，没有自我做主的空间。

③父母用自己的喜好，替代孩子的喜好。比如孩子选择当天想穿的衣物、想带的玩具等，家长不让孩子那样做，而是按自己的想法命令宝宝必须穿什么、带什么。这不仅不尊重孩子的选择，还会导致剧烈的亲子冲突。

④家长故意不满足孩子的合理要求。比如孩子说晚上想吃蛋炒饭、想去某某公园玩、想买一个蓝色的玩具等。家长出于自己的想法和判断，不跟孩子有深入的沟通，就反对孩子这些要求，告诉孩子说："如果你选择那些东西，我就不给你。"

⑤家长故意反驳孩子的观点，跟孩子唱反调。如孩子说：我觉得红色的玩具比黄色的好看，家长却说：红色的不好看。孩子说：我觉得西瓜好吃，家长却说："西瓜不好吃，荔枝才好吃。"这些做法，不是支持孩子的观点和想法，而是催生了和孩子的冲突和矛盾，逐渐使得亲子对话的方式变为对抗，破坏亲子间的情感。

家庭教育建议

宝宝出生后，其自我意识在不断发展，他会用自己的想法去做判断和选择，如果这些合理的想法得到充分的支持，他的自主能力、判断能力、独立意识、选择能力等，都能有很好的发展。他就会在处理各种事情上有自己的选择、判断，能在新的情景中有独立的决策能力，不会过度地依赖他人，成为一个有独立意识、独立判断能力的人。

①在观念上把孩子真正当成一个独立的人，细听孩子的观点，尽力支持孩子正当的需求。有时候孩子会冒出在大人们看来不正当的话语、要求或者观点，家长不要急着反对他的要求或者观点，而是要仔细分析这些要求的根源，思考孩子为什么会有那样的要求？判断这些要求有哪些合理性，对其合理的需求，要能够及时满足；而那些看似不合理的需求，家长在判断后引导孩子进行新的选择，而不是武断地命令他不要做什么。

比如：孩子提出吃棒棒糖，家长可以询问孩子为什么想吃棒棒糖，如果他给出合理的解释，可以给他买一个，如果孩子只是因为嘴馋，或者习惯性地要吃零食，家长可以对孩子说明吃零食可能带来的危害，比如会导致蛀牙、消化不良等，再打消他这个念头。

②在宝宝两三岁左右，给他购买物品时，可以主动让孩子参与选择，询问孩子喜欢什么样的东西，依据孩子的需求，排除他不合理的要求外，满足他的正当要求。这既尊重了孩子的主体地位，又增进了他的判断力和选择力。

③孩子到了三岁左右，通常会主动提出当天想穿什么衣物，家长要支持孩子的选择，哪怕当时是冬天，他选了夏天的衣服，也要尊重他的意愿，不可以强行命令孩子不那样穿，甚至逼迫孩子必须穿家长指定的衣服。

如果孩子选择了反季节的衣物，家长不要马上打断孩子，而是要用温和的语言，向孩子解释衣服和时令相匹配的道理，再由孩子自己决定穿什么。

④给宝宝玩玩具或者其他物品时，提供多个不同的备选方案，并询问孩子"你喜欢哪个啊，你想要哪个啊"，然后由孩子自己挑选。而不要主观地要求孩子必须选什么，或者不要选什么。

⑤让孩子参与家庭事务的决定。在家庭中有需要大家一起讨论的事项时，询问孩子有什么意见："你想去哪里啊，你希望怎么做呢，你想选择

什么呢?"鼓励他表达自己的感受和观点。

对孩子给出的合理意见,家长要真心地采纳,甚至可以优先采纳孩子的观点,比如在决定去哪里玩的事情上,如果孩子提出的意见和家长的计划有冲突,家长要优先考虑孩子的愿望。

当孩子提出不合理的意见时,家长要耐心地指出他意见不合理的地方,并引导孩子服从家长的意见,或者鼓励孩子提出新的选择。

⑥孩子表述自己的观点和看法后,家长不要习惯性地反驳,而是要给予回应,通过沟通来交换各自观点。如孩子说:我觉得红色的更好看,我觉得胡萝卜不好吃,我觉得某某公园更好玩。家长不要去反驳,而要借机询问:"为什么啊?"引导孩子做出更有逻辑性的解释,以促进他的语言能力发展。

同时,家长也可以支持地说:"你说得很不错,有自己的看法。"这既尊重了孩子的观点,又促进了孩子独立判断能力的发展,同时也避免了习惯性反驳孩子带来的亲子关系冲突。

六 性别认同养成策略

日常生活中对性别的理解主要是生理性别和心理性别。在正常的家庭结构和家庭教育模式下,男孩女孩都能顺利形成性别认同,使得自己生理性别与心理性别相一致,这是个体积极形成自我概念的组成部分。

通俗地讲,性别认同就是女孩明白自己是女孩,男孩明白自己是男孩,并能懂得自己与异性的区别,做出与性别相一致的行为,顺利参与性别所规定的社会活动。

男孩女孩如果能够顺利形成性别认同,就能够对自己的性别行为做出正当的评价,能够顺利地进行自我性别角色的扮演,避免性别角色的冲突。也有利于在成人阶段进行正常的社会角色扮演,有利于恋爱观、婚姻观的建立和发展。

而性别认同紊乱的个体,则会导致生理性别和心理性别错位,使其心

理对生理产生认同障碍，进而难以正常进行性别角色扮演，不能很好地参与社会活动，不能顺畅地承担社会角色分工。

误区

①把男孩当女孩养，把女孩当男孩养。家长出于各种原因，给宝宝提供相反性别的服装、饰物、玩具等，使得男孩子出现女孩子的性别认同，女孩子则喜欢扮演男孩子的性别角色，这样的做法，都可能导致性别认同混乱。

②对孩子使用相反的性别评价语言。看似调侃，实际是用错误的性别判断话语来跟孩子交流，跟家里男孩说："你好像是个姑娘啊，是我的贴心小丫头啊。"而养女儿的家长则跟女孩说："你像是个小子啊，是我的乖儿子啊。"等等。这些看似玩笑的话，会逐渐给孩子留下错乱的性别评价印象，破坏孩子对自己生理性别角色的正确认知。

③两岁左右的宝宝会偶尔触碰自己的生殖部位，不少家长严厉禁止，轻则用语言警告："不要摸。"重则打骂。而这一现象，是孩子发展过程中基本都会出现的，家长的阻止和打骂，不仅不会消除孩子上述行为，反而会从强化孩子的行为。

④家长在洗澡时不允许宝宝观察大人的身体，训斥或者责骂孩子"不要看，羞羞，小坏蛋"等，这不仅不能减弱孩子对人身体的好奇，还会强化孩子窥视等错误的行为。

⑤孩子长期由父母其中一方抚育，另一方缺位。使得孩子只能认知或者模仿一种性别，如果是跟随异性家长成长，孩子就更容易出现性别认同障碍。

⑥不允许宝宝跟异性同龄孩子有过多的玩耍。故意让宝宝远离同龄异性孩子，不让他参加异性孩子的活动。父母以为这会避免孩子受到异性的侵犯，实际上，这是一种错误的认知，这种做法会使得孩子在性别对比中认知自我性别受阻，也使得孩子逐渐形成排斥异性的观念。

家庭教育建议

性别认知一般从一岁半以后开始，一直持续到婚姻阶段，要使得宝宝顺利形成自我性别认同，完成性别角色发展，就要在养育过程中，对其生理性别和心理性别认知提供积极、正面的支持。

①男孩子就要按男孩子的社会化要求来养，女孩子就要按女孩子的社会化要求来养。给男孩子提供阳刚、勇敢、担当的成长要素，给女孩子提供柔美、温婉、内秀的成长要素。

给男孩子提供男孩子类型的服装、饰物、玩具等；给女孩子提供女孩子类型的服装、饰物、玩具等。

有些军旅、习武等家庭，喜欢把女孩当男孩来教养，这是很大的误区。应减少对女孩子男性化性别认同的引导，给予女孩子在性格、言语、服饰、行为等方面的女性化引导。

长期由女性监护人抚养的男孩，要防止他有女性化的性别认同，要给予他充分的身体运动的条件，鼓励他攀爬、奔跑、跳跃，也要多带他跟其他男孩子一起玩耍。

②在引导幼儿性别认知上，要使用符合男女性别的语言。要跟男孩多说"你看起来很帅气、勇猛，表现得很大胆"等。跟女孩多说"你打扮得真漂亮，做得真仔细，说话很柔和"等。而不要故意使用错误的性别评价的话语来评价男孩女孩的性别特征。

③允许幼儿触碰自己的生殖部位。幼儿有来自性本能的冲动，偶尔触碰生殖器大概跟性本能有关系。从性别认同角度来看，这种行为能够使得他们识别自己生理性别，为自我心理性别认知提供生理基础。这些行为到三岁左右会自行消失，家长不应加以干涉，以免产生负面强化带来的强迫行为。

④亲子共浴时，宝宝会观察大人的身体，并与自己身体比照。这也是其认识生理性别的时机，家长要允许宝宝这样观察，包括对身体部位不同的提问，要客观、真实地回答。并且说："这个部位我们是一样的，这个部位我们是不一样的；男孩子是这样的，女孩子是这样的，男孩和女孩是

不一样的。这些部位现在还不一样，等你长大了，就差不多一样了。"这样能引导孩子认识到自己性别的特点，也能区分与异性性别特点的不同，有利于他巩固自我性别认同，并且能预防他由于对同性或者异性身体的好奇，而引发的错误行为。

⑤有条件的家庭，要由父母共同抚育宝宝。妈妈给予女孩子温柔的品质影响，爸爸给予男孩阳光、勇敢的品质影响。同时，父母对异性孩子的照料，从侧面帮助他们形成性别差异的认知。这是夫妻双方共同养育孩子带来的积极成效。

异地分居、单亲家庭，使得宝宝长期单一地受到父母其中一方行为方式的影响，容易出现性别认同偏差。长期跟妈妈的孩子，女性性别认同可能性大，反之，长期跟爸爸生活的孩子，男性性别认同大。这可能会导致他们性别认同错位，而且对他们未来婚恋观的养成有负面影响，甚至使得他们排斥与异性结成家庭。

因此，呼吁父母们要保持家庭稳定，共同抚育孩子，使得他们在性别认同、婚恋观上有客观正当的发展。

⑥要允许孩子跟异性宝宝玩耍，这是形成男女有别意识的基础。能够使得他们在交往中真实感受自己与异性在外貌上、行为上、语言上的区别，并能逐渐形成自我性别观念，并按照正确性别模式养成相应的性别角色行为，并且能够客观、准确地认识到男女性别差异，养成接纳异性，愿意与异性交往、婚恋的正确婚恋观。

认知能力篇

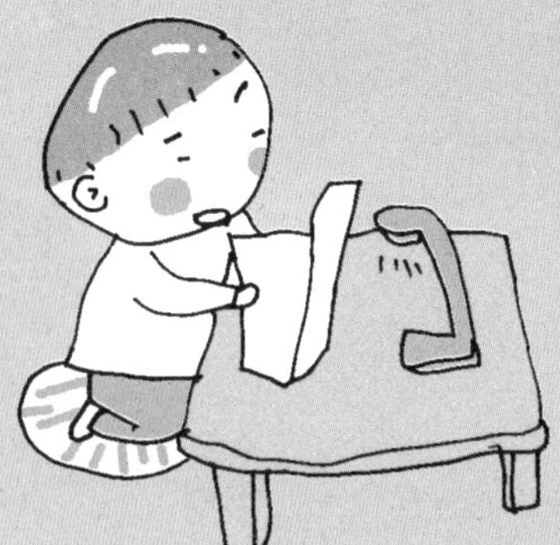

第三章

如何培养孩子的语言能力

人的语言发展是后天教育的结果，我们可以从方言的差异中见识到这种规律。伶牙俐齿不是生来就有的，这需要在婴儿学说话的时候就加以引导，这样既能让宝宝发音清晰，口齿灵活，也能使宝宝在以后的口头表述上逻辑严密，进一步促进他的思维发展，让他在语言交流中顺畅自如。

一　如何引导孩子清晰发音

婴儿在半岁以后就能咿呀学语，发音早一些的宝宝甚至能喊爸爸、妈妈。宝宝学说话主要靠听觉和视觉。听觉帮助宝宝识别音节，视觉帮助宝宝观察大人发音时的口型、表情、动作等。

在婴儿学说话时期，家长要及时地给宝宝示范发音。让宝宝从听觉、视觉上同时感受语言，激发他发音的兴趣。大口型、缓慢地、清晰地发出一个音，让宝宝听见、看见，有助于他掌握相应的语言。

误区

①家长没有陪孩子进行专门的发音练习，养育过程除了给宝宝说一些日常基本用语外，没有在比较难发音的词语上进行较多的重复示范，较少跟宝宝进行丰富的交流。这使得宝宝得不到基本的发音练习，对词语的掌握也较少，说话的连贯性受限。

②家长无论是使用方言还是普通话跟宝宝讲话，发音不清晰，吐字不准确，在一些关键词语发音上，一直不准确、不到位，或者和孩子说话时语速较快。这样的发音方式，使得孩子也不能清晰地发音，孩子一旦习得了那样的发音习惯，此后比较难纠正。

③过早地给宝宝学习两种语言，如方言和普通话同时学习，外语和普通话同时学习。使得宝宝在语言切换过程中出现卡顿现象，在很长一段时间内，孩子不能准确地使用其中一种或者两种语言，语言表达受限，不能流畅地说话，导致害怕说话，甚至在语言表述上缺乏自信心。

④用学习机替代大人与宝宝的语言交流，让宝宝听学习机的发音或者故事，大人不进行语言指导。这实际是让孩子缺失了在真实情景中学习说话的必要基础，离开父母的示范、对话等因素，孩子就观察不到大人发音时候的口型、动作、表情，对词语的理解和掌握大打折扣。

⑤家长没有及时纠正孩子发音中的偏差或者错误。宝宝在学习说话时，经常会出现发音不准，或者发错音的现象，如口型错误、张闭口发音错误，平舌音与卷舌音混淆，声母 h 与 f 混淆等，家长却不及时进行指导和纠正。这使得孩子逐渐习得了错误的发音方式，等到想纠正的时候，就比较难了。

⑥对孩子发音纠正过于严苛、死板。有些家长虽然也关注孩子说话的引导，但是对宝宝发音出现偏差的纠正方法，采用批评、训斥的话语，如"不要那样说，怎么又说错了"，态度严厉，指令生硬，甚至要求孩子按照严苛的方式来进行发音纠正，这使得孩子害怕说话，甚至拒绝发音练习。这对孩子的语言发展是另外一种阻碍。

⑦家长频繁地使用嗲声嗲气的叠声词和宝宝交流。比如，家长常和孩子说"吃饭饭，睡觉觉，喝奶奶"等。家长认为这是可爱、好玩的事情。而实际上阻碍孩子对正式语言的掌握，也使得孩子的语言表达过于幼稚。

家庭教育建议

给婴幼儿提供准确的、恰当的、清晰的、科学的发音指导，不仅能够使得他及时说话，也能够使得他清晰地说话，为今后准确地、有逻辑地表达观点打下基础。

①宝宝还是胎儿的时候，父母就可以隔着妈妈的肚子，跟他说话。尽管没有科学研究表明这样会让胎儿将来更会讲话，但是，跟六个月以上的胎儿进行语言交流，能使得胎儿兴奋或者安静，表明语言的刺激能引起胎儿反应，能使得他建立对语言的"认知—反应"模式。

在宝宝出生后，父母就要每日跟他轻声说话，激发他对言语的兴趣。父母可以轻声细语地对着孩子自由讲述，不用拘泥于内容，主要目的是培养孩子对语言的敏感度。

在宝宝三个月大小后，父母可以有意识地让孩子看着大人，并用温和的目光看着孩子，跟他多说话，引起孩子对大人口型、语音的注意。

家长要经常喊孩子的名字，使得他逐渐懂得自己的名字，并做出回应。要注意，家长喊孩子的名字要准确，尽量不要使用"小宝、宝贝"等替代，让孩子知道自己与名字的关系，这为他一岁以后逐渐形成自我认知做铺垫。

②除了经常叫出孩子名字外，同时教他说"爸爸""妈妈""爷爷""奶奶"等亲属称谓。此外，在宝宝拿玩具、看物品时，准确地、清晰地告诉他名称，如：小汽车、灯泡、勺子、杯子，而不要使用其他不规范的词语替代。

当教宝宝发音时，让宝宝看着家长，家长要张大嘴巴，缓慢地、一个字一个字地发出音节，示范给宝宝看和听，这样既能让宝宝听准音节，便于他记住，也能让他明白这个音节与口型的关系，有利于他以后练习。

③如果有条件，父母要尽量清晰地、准确地使用普通话发音示范给宝宝，这有利于他掌握普通话的发音规则和语义，为以后社会性交往做铺垫。

有些方言使用广泛的地方，如壮语、粤语等，可以使用这些地方性语言作为宝宝第一语言，但同样要清晰地、准确地示范发音，以便宝宝准确掌握该语言发音规则，理解发音意义。等宝宝两岁，甚至更大一些，熟练地掌握该语言后，再对其进行普通话的发音引导，以免造成口语混乱，甚至可能引发语言思维逻辑混乱。

④家长要亲自示范、引导孩子发音，避免使用语音学习机器。幼儿语言发展，需要家长一对一地示范和引导，最好是监护人面对面地教他发音，现代技术催生大量发音机器，如故事机、学习机等，虽然它们也具有标准的语音特征，甚至都能跟宝宝对话，在一定程度上能让宝宝感知到语音、语义，但是不能替代亲子间对话的情景性，也不能替代家长发音时表现出来的表情、情感等。因此，建议家长亲自跟宝宝对话交流，以便更有效地促进孩子语言发展。

⑤针对孩子发音不准现象的纠正，不可生硬、机械地进行，要潜移默化、循序渐进地去做。幼儿两岁之前发音都不会特别标准，因为他的口腔肌肉发育还不完全，口型和舌型还不能达到准确。孩子完全达到发音清晰的程度，需要到三四岁甚至更大一点的年龄之后。

在孩子两岁之前，对其发音不准确、不清晰的现象，可以不用干涉。幼儿常见发音不准的情况表现为张口音、闭口音混淆，平舌音与卷舌音混淆，声母 h 与 f 混淆。孩子在出现这些发音现象时，不要立即批评他或者打断他说话，家长要做的是：清晰地复述几次，示范给孩子听，展示口型给他看，引导孩子逐渐掌握发音规律，在他口腔肌肉发育完善后，会得到很大的改善。

⑥不要频繁地给宝宝说家长自造的叠声词，如小狗狗、小花花、小猪猪、吃饭饭，而是按照日常生活中对事物的称谓讲述给孩子即可。这样有

利于他准确地掌握生活世界的用语，理解生活世界和事物关系，以达到准确表达自己的观点的目的。

二　如何丰富孩子的口头词汇

宝宝不仅要能清晰地发音，还要掌握较丰富的语言词汇，以便养成好的语言表达能力，沟通交往能力。

要使得宝宝语言词汇增加，需要让他接触丰富的语言情境，需要给他提供较多说话的机会，需要让他与小朋友进行游戏、互动，需要让他看图画书，听父母读故事，广泛地接触户外不同的事物。

误区

①家长在孩子面前玩手机、打游戏，较少跟孩子进行语言交流，甚至让孩子也玩手机打游戏。缺失了家长作为孩子语言第一启蒙人的职责，缺失了对孩子语言的引导和促进，缺失了为孩子提供日常持久的语言刺激情景。

②家长以为看电视能丰富孩子的语言，能学到很多词汇，任由孩子看电视。使得孩子被动地接收电视语言，而缺乏真实的生活情景性理解和掌握，更使得孩子缺少在生活情景中进行语言交流的练习。

③家长跟孩子除了进行基本的交流外，相互间的对话频度很低，很少有探讨性的语言交流，不会启发性地向孩子提问题；也较少跟宝宝一起读书，基本不讲故事、不读书给宝宝听。这使得孩子缺少从家庭生活中获得语言示范、词汇积累的机会。

④家长没有意识到绘本对孩子语言和思维发展的重要性，很少给孩子购买绘本、故事书等，即使给孩子买了一些书籍，也是应景式地买几本图画书，数量较少，内容不丰富。这也使得孩子缺少从书籍中获得促进语言发展的机会。

⑤各种原因所致，家长较少让自己孩子跟同龄小朋友玩，往往带着自己的孩子单溜，即使让孩子们在一起玩，也较少引导他们对话。这使得孩子缺少和同龄同伴进行语言交流的锻炼，阻断了他跟同龄人进行语言练习的机会。

⑥家长很少带孩子进行户外活动，喜欢把宝宝放在房间里，甚至在孩子读幼儿园之前，都很少带孩子去接触更多的外界事物。这使得孩子缺乏从丰富的生活世界获得语言、使用语言、丰富词汇的机会。

家庭教育建议

孩子语言发展，是通过不断地说话、不断地表述，逐渐养成的。多鼓励孩子说话，能促进他发音愈加清晰，思维不断完善。

家长要多跟孩子一起玩，在玩耍中聊天，和孩子一起阅读，多给孩子讲故事，多带孩子到户外活动，鼓励他和同伴一起玩，也多带孩子接触不同的人群，接触不同的事物，借着这些活动，丰富他的词汇，促进孩子的语言表述能力、思维逻辑能力的发展。

①有条件的家长，尽量多给孩子买一些经典绘本。有了绘本后，家长要先读给孩子听，培养他的阅读兴趣，再引导孩子自己翻阅绘本。给孩子读书时，尽量使用普通话，声情并茂地表达出来，这不仅能让宝宝明白故事内容，还能让宝宝感受到语言的美好，促进他学习使用语言。

亲子阅读是宝宝获得词汇最好的方法之一，家长们不应以忙为借口推脱，而是要坚持下去，尽力做到每天都和孩子共同阅读，这对孩子语言发展有很大的帮助。

②家庭所有成员，都应尽量避免在孩子面前玩手机、看电视。家庭成员在孩子面前玩手机、看电视，一是减少了和孩子语言交流的频度，二是诱导孩子也养成玩手机、看电视的习惯。而儿童长时间、高频度玩手机，会阻碍语言的发展。此外，儿童看电视是被动的认知过程，看似能学到一些词汇，但是对孩子养成语言技巧，进行真实的交流具有阻碍作用。

孩子在家的时间，家庭成员可以陪孩子聊天、做游戏，或者一起阅读、讲故事，尽量不要让孩子玩手机、看电视。

③除了基本的家庭沟通外，家长要多跟孩子进行对话，哪怕没有什么事情，也要主动寻找话题，和孩子聊天。家长可以讲述自己的见闻，也可以引导孩子讲述他的见闻，引导孩子讲述他玩耍时发生的事情、他对这些事情的感受。

可以使用的语言如："你今天在外面跟哪些小朋友玩了啊，好玩吗？都做什么游戏了啊？你做的这个东西是什么啊？讲给我们听听好吗？"引导孩子主动分享，以便他练习使用语言。

同时也可以使用鼓励的语言跟孩子说："你讲述得真清晰，我听明白了。除了这些想法，还有其他的吗？"以促进孩子更主动地分享自己的见解。

在这样的亲子交流中，能促进孩子模仿大人说话，也能增加孩子使用语言的频度，使得他口述能力得到锻炼，促进他更好地掌握表述的逻辑，掌握更多的词语。

④家长要多让孩子跟同龄小朋友玩耍。他在跟同龄孩子交往中，会涉及分享玩具，商讨一起做游戏等，在这些活动中，他们就会使用语言来进行交流，哪怕是最简单的交流，都能促进他们相互模仿、相互学习，帮助他们积累词汇，提高语言交流能力。

家长更不要担心孩子太小，语言表达不清楚，相互说话不完整而发生冲突，正是在这些同伴群体内的互动与冲突，使得他们锻炼了语言，掌握语言交流的实践技巧，促进他们语言的发展。

⑤要经常带宝宝到户外活动，接触不同的场景、活动。不同的人际交往场景，能给孩子提供丰富的听觉刺激，增加孩子的语言信息。同时，鼓励孩子参与到人际互动中，引导孩子练习说话，锻炼他的口头表达能力。自然的对话情景，会不断促进孩子学习并改善表达策略，逐渐掌握熟练的口头表达能力。

三　如何预防并处理假口吃

幼儿在两岁以后，语言表达会出现卡壳现象，有时不能顺畅地说出完整的句子，会急促地重复发某一个字的音，如："这，这，这，这……个，我，我，我，我……要玩"，或在讲述一句话时突然停顿，憋了许久才能说出后半句，类似于结巴。我们称为"假口吃""假结巴"。

在面对这个现象时，家长不用担心，千万不要干涉，更不可强行纠正，要耐心地等待孩子表述完整，过了半年左右，这个现象会自然消失。

误区

由于家长对幼儿发音不顺畅的现象没有足够的认知和经验，加上急于求成、攀比心理，对幼儿假结巴人为地干涉，这不仅不能消除孩子的假口吃现象，反而使得问题变得更糟糕，甚至引发孩子自卑、强迫症等问题。

①急于纠正孩子假口吃现象，反复提醒孩子不要口吃，而不是耐心地等待孩子表达完整。只要孩子说话不顺畅，家长就对孩子吼叫说："不要结结巴巴""怎么还那样说话"。使得孩子语言表述被打断，久而久之，孩子不愿意说话。

②孩子出现假口吃时，打骂孩子。家长以为孩子假口吃是因为孩子不注意，不留心导致的，当孩子说话卡顿时候，就立即责骂："怎么这么笨！"并威胁"再结结巴巴打你嘴巴"，然后就动手打孩子嘴巴、打孩子屁股等，逼迫孩子进行所谓的纠正。这不仅不能解决问题，反而使得孩子害怕去学习说话，并且不知道如何顺畅地说话。

③把孩子假口吃当作一个严重的问题，为了能改变过来，严厉地惩罚孩子。家长对孩子语言发展规律不了解，以为自己孩子说话有问题，假口吃会越来越严重，家长就担心焦虑，不放过任何可以纠正的机会，除了语言斥责、打骂外，甚至采用关禁闭、严厉的体罚、疏远、冷落等恶劣的方

式惩罚孩子。这不仅不能解决孩子发音问题，反而使得孩子因为惧怕而不愿意轻易开口说话，对孩子身心发展是严重的摧残。

④家长缺乏倾听孩子语言表述的耐心，不让孩子完整地表述完。家长认为孩子说话啰嗦、不准确，因此，缺少聆听孩子讲话的耐心，不给宝宝尝试讲话的机会，当孩子说话的时候，当着没有听见，要么是走开，要么是不允许孩子讲下去。尤其当宝宝讲述错误、表述不清楚时，批评他，打断他继续讲述下去，宝宝逐渐胆怯而不愿意表达自己观点。

家庭教育建议

幼儿说话卡壳是语言发展中的普遍现象，是思维、语言控制、口腔肌肉等相关因素还不够协调所致。这是幼儿发展中自然现象，大可不必惊慌，家长要耐心陪伴孩子练习说话，在自然的情景中，不要强加干涉，这样现象很快就会消除。

首先，幼儿学习语言是模仿的过程，他需要先理解外部语言特征，把他所接触到的语言信息存储在大脑中，遇到需要表述的情景，再加以模仿出来，这是"记忆—提取记忆—模仿表述"的过程。

这个过程中，思维结构的完善起关键性作用。而幼儿思维结构远远达不到成人水平，也不如儿童。幼儿在不完善的思维结构中组织语言，并表述出来，需要时间，需要转换，因此说话就会出现卡顿、断断续续等现象。

同时，不完善的思维结构会使得思维内容发生跳跃，进一步引发语言的跳跃，而幼儿在发音中无法较好地顺应思维的跳跃，思维和发音不一致，卡顿就会出现。

其次，幼儿对词意、句子、语法等理解和掌握不成熟，要达到顺畅水平，需要很长的时间去观察、听取、记忆和练习。当表述长句子、复杂意思时，他需要调整发音规则、发音标准等来达到理想的状态，卡顿也会出现。

最后，幼儿口腔肌肉发展不完善。口型不能达到清晰发音的要求，唇舌等器官也不能灵活地配合气息等协调发音，当需要调整口型、控制发音节奏，表达清晰的意思时，他们需要暂时停顿，以调整发音，卡顿也就出现。

幼儿在零至六岁期间，处于语言发展的关键时期，需要家庭提供积极的支持条件，需要家长针对孩子语言发展具有足够的耐心和等待。

①父母要改变观念，要能够认识到幼儿假口吃是一种自然现象。不必因为宝宝偶尔说话卡顿就怀疑宝宝语言发展遇到了问题。依据前面解释，这是其生理、思维等发展不完善所导致的，随着孩子成长，会自然消失。家长要在思想观念中认识到这是自然过程，不是自己的宝宝语言发展出了问题，不用惊慌和焦虑。

②每次都要耐心等待宝宝把话说完，不要打断和催促。日常生活中，家长都要耐心地听孩子讲话，等待孩子把他想说的事情说完。当孩子讲述出现卡壳时，家长可以蹲下，温和地看着孩子脸孔，等他把想要描述的事情说出来，等他表述完后，可以鼓励孩子说："你说得真不错，很清晰。"

当孩子暂时想不起来如何表达时，家长可以引导着询问孩子："慢慢来，不用急，你想说的是这样，是吗？"并对宝宝刚刚描述的内容加以补充，使得孩子度过卡顿关口，获得语言表述的自信心。这样既能让宝宝积极地模仿和使用语言，也能增加亲子间良好的沟通，交流情感。

③家长要适时帮助和示范。一般情况下，家长要耐心等待宝宝说完，由宝宝自己组织他的语言，而遇到复杂的情景，或者宝宝想要描述复杂事情而出现卡顿时，家长可以在语言上温和地、轻缓地加以提示："你要说的是这种东西吗？你想说的是这个事情吗？刚才说的是这个观点对吗？我觉得是这样的，你认为呢？"引导宝宝继续表达他的想法和观点。如果宝宝说某句话较为绕口时，家长也可以慢慢地、清晰地说出来，示范给宝宝，再让他模仿着说，使得孩子慢慢掌握。

④家长要对孩子偶尔假口吃包容处理。家长如果理解了宝宝语言发展中会自然出现假口吃现象，就不会过多盯着宝宝说了什么、是否说错了、是否结巴等问题，而是放松情绪，放手让宝宝在发音和陈述中出错。对待

宝宝假口吃父母不必介怀，对这个现象要有足够的包容和等待，鼓励孩子多进行自由的口头表达练习，假口吃自然会消失。如果一直盯着这个原本可以顺利过渡的现象，家长进行过度干预，这不仅不能解决问题，反而事与愿违，最终导致孩子真的结巴了。

⑤绝对不可反复纠正和强迫改造孩子假口吃。宝宝语言发展中偶尔出现卡壳现象，是一种普遍现象，且有生理和认知的自发原因，不用经过干预就能自行消失，所以，家长不应反复提示宝宝怎么又结巴了，怎么又说错了，更不应该强迫孩子进行纠正，更不能因口吃而惩罚孩子。人为纠正、打骂、惩罚都是错误的。反复提示和强迫纠正甚至惩罚，就会使得孩子对使用语言产生焦虑和恐惧，每次张口说话就下意识地紧张，导致结巴现象出现的频率和强度更大，原本可以自然消失的现象，最后变成了真的结巴。

四　如何培养孩子流畅的表达力

人们总会夸赞那些伶牙俐齿的孩子：他们怎么能那么会说话，语言表达怎么那么清晰。其实培养这样的孩子也并不难。

孩子在学会说话后，大体都能清晰地表达生活中的事情，能够描述他做了什么，他跟谁玩了，他有什么想法等。到了三岁以后，孩子语言表达的逻辑性会越来越强，他们会使用因为、所以等句式来说话，会做出判断和推理。这个时候，要及时对孩子的语言表达加以引导，鼓励他敢于说话，不要担心说错话，引导他们准确表述事实，并学着掌握说话的逻辑。

鼓励孩子多跟他人交流，给予孩子足够多的口头表达机会，再加上合适的语言表达示范，我们自己的孩子，也会成为口齿清晰、话语有力的人。

误区

孩子的语言能力首先是跟父母学的，或者说是模仿父母所得到的。如果我们仔细观察，就会发现一家人的语速、语调有很多相似之处。父母较好的语言表达方式，能够对孩子的语言表达有促进作用，相反，父母较少对孩子语言表达加以引导，很大可能会使得孩子的语言表达能力减弱。

①家长希望孩子总说对的话，较少包容孩子说错话。当孩子说话方式和说话内容不对时，立即批评孩子说："你说的不对，怎么又说错了，不要那么说。"这看似在纠正孩子，其实是在阻碍孩子语言探索，严厉的批评和不分区别的纠正，会使得孩子不敢轻易说话，进而缺乏对使用语言进行正常表达的兴趣。

②孩子讲话的时候，家长经常插嘴，或者打断孩子继续说下去。这是家长缺乏耐心，缺乏与孩子沟通交流技巧的常见现象。这反映出家长自以为是，不尊重孩子，不在意孩子的观点和话语。家长以为自己总是对的，孩子总是错的，或者孩子总是不完美的，因此可以随意借着家长的权威压制孩子。这样的做法，破坏了家长和孩子正常交流的渠道，使得孩子也习得简单粗暴的语言表达方式，而不是深入、细致、全面地表达观点，导致孩子不愿意在家长面前多说话，甚至对口头表达产生抵触，不愿意在公开场合说话。

③家长和孩子日常口头交流频度低，很少有深入、全面的对话。家长除了和孩子交流一些吃饭穿衣、学习玩乐的话题外，基本不跟孩子进行其他方面信息交流，家庭成员间沟通的内容简单，交流的时间短。成员在一起的时候，各做各的事情，闲聊的时间少。

而当孩子主动询问家长，和家长进行交流时，家长也都是简单回答了事，没能全面地回应孩子、耐心仔细地指导孩子。

而有的家长故意不回家，甚至没有时间在家，即使在家，对孩子也是简单问候几句，就不再跟孩子说话。使得亲子间有效、深入的沟通不多。

孩子也很难从家长那里得到有效的语言表达示范。

④家长习惯性给孩子表述感受，多于表述事实，使得孩子也学会凭感觉说话，而不是依据事实陈述。感受是人们对事物的主体性反应，有很强的主观性，比如有人说"这个东西不好""我觉得你冷"，这都是人的感受，不一定符合事实。事实是实际存在的事物或者关系，比如"玩具汽车掉了一个轮子""温度是零下7度"。

只有建立在事实基础上去表达感受，才符合事实，才有说服力、公信力。如果家长经常不以事实为基础地随意表达感受，跟孩子随意发表观点，不尊重事实和逻辑，那么，孩子也就会形成信口开河的习惯，话语自然没有说服力，更谈不上逻辑性，往往会形成诡辩的语言特点。

⑤家长不注重语言表达的逻辑。有的家长自身就缺乏逻辑思维、逻辑表达的能力，有的家长故意不按逻辑来说话。在跟孩子交流时候，常常颠倒因果关系、偷换概念、以偏概全等等，使得孩子也学会无逻辑地说话，话语中也常出现前后矛盾、顾此失彼等问题，而被人指出问题时，却又会极力狡辩。这就导致孩子无论是话语表达形式，还是话语内容，都不能让人信服，甚至让人抵触其个性，被同伴群体疏远。

家庭教育建议

要让孩子具有顺畅的语言表达能力，并且话语具有逻辑性、说服力，家长就要在家庭交往中，多跟孩子交流，积极引导孩子语言表达能力的发展。家庭是孩子学习语言的第一场所，在家庭交往环境中，父母和孩子深入、全面、细致、温和的交流，是孩子语言发展的重要条件。

①不用担心孩子说错话，包容孩子的表述错误。孩子由于认知不深、经验不足等原因，会表述出成人看来不正确的观点，这本来就是童真童趣的一种表现，家长不用严苛批评，也不用马上指出他说的不对。而是让他在话语体系里，表达完他的观点，再找机会对他进行点拨，这有利于孩子连续地组织自己的思维和言语，如果他的表述经常受到批评，他就逐渐不

再愿意公开地说话。让孩子按照自己的意思表述，允许他出错，是养成流利的口头表达的基础，家长应该明白并让他实践下去。

②家长要耐心聆听孩子说话，鼓励孩子把自己的话语表述完。无论家长有多急，都要停下来听完孩子表述他想说的话。孩子说话时常会断断续续，或者向大人表述的内容比较简单，甚至幼稚，家长不仅要耐心听完他的讲述，更要赞许孩子表述的内容，而不要轻易批评。当孩子卡壳的时候，要微笑看着孩子，先不出声，更不要打断孩子的表述，可以用言语鼓励孩子："慢慢说，不用急。"这样的练习，能让孩子掌握完整表述自己观点的方法，并养成完整表达的技巧。

③父母要主动增加家庭交流的内容。父母除了跟孩子交流日常生活事情外，也可以跟孩子多闲聊，交流各自每天看到的世界。一个可行的做法是：家长每天都跟孩子分享自己在工作中的经历。每天下班回家后，家长主动跟孩子讲述自己所经历的事情，然后询问孩子一天中所发生的事情，邀请孩子自己讲述。这不仅能唤起孩子回忆，更能激励孩子去思考，并用自己的语言表述，久而久之，亲子间的沟通在增加，孩子的语言表达能力也会提升。

此外，亲子间多样的交流，从输入方面来说，能给孩子提供更丰富的信息，使得孩子的词汇量增加；从输出方面讲，孩子不断练习表达，能促进语言组织和语言表达能力发展。

④家长自己要学会如何陈述事实和表达感受，弄清二者的区别，不用感受代替事实。引导孩子分清事实和感受，依据事实谈感受。我们长期接受的教育大多不讲事实，而是灌输各种感受，这就使得家长自身缺乏依据事实说话的习惯和能力，往往喜欢直接表达感受和感情，甚至歪曲了事实。要使得孩子成为一个讲道理、尊重事实、又有自我观点的人，家长就要先掌握依据事实说话的习惯，不轻易对人对事发表情感性的感受，多用事实来解释事物之间的关系，逐渐培养孩子语言表达的理性、客观性、逻辑性。

比如，可以告诉孩子："今天最低温度零下 4 度，已经结冰了，你是否多加一件衣服?"而不是说："我觉得冷得很，你要加一件衣服。"让孩子不仅在语言上养成就事论事，更在思维上养成实事求是。

⑤家长要掌握话语表达的逻辑。只有先给孩子严密的逻辑示范，才能使得孩子成为说话有力、逻辑严密的人。家长说话要前后一致，掌握前提和结果等基本逻辑。比如，"你起来晚了，可能要迟到"，这就具有基本逻辑关系。不能表述为"你起来晚了，你是一个不争气的人"，那就逻辑不一致。

不偷换概念，不以偏概全，不前后颠倒。比如，"家里今天没有米了，不能做米饭了"。不能表述为"家里今天没有米了，什么都做不成，要饿死了"。再比如，孩子因为生病，不能去学校。不能表述为"你不爱去学校，你就故意生病，赖着不去学校"。

家长给孩子展示全面的逻辑方式，这不仅能让孩子在语言表达上条理清晰、说话有力，更让孩子的思维清晰、观点鲜明，也能促进孩子人格健全、个性独立。

五　如何避免孩子习惯性说脏话

文明社会里，人不应该满口脏话，而应该是谈吐文明、彬彬有礼。

身边有许多孩子说脏话。主要表现为两种情况：一是随口谩骂别人，一是张口闭口就带脏字口头禅。这样的现象普遍存在，却不足以引起人们足够多的重视。

在生活中，大家对骂人、带脏字、说脏话现象已经麻木，习以为常。而如果仔细思考，就会发现，一个修养较低、综合素质不佳的人，才会那样满口脏话。实际上，常说脏话的人，总会被人轻看、厌恶，不大可能在别人心中有好的形象。

家长要严格引导孩子不说脏话，而是说文明语言，培养孩子成为一个有涵养、受欢迎、受尊重的人。家长要成为孩子的表率，要对孩子的日常话语进行监督，并关注孩子在同伴群体中的语言表现，及时引导和纠正。

误区

让人心痛的事情是，我们对生活中说脏话的现象熟视无睹，认为不是什么大问题，甚至觉得是正常现象。以至于家长们认为孩子是否说脏话无关紧要，并不对孩子说脏话进行纠正和引导，任由孩子成为一个满口脏话的人。

①家长没有意识到说脏话是一个问题。生活中，无论男女老幼都有可能在无意识情况下脱口而出脏话，并且已经成为了普遍现象。群体都做的事情，大家就都以为是正常的，因此，家长们也很少有人反思说脏话有什么不妥，不会从主观上认为说脏话是一件错误的事情，也就不会主动地在养育孩子中，避免自己的孩子学说脏话。

②家长在孩子面前说脏话。无论家长是否意识到说脏话是一件不好的事情，都习惯性地在孩子面前说脏话，日常口语中不断地吐出脏字口头禅。更有甚者，爸爸们甚至当着儿女的面说粗鄙的脏话。这些行为，让孩子在认知中认为说脏话是可行的，他也可以像家长那样说脏话，于是就会慢慢模仿。而对女孩子来说，家长的脏话逐渐弱化了她们的羞耻感，消解了女孩子应有的纯美、羞涩。

③家长任由孩子暴露在脏话环境里。家长除了自己肆无忌惮地在孩子面前说脏话，也不顾忌他人在自己孩子面前说脏话，不劝阻那些人在自己孩子面前说脏话，使得孩子在生活情境中，长期暴露在污言秽语氛围下。

除了生活情境，家长也不阻断电视、电脑、手机等信息渠道所传递出来的脏话，任由孩子接受电视、电脑、手机里的脏话。家长还常带孩子去低俗的场所，明明知道那样的场所有人说脏话，也还带孩子去，而不是带孩子远离那些地方。

④家长没有对孩子交往的同伴加以鉴别，任由孩子和说脏话的同伴长期交往。除了成人的污言秽语能对孩子学说脏话产生影响外，他的同伴群体的脏话也是孩子学会骂人、粗口的重要催化剂。而家长往往忽略了孩子同伴们说脏话对孩子的影响，只要孩子喜欢交往的人，家长不加以识别，

不加以建议，就由孩子完全自由地去交往。这其实相当于放任孩子在同伴中任意妄为，不加以引导和监督，孩子很快就会跟同伴学会满口脏话，而孩子自己却浑然不觉有什么问题。

⑤家长没有及时对孩子说脏话行为进行管教。孩子学会说脏话，不是一夜就学会的，总是由说一个脏字，到几个脏字，再到张口就是粗话的渐进过程。家长在孩子起初偶尔说脏字的时候，没有认识到这是个问题，也就不加以教导，这就使得孩子在认知上认为那样的行为没有问题，并会变本加厉地试探着说更多的脏话，家长继续不加以阻止和纠正，如此发展，孩子就在不断试探家长的底线中，成为了一个满嘴脏话的孩子。等家长幡然醒悟，想进行强力纠正时，为时已晚。

家庭教育建议

无论什么样的人，满口脏话，都是一个不文明的人。

家长要认识到说脏话是一个错误的行为，并要引导孩子在干净的语言环境中成长，并努力纠正孩子可能出现说脏话的倾向，促进孩子成为一个语言干净、修养文明的人。

①家长要在认知中明白，说脏话、爆粗口、骂人等，都是不文明的行为。只有家长自己在认知上接受了那是不文明的观念，才能在生活中真正反感脏话，也才能主动地去引导自己的孩子不说脏话。反之，如果家长自己都不觉得说脏话有什么不好，怎么可能会真正地引导孩子不说脏话呢。

②家长要以身作则，如果以前说脏话，尽力改掉说脏话的习惯，并且在家人面前坚决不说脏话，甚至要做到在任何情况下都不说脏话。给孩子一个良好的示范，让孩子在接受引导的时候无可反驳。如果家长满口脏话，在孩子面前任意骂人，不大可能养育出一个不说脏话的孩子。

③在幼儿阶段，就要经常明确地告诉孩子，说脏话是非常不好的。使得孩子在认知上早早地明白说脏话是需要避免的。也教导孩子说脏话对他人格形成造成的危害，以及对他的不良影响。让孩子在心理上逐渐排斥污

言秽语，并远离说脏话的情景。

④善于使用现场教学。只要在户外，就不难听到有人说脏话，家人如果常陪伴孩子在外面玩耍，遇到听到别人说脏话，就可以现场告诉孩子："刚才那人说的就是脏话，那样说话是错误的，你不可以学。"通过长时间的教导，促使孩子在认知上知道说脏话是错误的，愿意控制自己的行为，拒绝脏话。

⑤尽量使孩子远离说脏话的人。家长要留心辨别生活中哪些人喜欢说脏话，尽量避免让孩子在那些说脏话的人身旁，也要尽量避免把孩子带到污言秽语的环境中。要注意观察孩子玩耍的同伴是否有说脏话的人，如果有，要引导孩子不可以学习。如果遇到他的同伴说脏话，要及时巧妙劝止。并告诉孩子，要远离说脏话的同伴。

⑥跟孩子约定，一旦他说脏话，就要受到管教。家长除了教导孩子明确地知道说脏话是不可接受的行为，在日常生活中预防他模仿说脏话，还要对他偶尔学着说脏话的行为进行管教。跟孩子一起制订好管教的规则，如果他不能控制好自己的行为，说了脏话，经过多次劝导还不愿意改变，就要对他进行管教，直到他完全不说脏话为止。

第四章

如何培养孩子的阅读习惯

阅读是人获得间接知识，尤其是系统性知识的重要方式。人在获得知识的基础上，进而改变认知结构，再进一步形成思维的能力，最终增长人的想象力和创造力。阅读还能让人形成丰富的情感体验，形成更高的情商。

良好的阅读习惯，能让孩子更喜欢通过读书获得知识，比较容易适应学校的学习要求；阅读能让孩子变得安静，有利于培养孩子恬静的性格；阅读还能让孩子主动探索生活，验证书上的知识，促进孩子更积极地与生活情景相协调，避免沉迷于各种电子游戏中。

阅读是一件需要付出主动性的活动，不会自然而然形成，家长要有意识地引导孩子接触书籍，使得他能逐渐养成阅读习惯。

培养孩子阅读习惯，绝对不只是让他们记住更多字、背诵更多内容，而是让他们养成看纸质材料的习惯和兴趣，并在阅读中养成思维能力。功利性地阅读，会让孩子失去阅读的快乐，进而破坏他们阅读兴趣的养成。

许多家长不懂得如何给孩子读书，什么时候给孩子读书，以及给孩子读什么书。家长习以为常地给孩子看电视机、电脑、手机等。这些看似可以为孩子提供某些帮助，实则严重地阻碍了孩子阅读习惯的养成，是有害的。

一　如何陪孩子看书

家长们常说：我家孩子不爱看书。

没有孩子生下来就愿意阅读。儿童阅读习惯的养成需要家长主动引导，并长期坚持。

在培养孩子阅读习惯上，家长所能做的，就是主动陪孩子读书。使得孩子在亲子阅读中获得快乐感受，并对阅读活动逐渐地产生兴趣。

误区　家长认为读书是孩子自己的事情，不会主动引导孩子去阅读。还有的家长认为孩子是否养成阅读习惯不重要，象征性地给孩子买几本图书，充个门面，任由孩子自己随意翻看，家长并不陪同孩子阅读，这些做法不能让孩子对阅读产生兴趣，也就不可能使得孩子养成阅读习惯。

①家长没有培养孩子养成阅读习惯的意识。家长不懂得孩子阅读习惯养成的规律，以为孩子爱不爱读书，是天生的，或者是学校的责任，家长不用管。这就使得家长缺乏对孩子阅读的主动引导，也缺乏对孩子阅读的陪同和监督。这样会错过孩子早期阅读兴趣养成的时机，容易使孩子兴趣点偏离书籍，难以养成稳定的阅读习惯。

②家长不经常陪孩子读书。在孩子幼儿阶段，家长认为孩子太小，还不大懂得图画书里的内容，把图书给孩子，由他随便翻翻就好，并不陪同孩子一起翻看，也不给孩子详细讲解其中内容。这样容易使得孩子把图书当玩具，一旦有更好的玩具出现，他就不会主动寻求图书来看。

③家长偶尔跟孩子一起看图书仅凭心情，没有固定的时间和频率。即使有些家长会陪孩子读书，但大多依据家长当时的心情，家长心情好，又有时间，就陪孩子读一会图书，反之，家长没有心情或者忙于其他事情，就放弃陪同孩子阅读。这不利于孩子养成固定的阅读习惯。

④家长给孩子设定功利性的阅读目标。家长培养孩子读书，不一定是使他养成阅读习惯，而是希望孩子更早地认字，能够掌握更多的书本知识，家长给孩子读书的种类局限于有利于考试的范围。普遍的现象是：家长要求孩子过早地背诵古诗词、英文单词等，给孩子规定必须阅读的内容，要求背诵或者复述出内容。这些不仅不能培养孩子的阅读兴趣，反而使得孩子对阅读行为产生抵触和排斥。

家庭教育建议

孩子阅读习惯不会自然而然形成，需要家长对孩子的阅读进行有意识的引导。

有个很有趣的现象：如果让孩子选择看图书和玩玩具，他们多半会选择玩玩具，而不是看图画书。如果家长有意识地拿着图画书，在孩子身边先读上几句，孩子就会扭转身来，听家长读故事。家长要主动陪同孩子共同阅读，引导孩子对书籍产生兴趣。

①孩子多大时，可以开始给他看书？坦率地讲，这没有一个固定模式，可以是一岁，也可以是两岁，也可以是两岁半。只要在三四岁前主动引导孩子读书，都是可以的。不会因为给孩子读书早，他就更聪明，也不会因为给孩子读书晚，他就更愚拙。

而一般经验来说，越早让孩子接触图画书，并加以引导和陪同阅读，更容易让孩子喜欢阅读。我的经验是：从孩子能坐开始，就可以给他翻看各种带图案的卡片，等他能拿得动绘本时，就可以给他提供大量图画书了。

②如何陪同孩子阅读？不陪孩子阅读，是家庭教育的一个常见误区。那么，如何陪孩子阅读呢？这里提倡的是亲子共同阅读，即家长陪在孩子身边，跟他一起看图画书，或者读书给孩子听。

引导不满一岁的婴儿看图书时，可以把图书像玩具一样给孩子，先由孩子自主翻看，家长在旁边观察，同时询问他看到了什么？然后给孩子解释图画的内容，使得孩子明白所看到的是什么，并逐渐产生兴趣。

当孩子自己翻看图书不耐烦时，家长要主动读给孩子听，用声音吸引孩子，使他的注意力集中在故事里，这样，使得孩子在阅读的时间里，维持在阅读活动中，而不是去玩其他玩具。

每次给孩子阅读，要能连贯地完成。如果是给孩子读绘本，家长要能读出绘本里的文字，或者依据文字，用自己的语言讲述，一页接着一页地讲给孩子听，直到讲完为止。

家长讲读时，可以把孩子抱在怀里，也可以让孩子坐在身边，共同看着图书的内容。共同阅读中，不可以让孩子玩玩具，也不可以让孩子看手机或者电视，要求孩子集中精力听、看。

③每天要有相对固定的阅读时间。家长不能按照情绪喜好，想陪同孩子读书就读，不想读就不读，而是每天都要有相对固定的时间来读给孩子听。至于选择什么时候共同阅读，没有定式，可以是饭后，也可以是睡前。目前家长们多采用睡前给孩子读故事，是一个很不错的选择。当然，也可以选择在下午放学后，也可以选择在晚饭后。

④每周要有固定的阅读次数。培养孩子阅读习惯养成，要有经常性的共同阅读，频度要达到一定的数量，蜻蜓点水式的阅读，不能很好地激发孩子的阅读兴趣。建议有条件的家庭，每天都要跟孩子一起阅读，直到他可以真正独立阅读。实在不行，每周至少也要有两次亲子共同阅读。

⑤每次给孩子读多少本书？这个也没有定式。一本、两本、三本都可以。针对不同年龄段的孩子，需要有所差别。如果在一岁左右给孩子翻看图书，可以不加限制，每次可以把多种图书给他，由他自己翻看一会，家长随后可以讲几页内容，当他注意力转移时，可以停止讲述。

给两岁左右的孩子讲读绘本，每次可以读一本，可以按照绘本里的文字读，也可以按照大体意思讲读。

对已经有一定阅读兴趣的孩子，每次可以读两本或者三本绘本，如果孩子要求继续读，家长可以再增加一本，或者两本，不要拒绝孩子要家长继续读书的要求。

⑥给孩子读什么样的书合适？给一岁左右的孩子呈现动物、花卉、图

形、颜色的图案。让他建立对图片和绘本的初步兴趣。

给两岁左右的孩子，提供有简单故事情节的绘本，不用太复杂，有基本逻辑关系即可，可以是动物类的故事、有关自然的故事。

给三岁及以上的孩子，继续提供动物类的比拟故事、简单的社会交往故事。如果孩子已经具有了阅读兴趣，可以稍微提供复杂一些的社会性故事，循序渐进地增加多人物、多情节的故事。

避免给孩子提供仇恨、抱怨、勾心斗角、破坏秩序、意识形态偏向严重的绘本，更不要给孩子选择所谓智力训练、功利性记忆等内容的书籍。尽量给孩子选取友善、合作、同情、美好、希望等内容的绘本。

引导孩子通过阅读，理解善良、友爱、正直、勇敢、诚实等品格，并在孩子自身中实现，要避免孩子去学习狡诈、阴暗、恶毒等品质。

⑦要经常带孩子接触有图书的地方。有条件的家庭，可以多给孩子买一些图书，也可以鼓励孩子跟小朋友相互借阅图书，使得各自家庭的图书流动起来。不想买太多图书的家庭，可以鼓励孩子多在幼儿园看图书，或者带孩子去儿童类书店看书，如果是在城市，可以多带孩子去图书馆看书。通过多样的方式，让孩子常与图书接触，引导孩子对图书产生兴趣，并愿意去接受它们。

⑧不应逼孩子死记书籍内容和文字。家长要明白，早期阅读主要是培养孩子的阅读兴趣和阅读习惯，而不应逼迫孩子绞尽脑汁去记去背文字，这一阶段，培养阅读兴趣比过早地认字更重要。只要孩子喜爱翻看图书，就不难认得其中的文字。如果一个孩子缺乏阅读兴趣，家长越是功利性地诱导他认字和命令他背内容，越会让他觉得阅读是一种负担，最终会抵制阅读，也就很难养成阅读兴趣和习惯。

二　为什么不要过早给孩子玩手机

手机对孩子阅读习惯养成来说，是个坏东西。

相对于看图画、读绘本，玩手机是一件更容易且更能获得快乐感受的事情，会诱使孩子放弃阅读，沉浸在手机所带来的快乐中，最终导致孩子沉迷于手机，无法养成阅读兴趣。

只有在幼儿阶段尽早地阻止孩子接触手机，并陪同他做积极、有意义的事情，才能让孩子摆脱手机的诱惑，同时有助于培养孩子健康的兴趣。

误区

家长觉得给小孩子玩手机无伤大雅，甚至还能开发孩子的智力，于是在孩子还是婴儿时，就给他玩手机，家长也能发现，只要孩子哭闹，给他玩手机，就能使他安静，于是习惯性用手机来安抚孩子。

等到孩子对玩手机有了一定依赖后，家长就会进一步发现，只有给孩子玩手机，才能平抚孩子的焦虑和哭闹。孩子除了对手机感兴趣，对与人交往没有兴趣、对运动没有兴趣、对自然界没有兴趣、对阅读更没有兴趣。最终，孩子成了一个被手机捆绑的人，陷入手机成瘾的深渊中。

①家长在孩子几个月大时，就把手机送到他手中玩。看着孩子乐呵呵地玩手机，家长也觉得好玩、有趣，于是不加节制地让孩子每天都玩一会手机。这是一个非常错误的做法，开启了孩子依赖手机的最初步伐。玩手机给孩子带去的短暂快乐，正在扼杀孩子更广泛兴趣的养成。

②家长把手机当作消除孩子哭闹、焦虑的良药。只要孩子喜欢上玩手机，他就会想方设法多玩手机，如果没有手机玩，孩子就会哭闹，家长为了消除孩子哭闹，就把手机给他继续玩。这看似能让孩子暂时安静下来，但是却在强化孩子玩手机的兴趣，一步步增加他手机成瘾的程度，此后想要扭转，难度更大。

③家长认为给孩子玩手机，可以开发孩子智力，将来有可能成为手机行业的研发专家，因此，孩子越早玩手机越好。所以，家长对孩子玩手机不加限制，也不进行有效的引导，希望孩子能够借着玩手机，成为未来的佼佼者。

④家长认为小孩子偶尔玩玩手机无妨，不会带来什么不良后果，反正大多数孩子都在玩，家长能够掌控局面。孩子起初玩手机时候，只要家长想要回来，孩子就立即还回去，并没有什么不妥。因此，家长为此掉以轻心，就不太管控孩子玩手机的频度和时间，而等到一年半载后，就会发现局面失控，无法限制住孩子玩手机了。

⑤家长一边带孩子，自己也一边玩手机，由孩子在旁边跑动玩耍，自己却紧紧地盯着手机。这样的做法，家长除了不会参与孩子的活动外，还给孩子一个错误的认识：玩手机是可以的。

有的父母下班以后，以劳累为理由，同时自己也没有其他事情可做，就坐在沙发上玩手机。有的家长自己玩手机时，为了不让孩子打扰自己玩手机的兴趣，也扔给孩子一部手机，让孩子自己玩。这些做法，都会使得孩子对手机产生依赖，破坏阅读习惯的养成。

家庭教育建议

不否认，手机的确能给孩子带去很多快乐，有时候也提供一些有益的帮助，但是，如果不注意对孩子使用手机进行引导和约束，就会使得孩子产生手机依赖，难以喜欢阅读。

过早地给孩子使用手机，暂时会让他们感觉到快乐，甚至看起来很聪明，而时间久了，就会发现孩子不是打游戏，就是看视频，无法自拔。等大人想收回手机时，简直像要了孩子的命，引发巨大的亲子冲突。

玩手机上瘾的孩子除了喜欢手机，对其他事物毫无兴趣、无动于衷，他对书籍也不感兴趣，不愿意翻看图书，很难形成阅读习惯，这对他进入学校，系统性地学习知识来说，是一个非常大的阻碍因素。

①尽量推迟让孩子接触手机的年龄。越早给孩子玩手机，越有可能导致他去发掘手机里能给他带去快乐的软件，致使他最终沉迷于手机游戏。父母能不给孩子玩手机，就不要给孩子玩手机，这看起来很苛刻，其实对孩子更多兴趣的养成，是非常有效的举措。

不让孩子接触手机，而要给他提供替代性的活动，比如，家长陪同孩子一起进行体育锻炼、玩玩具、阅读、户外活动等，这些活动可以有效避免孩子感到无聊，同时促进亲子关系发展，也能让孩子发现更多、更广阔的乐趣，维护他的好奇心发展，促进他运动、阅读等习惯的形成。

②家长要以身作则，不玩手机。家长如果希望孩子不玩手机，自己就不能在孩子面前玩手机，甚至任何时候都不玩手机。家长一边带娃一边玩手机的做法，必然会让孩子模仿，使得孩子尝试去玩手机，而家长也没有底气去要求孩子不玩手机。家长只有不在孩子面前玩手机，才有资格要求孩子不玩手机。

③什么时候可以给孩子玩手机？依据我的经验，孩子在七岁之前，任何时候都不要让他玩手机。等孩子有了一定的阅读习惯，可以主动地阅读图书或者主动进行户外活动时，如果他需要使用手机听故事、查信息等，才可以让他使用一会儿手机，但是，要对使用的频度、使用内容、使用时长进行限制，等孩子使用完手机，马上收回来，不能让孩子用手机打游戏。

④不可以让孩子玩手机游戏，哪怕是所谓适合孩子玩的有趣小游戏，都不可以让孩子玩。任何打着能让孩子学习知识的游戏，最终都会诱使孩子依赖它，陷入手机游戏的泥潭中。手机游戏的诱惑性，会让孩子去追逐方便可行的满足感，而不会寻求有一定的困难的阅读活动。孩子一旦玩手机成瘾，就很难再对读书感兴趣。

三　为什么不要过早给孩子看电视和电脑

为什么不提倡让孩子过早地看电视、玩电脑？

家长有千百条理由能说出看电视、玩电脑给孩子带来的好处。但是，那些所有的好处，都抵不过一个几乎不可逆转的问题：过早地让孩子看电视、玩电脑，会使得孩子失去对玩玩具、看绘本、户外活动等的兴趣。

孩子从不会看电视、玩电脑，到会看电视、玩电脑，很容易，而想要

从看电视、玩电脑的喜好中走出来，非常困难。

也就是说：家长们起初对孩子看电视、玩电脑不太在意，而等孩子依赖电视或者电脑后，再想让他脱离它们，培养他阅读、学习、运动等习惯时，难之又难。

跟不让孩子过早地玩手机道理一样，只有严格地限制孩子接触它们，并陪同孩子玩耍、阅读、运动等，才能让孩子养成较好的认知兴趣和认知习惯。

误区

家长认为，既然不能让孩子玩手机，那就让孩子看电视、玩电脑，反正不会像玩手机那么容易出现问题。其实，这个观点也是错误的。让孩子看电视、玩电脑一样会引发大问题。

①家长以为电视、电脑能给孩子带来知识。家长认为给孩子看电视、电脑里的动画片没有什么问题，因为那样能让孩子懂得更多知识，于是，规定孩子每次能看5到10分钟左右的动画片，既能增长孩子的知识，也能让孩子安静。这看起来没有问题，而实际会让孩子慢慢沉浸到看电视、看电脑的行为中，渐渐产生依赖。

②把电视、电脑当成孩子吃饭促进剂。为了让孩子配合吃饭，让他一边吃饭一边看电视或电脑。这种做法，把孩子进食的刺激物从饭食转移到了电视、电脑上，使得孩子养成不看电视、电脑不吃饭的习惯，这不仅损伤孩子的眼睛，也损伤孩子的消化系统。以后再想扭转，会很困难。

③父母忙于工作，忙于家务，没有时间陪孩子，就把电视、电脑当作孩子的保姆。父母没有时间或者没有心情陪孩子，就让孩子在家长时间看电视或电脑。这样看似能让孩子安静，却让孩子失去了去户外运动、探索、玩耍的兴趣，更养成不了阅读的习惯。

④把电视、电脑当作消除孩子哭闹的安慰剂。由于孩子尝到了看电视、电脑的甜头，想继续看电视、电脑，就会通过哭闹来要挟父母。家长

对孩子要求看电视、玩电脑的危害认识不深，只要孩子一哭闹，马上就满足他这样的要求，孩子也就很快安静下来。这看起来是很好的处理方法，而却使得孩子陷入"哭闹—看电视"的恶性循环中，很快就会让他养成依赖电视、电脑的习惯。

⑤家长任由孩子看电视、电脑，不对他所观看的内容加以限制。由孩子自己任意选择观看内容，这就使得孩子可能毫无保护地接触到暴力、色情、自私、粗俗、冷漠、敌视等影视内容，进而导致孩子学习、模仿那些有害的观念和行为。

⑥给孩子玩电脑或平板里的小游戏，认为可以较早地开发孩子智力。其实，这一样会让孩子逐渐成瘾，难以自拔。这和让孩子玩手机游戏的道理一样，只要孩子对玩电子游戏产生了兴趣，就会逐渐上瘾，最终对阅读、运动、交友等活动失去兴趣，荒废在游戏里。

家庭教育建议

给孩子看电视、玩电脑，看似能让孩子获得短暂的快乐，也能让孩子安静下来，但家长很快就会发现，跟让孩子玩手机的结果一样，他会对电视动画、电视剧、电脑游戏等产生依赖。孩子并没有因为看电视、玩电脑学到系统的知识，也没有让他们的智力得到可持续地提高，相反，他们逐渐失去对阅读、运动、探究、交往等的兴趣，而是深深地沉浸在电视、电脑游戏中不能自拔。

如果家长观察正在看动画的小朋友，能够发现，他的身体、头部、眼睛基本都是不动的，直直地看着屏幕。而阅读中的孩子，会主动扭转身体、头部、眼睛等，来观看他阅读的内容。看动画片时，孩子的思维大体处于被动的状态，被动地接受屏幕传递出来的信息，而阅读中的孩子，是主动地观看画面或者文字，并寻找自己感兴趣的点，进行分析和思考。阅读能更好地培养孩子的思维主动性，促进孩子思维多元发展。

①家长以身示范，不在孩子面前看电视、玩电脑。在孩子出生后，可

以暂时关停家里的电视。除非工作需要，不在孩子面前使用电脑，不在孩子面前看电视，更不要在孩子面前用电脑看电影、打游戏等。这样，就可以避免给孩子树立一个可以看电视、玩电脑的示范。这个做法要求相对严苛，家长需要有较好的毅力去执行。

②尽量避免给孩子过早地看电视、电脑。在三岁之前，不要给孩子看电视、电脑。除非必要，幼儿园阶段的孩子也不要给他使用电脑。诚然，不给孩子看电视、玩电脑，他们就不能通过电视、电脑获得一些信息，但是，他依然可以通过交往、运动、书籍、观察等渠道获得丰富的信息，并避免了陷入电视剧、电脑游戏的陷阱中。

③陪同孩子阅读书籍可以传递电视、电脑能传播的绝大多数信息，孩子通过阅读，一样能获得通过看电视、电脑得到的知识，并且能让孩子形成思维的主动性、系统性，这是看电视、电脑所不能达到的。阅读较之看动画、视频等更能让孩子习得主动思维的能力，且不会沉迷于游戏中。陪同孩子一起阅读，也更能增进亲子关系。

④陪同孩子做游戏、做手工、运动、玩耍。不给孩子看电视、电脑，还可以通过亲子共同游戏、做手工、户外运动等方式，来充实孩子的闲暇时光。孩子在游戏、做手工、运动、玩耍等活动中，能够感受到真实世界的信息，也能增加跟人交往的频度，这不仅排解了孩子无事可做的无聊，而且增加了孩子对生活世界的兴趣，能够积极主动地在生活中寻找乐趣，并积累丰富的知识，还能培养孩子的观察力、动手能力、交往能力、运动能力等。这都是电视和电视所不能带来的。

⑤即使让孩子偶尔看一下电视，家长也要对其内容进行把握，可以选取经典的动画片，儿童电影等，尽量避免让孩子接触暴力、欺诈、仇恨、打斗、辱骂、色情、粗俗等内容的视频材料。避免孩子因为模仿那些内容，养成低俗、暴力、凶残、仇恨、冷漠等品格。

四　如何避免阅读习惯养成的其他误区

阅读是为了让孩子爱上通过读书的方式来获得信息，进而形成智慧。而家长们往往认为让孩子阅读是为了让他认得更多的字，记住更多的内容，学会模仿写作，在考试中得高分，这看起来好像没有什么问题。但不知不觉中，就使得孩子养成功利性的阅读习惯，阅读也就没有生命和灵魂。

让孩子爱上阅读，应遵循孩子的兴趣，不能为了让他学会认字、学会模仿、考试得高分而逼迫他阅读，家长对孩子逼迫式的阅读要求，会使得孩子逐渐排斥阅读，最后变成事与愿违的境况。

误区

鼓励孩子读书，并养成阅读习惯，这是家长们的美好愿望，这没有什么问题，而为了使得自己的孩子比别的孩子在考试的竞争中有优势，强迫孩子读书，要求孩子读家长认为有用的书，那样的做法，就偏离了使孩子养成正常阅读兴趣的初衷。

①家长认为孩子需要先认字，后阅读。以为认字应该早于阅读，先教孩子认识零星的字，等他逐渐认识更多的字后，才给他看书阅读。这看起来好像有道理，其实，这不符合人的认知规律，颠倒了阅读和认字的顺序，更颠倒了思维发展和认识文字的顺序。相反，人的认知发展，是先在阅读图形基础上理解形象意义，再在图形中，掌握抽象的文字。不应该先让孩子多认字再广泛阅读，而是引导孩子多看绘本，进而再认字。

②过早地让孩子认字。这是一个普遍存在的观念和做法。家长以为让孩子越早认字越好，甚至让孩子在两岁之前就开始认字。让孩子过早认字，看似可以让他提早记住文字，但这会让孩子更关注认字，而忽略图画的整体及细节，阻碍孩子更广泛的形象思维的发展。

③强求孩子在阅读后复述或者背诵，机械地提问阅读内容，或者让他

写读后感。家长在孩子阅读后跟他进行简单的交流，询问他理解的情况，并要他简单地复述一下内容，这是可行的，在一定程度上能巩固孩子阅读效果，增加孩子的记忆能力。

而家长设置任务目标，要求孩子阅读后必须复述出绝大部分内容，给孩子提许多复杂性的问题，要求孩子回答时候不得出错，在孩子复述不全面、不准确，回答的结果和阅读内容差别太大时，就逼迫孩子再反复阅读，直到能准确地复述出内容或者准确地回答家长问题，才满意。有的家长甚至硬性要求孩子在阅读后写读后感，以为这能提高孩子的阅读能力和写作能力。

这些做法，看似可以取得一定的记忆效果，但是，极大地扼杀了孩子的阅读兴趣，把从阅读中获得快乐的初衷，扭曲为完成家长的阅读任务。这会导致孩子渐渐抵触阅读，无法建立起阅读兴趣和习惯。

④家长不读书却强迫孩子读书。家长自身没有阅读的习惯，期望孩子将来不要像自己那样，能够养成阅读习惯。这样的愿望本身没有什么问题，然而，家长在孩子面前不读书，缺乏阅读行为的示范。家长自己玩手机、打游戏，却要求孩子每天要在规定时间、读规定量的书，逼迫孩子去阅读。这样不会让孩子真正对读书感兴趣，反而会模仿家长去玩游戏。

⑤对孩子阅读的书籍缺乏辨别，跟风随流盲目购买。家长自己不懂得如何给孩子选择读本，轻易相信各种渠道的广告，甚至为了孩子更早更多地认字，更好更快地写作文，而去追捧所谓的畅销排行榜的书籍，不加甄别地让孩子读。但畅销排行榜前列的书也并非适合所有孩子，如果不加辨别地提供给孩子，反倒害了孩子。

家庭教育建议

家长要反思自己功利性的育儿观念和行为，避免让孩子阅读是为了追求认字、追求写作能力的提高。要在自然状态下，培养孩子阅读兴趣，扩展思维能力，养成温和个性。

①不可让孩子先认字再阅读，也不可让孩子过早

认字。引导孩子先从看图片、图画书开始，使得孩子逐渐喜欢看图、看书，在他产生一定阅读兴趣后，对文字有感知后，再引导他认字。

幼儿认知和思维的发展顺序，是先从认知直观的图形，再到抽象的符号。幼儿的早期认知主要是具体的形象思维。充足的图形材料，能够促进幼儿思维得到极大的发展，也能产生更多的阅读兴趣。文字是抽象的符号，形象性没有图形好，它对孩子早期认知发展的促进作用，远比不上图形来得有效。

此外，在大量阅读图形绘本的基础上，孩子的信息输入也在增加，对图画所体现出来的逻辑性、关联性都会有很好的掌握，在此基础上，再去引导他认字，阅读能力会发展得更快。

而先认字，再读书，违反了幼儿认知秩序。诱导孩子过早地认字的做法，会使得孩子缺乏足够多的信息输入，也缺乏对画面的观察能力，有研究表明，这样的做法，使得孩子在创造力和想象力发展上有局限。

所以，要避免过早地强迫孩子认字，给他提供充足的图形阅读材料，由他在阅读这些材料中，促进思维的发展，提高他的阅读能力，他的认字数量也能自然而然地增加。他在大量自主阅读各类读本后，想象能力也能极大地提高，写作能力的发展也会水到渠成。

②不强迫孩子阅读后复述，不强迫孩子写读后感，不给孩子提出只有标准答案的问题。阅读是一种输入信息的行为，孩子阅读后，信息输入到了他的脑子里，他能掌握到什么程度，跟他的认知结构有关系。而复述、写读后感、回答问题，是输出性的行为，每个孩子的输出性偏好不同，有的孩子喜欢用言语的方式输出信息，有的孩子喜欢用画画的形式输出信息，有的孩子喜欢用写作的方式输出信息，有的孩子喜欢用制作的方式输出信息。家长不能要求孩子阅读后就能马上准确、顺畅地输出信息。即使他不能有很好的输出，不表明他没有把输入的信息放到大脑结构里，也许在未来的某个时候，他就可以准确地输出。

强迫孩子复述、写读后感，要求孩子精确回答有关问题等做法，会让孩子对阅读内容本身失去兴趣，不是为了兴趣而阅读，而是为了应对家长的强迫要求，避免受到惩罚，这就导致他阅读动机出错，阅读习惯难以养成。因为孩子认为阅读是枯燥的、乏味的，不会积极主动地去阅读。

家长要做的，就是让孩子依据兴趣，不设置目标，不布置任务，自主阅读，孩子读多少内容均可，孩子读后有什么样的理解都行。千万不能逼迫孩子必须完成既定的阅读任务、必须写出读后感、必须准确回答问题。

③父母不要强迫孩子阅读。家长自己没有养成阅读习惯，却强迫孩子阅读，这是荒谬的做法。阅读习惯的养成，是靠兴趣和自主行动而成的，如果靠强迫，不仅不能使得孩子真心地愿意阅读，反而会产生对抗情绪，导致主动阅读习惯难以养成。

家长可以从改变自己不阅读的习惯开始，陪同孩子一起阅读，可以一起阅读孩子们的绘本，也可以各自阅读自己喜欢的读物，给孩子提供阅读习惯养成的氛围。

由孩子自己决定每天阅读的内容和阅读的量，不要规定他每天必须读哪些内容，以及必须读多少，由他按当天的兴趣和情绪状况而定，他愿意读多少，就读多少。

不要规定孩子每天阅读的时间点。孩子阅读兴趣可能会随时产生，当他有兴趣阅读时，就由他去阅读。而规定孩子必须在固定的时间阅读，是机械式的做法，把阅读设置成了任务，不一定符合孩子每天的情绪状态，会制约孩子阅读兴趣的养成。

④为孩子阅读材料把关。不能盲目地追逐畅销榜上的书，更不能认为开卷有益。家长要先了解孩子要读的材料，尽力做到提前阅读或者浏览，以便掌握材料的内容、思想，判断它是否适合孩子认知健康发展。

家长的三观肯定会体现在为孩子选择的阅读材料上，每个家长三观不同，为孩子选择的阅读材料也必然不同。这里不能一概而论地建议家长为孩子选择什么样的材料。但是，无论什么样三观的家长，在为孩子选择读物时，要避免阅读材料可能隐藏的暴力、欺骗、恶搞、低俗、淫秽、色情等内容。尽量选择那些适合自家孩子的，且能让孩子思维的逻辑性、独立性、批判性得到发展的读物，尽量避免让孩子接触那些功利性的、世俗化的、圆滑、诡诈、充满心机的材料，尽力保持孩子单纯个性的养成。

第五章

如何维护孩子的好奇心

好奇心是人的本能，家长们往往表述为：培养孩子的好奇心，其实不然，而应是维护孩子的好奇心。

好奇心是什么？可以理解为，个体对所有事物认知的兴趣，不断提问，并持续寻找问题答案的心理状态。

好奇心使得孩子不断地去认识事物，建立起他对世界的认知，并促进他思考，形成自己的知识体系，完善自我能力。

孩子的好奇心出于本能，但不会自然地增长，它需要保护和激励。也就是说，如果给予孩子好奇心积极的保护和激励，他就能持续地怀有好奇心，去探索世界；反之，如果对孩子的好奇心认知不足，处处阻断他好奇心的发展，就会使得孩子缺乏对事物的兴趣，缺乏主动认知世界的动力。

家长要认知孩子好奇心的特征，保护它，激励它持续展现。

一 允许孩子在可控危险范围内探索

我通常形容孩子的好奇心好似藤蔓上的触角，会随着藤蔓成长而不断变长。藤蔓的触角在其生长时期，会不断地探知它身边的事物，上下左右摆动，一直等它附着到物体上，然后再继续生长，抓住物体，帮助藤蔓固定下来。

孩子的好奇心如藤蔓触角一样，驱动孩子不断用他的触觉、嗅觉、味觉、视觉、听觉等感知外部世界，让他懂得事物性质，然后再通过思维，获得对世界认识的丰富知识。

孩子要获得丰富全面的知识，并保持不断的探索兴趣，就需要有支撑他自由行动的家庭教育环境，需要父母让他可以自主、自由地尝试除特别危险事物之外的任何事情。

误区

家长们总是以安全为由，阻断孩子完全可以自由探究的行动。

①家长通常把孩子留在家里，较少带孩子到户外活动。家长以为孩子在家里安全，不会出危险问题，并且通过看书、看电视、看电脑，一样可以获得知识，其实，这阻断了孩子接触更丰富真实事物的机会，削弱他主动探究的兴趣。

②家长不允许孩子接近池塘，担心孩子溺水。只要孩子在有水的地方，家长就命令其远远地离开，并用禁止的指令告诉他："绝对不能去水边。"这不仅没减弱孩子对水的好奇心，反而会不断增加孩子的探索欲望，进而偷偷地去水边探个究竟。而没有得到有效地在水边玩耍锻炼的孩子，缺乏应对水边问题的经验，一旦偷偷去水边而落水，反而会导致更大的问题。阻止孩子接触水边的这一教导是错误的做法，这不仅不能真正防止孩子溺水，反而阻碍他获得应对水边的相关经验。

③家长不允许孩子攀爬他们认为危险的事物。同样以安全为由，家长不允许孩子爬树、爬石头、爬运动器材架子等等。这同样阻碍了孩子肢体运动能力的发展，也阻碍了身体平衡能力和协调能力的发展，更阻碍了孩子对运动兴趣的发展。

④家长不允许孩子做剧烈的运动。不让孩子蹦跳，不让孩子奔跑，不

让孩子快速地骑行各种车辆。往往适得其反，孩子不仅不听从指令，反而调皮地、偷偷地做那些被禁止的行为，甚至违反得更厉害。在没有进行有效指导下的孩子，偷偷地做这类事情，潜在危险更大。

⑤家长不允许孩子在户外到处探索。孩子在户外时，总喜欢到处玩耍，一会去花丛旁看看，一会去树林里玩，一会去沙堆旁玩。而家长认为那些地方可能有危险，就不时地阻止孩子去。通常告诉孩子"危险，不要去哪里哪里，不要摸什么什么"，限制孩子自由地接触他想接触的事物。

⑥家长不允许孩子近距离接触其实没有危险的动物。孩子玩耍时，总会观察小动物，小如蚂蚁，大如小狗等。家长要么让孩子踩死蚂蚁或者小毛毛虫，要么让孩子抓紧离开。而不是让孩子在注意安全的前提下，可以静静地观察它们。这使得孩子失去很多观察动物，了解现实丰富世界的机会。

⑦家长不允许幼儿捡"垃圾"。幼儿在一岁半以后，有一段时间喜欢把树叶、小石头、小瓶盖、烟头等捡到手里玩，甚至带回家中，家长以这些事物很脏为由，不让孩子触碰，甚至打孩子的手。使得孩子因为恐惧，而不敢接触他想认识的新的事物。这阻止了孩子了解不同事物的性质，阻碍孩子感知能力的发展。

家庭教育建议

其实，孩子的任何行为，都是他与事物发生联系的表现，总会使得他从某一个方面认识到事物的性质，或者感受到某种关系，或者得到某种能力，这对孩子的认知、动作、能力等发展都是有益的。

如果我们不加区别地限制孩子自由探索事物的活动，就是在切断孩子好奇心的触角，最后使得他对事物了无兴趣，整个人都变得麻木呆滞。

当然，在引导孩子自由探究时，要排除一些危险的情形，如热水瓶、电插座、厨房里的刀具等危险物品，要明确地解释给孩子，为什么这些东西绝对不能碰，而其他可控的危险事物，都可以由孩子去探索，以保护孩子的好奇心，促进他认知全面、自主地发展。

①多带孩子进行户外活动。经常把孩子留在家里，会使得孩子运动能力、社会交往能力发展受到限制。孩子留在家里，不能很好地接触丰富而真实的社会和自然事物，反倒使得他养成玩手机、打游戏、看电视的习惯，对孩子主动运动、主动探索新事物、主动与人交往都带来阻碍。

让孩子到户外活动，能够给他提供丰富的现实生活情境，促进他进行各种运动、观察各种事物，增加他与同龄孩子玩耍交流的频度，能够极大地促进孩子运动能力、认知能力、社会交往能力发展，并进一步激励他更多地参与社会生活，提高社会适应能力。

②允许孩子接触相对危险的区域和事物。比如水边，这对孩子具有巨大的吸引力，孩子对水都有天然的好奇和喜欢。如果家长阻断孩子接触池塘、小溪，不仅不能减少孩子对水的好奇，反而失去对他们进行如何防止落水的教育机会。在有池塘、小溪的地方玩耍，家长完全可以陪同孩子到达水边，一起观察水里的事物，并向孩子解释水的危险性，教会他如何在水边保护自己：离水边多远站立比较安全，在水边如何抓住物体避免落水，在水边蹲下防止失足落水等。这样的做法，不仅满足了孩子对水的好奇，减少他独自溜到水边的行为，也教会了孩子如何在水边保护自己，真正规避了孩子落水的可能。

同样，家长也要允许孩子爬树、爬石头、蹦跳、奔跑，而不是经常呵斥孩子不要跑、不要爬树、不要蹦跳，而是告知孩子在爬树、爬石头、蹦跳、奔跑时要注意的事项，陪同孩子尝试这些动作，在孩子做这些动作时提供有效的保护，这样就能很好地保护孩子的好奇心，也能让孩子获得相应的认知和运动技能，减少在这些活动中受伤的可能。

③有指导地陪同孩子进行运动。运动能促进孩子协调能力、平衡感的发展，并能促进孩子认知发展。孩子在运动中尝试各种方法，各种技巧，看起来有些危险，家长不能因为有些危险就制止孩子运动，而应陪同孩子一起运动，并对相关运动过程进行指导和说明，让孩子懂得如何在运动中保护自己。这不仅满足了孩子运动的需要，也让孩子学会了在运动中避免

受伤的技巧，能更好地激发孩子的运动兴趣，促进孩子体能增长。

④在告知孩子注意安全事项的前提下，鼓励孩子多探索户外不同事物。孩子探索户外各种事物，是他好奇心触角延伸的表现，这能让他满足认知的需求，并进一步激励他继续认识更多的事物，从而养成主动发现新事物的习惯，保持对外界事物的无限好奇，消除因在室内所养成的玩手机、看电视、打游戏而导致的被动、木讷、麻木的性格。

⑤陪同孩子观察各种动植物。家长带着孩子在户外活动时，要教导孩子保护动植物，不随便伤害动植物，并陪同孩子观察它们，让孩子能够认识不同的物种，保持对自然事物的兴趣。这也是保护他们好奇心的重要做法。经常让孩子接触动植物，能促进他对动植物产生更浓厚的兴趣，丰富他的认知结构，并激发他的爱心。

⑥允许幼儿捡各种物品，提醒他注意安全和卫生。幼儿捡拾各种物品，正是他探索世界的表现，在他看来，这些事物都是新奇的，对他来说都是有意义的。他们捡起来后，要么是观察，要么是尝尝，要么是看看。家长陪同孩子观察这些事物时，脏的东西提醒他摸一下即可，不要品尝；可以尝的物品，比如树叶，让他尝一下，让他知道是什么味道；遇到是小树棍、小石头等，孩子要把它们带回家，也都要允许他那样做。

孩子捡拾这些物品时，难免把手弄脏、把衣服弄脏，家长不要责骂孩子，帮他把手洗干净即可，让他继续自由接触。过了这个阶段，孩子完成了对这些事物的认识，就会把兴趣转移到其他领域，这样的行为也就自然消除了。

二　允许孩子"搞破坏"

这里的"搞破坏"是指孩子破坏了自己的玩具、家里的物品等。不是指孩子在外面破坏公共物品。

孩子总会出于好奇，把自己的玩具拆开，或者把家里的电器、物品等拆开，探个究竟。这正是他探知未知事物的表现，家长们要允许这些行为

发生，不能因为爱惜物品而责骂孩子，因为这能让孩子充分地发现事物的属性和关系。

误区

家长认为孩子故意破坏家里的物品，小小年纪就知道搞破坏，长大了不知道会坏到哪里去。他们不理解孩子不断地拆开、观察物品，是他好奇心、探究性的需要。常常责骂、阻止孩子"搞破坏"。

①不允许一岁多的孩子随手扔物品。孩子到了一岁左右，会把能抓到的东西到处扔，哪怕是他喜欢的玩具，或者家里任何他能抓到的东西，都会在把玩一会儿后，然后扔掉，再喊着让家长捡给他，然后再扔掉。这让家长很烦躁，以为孩子故意在破坏。家长轻则告诉孩子不要扔，重则反复打骂孩子，禁止他继续那样做。其实这是孩子在感知事物的性质，他通过扔物品，认识空间、距离、速度、强度等。家长不仅不能制止，反而要支持孩子那样做。

②不允许孩子拆卸东西。孩子到了两岁半左右，就会把自己的玩具拆开，如果他对家里的其他物品产生好奇，也会去拆开看看。家长不理解这是孩子在探究新事物，就会对孩子加以阻止，甚至打骂。

③只要孩子弄坏家中物品，家长就打骂。当孩子因为拆卸、抛扔等行为破坏了他自己的玩具或者家中物品，家长轻则阻止他们，重则就是打骂，以此来限制孩子的行为，实际上阻止了孩子好奇心的满足，也阻碍了孩子探究兴趣的发展。

④家长在观念上出现偏差，认为物品比孩子探索更重要。家长认为玩具、家里其他物品等是用钱买来的，弄坏了很可惜，因此要尽量保持玩具、物品不被孩子弄坏，不断提醒孩子不可以拆玩具、不可以拆物品、不可以破坏。就出现了家长宁可让孩子安静地坐着，也不让孩子随意去动手拆卸玩具和物品的情况。这也是对孩子好奇心发展的阻碍性行为。

⑤家长不允许孩子把家里秩序弄乱。不可否认，家里的物品井然有序，会让人赏心悦目，也能让孩子学会一些秩序和规则。而家长过分要求

孩子不能让物品有半点混乱，不允许孩子把物品调换位置，或者把它们打乱放到其他地方。这实际是在限制孩子的好奇心，也在阻止孩子想象力的拓展。

家庭教育建议

孩子大多数"搞破坏"的行为，实际是他好奇心、探究性、想象力发展的表现，他需要认识更多的新事物，他需要通过打开看不到里面的物品，来探个究竟，以满足他对未知世界的认知和探索。

通过拆开和装上，建构出一种新的秩序，获得一种新的认知。家长要允许孩子在有规范的指导下，自由"搞乱"。

①允许并支持一岁多的孩子反复扔物品。这种行为是幼儿尝试使用物品，来了解事物的性质，如硬度、长度、距离、高度、大小等。他们通过反复扔玩具、物品等，获得这些感官性认知，这对他以后的认知能力发展，有着非常重要的意义。家长不仅不能阻止，而是要配合他，让他反复去做。更不能打骂孩子，禁止他做。打骂禁止孩子搞破坏，实际是切断了孩子探知世界的触角。

②转变观念，要认识到，孩子的好奇心和探究性远比玩具或者日常物品更重要。简单的事实是：玩具或者物品损坏了，可以再造、再买，而孩子因阻碍而消失的好奇心，难以弥补回来。孩子好奇心会因为家长的反复限制而减弱，使得他失去对事物的探究兴趣，因此，在不带来危险和巨大经济损失前提下，家长应支持孩子在家里对各种物品进行使用、拆卸、安装等探究性行动。

③包容孩子拆卸玩具和物品，并鼓励孩子维修坏了的玩具和物品。孩子在拆卸玩具的过程中，能更好地了解事物特征，发现建构的奇妙，激发他产生更多的思维，同时也能提高他的手部协调能力，有利于他动手能力的发展。鼓励孩子修理坏了的玩具，能够激发他的自信心和主动性，提高他的动手能力，促进他对事物更深层次的认知，并能养成节俭的观念。

④当孩子无意损坏家里物品时，家长要宽容孩子，并引导他该如何注意防范，避免以后发生类似结果。父母不要因为孩子破坏物品，尤其是贵重物品而打骂孩子。在孩子看来，物品没有价值区别，只有给他带去不同快乐、不同作用的差别。当孩子因弄坏物品时，家长要理解孩子当时害怕责罚的感受，及时安慰孩子，告诉他不要紧。

安慰孩子情绪后，可以告诉孩子在面对这些物品时，要注意哪些事情，防止以后再出现同样的情况。家长做到这里即可，不要再对孩子追责，也不要在此后的生活中反复提起，让孩子感觉到足够多的包容和温暖。

⑤允许四岁以下的孩子弄乱家里的秩序。孩子在家里把玩具、物品弄乱，看似他在破坏秩序，实际是他在用自己的想法，建造一个新的秩序，这对孩子的思维能力、创造能力都是很好的促进。幼儿早期的自由思维需要特别保护，而不是过早地给他加上各种条条框框。可以告诉孩子哪些东西不要随意改动，哪些东西可以任意改变秩序。比如，进门后，鞋子要摆放整齐，而玩具积木可以任意搭建。让孩子在自由探索中促进思维的发展，也能慢慢掌握规则、遵守规则。

⑥不允许孩子破坏公共事物。孩子尝试各种拆卸行为，应限定在家里，因为那是私人物品，不具有排他性，可以由孩子自由使用和改变。而不能让孩子破坏公共物品，因为公共物品不属于个人，不能由个人随意改变或者破坏。所以，家长不能因为保护孩子的好奇心，就可以任由孩子在公共的地方搞破坏，那样就是放任孩子了，会阻碍社会规则意识的形成和遵守社会规则行为的建立。

三　允许孩子"走样"

孩子"走样"是指孩子在学习、模仿、创造的过程中，不按照既定的模式，形成新的行为、结果等。

学习过程本来就是不断模仿的过程，走样是肯定会有的，分毫不差才

是困难的。如果限定孩子分毫不差去模仿，其实是限定了孩子创造性思维和创造性行为。

走样意味着不一致，而这不一定是问题，可能是非常好的创新，是孩子主动创造的结果。孩子在学习、模仿的基础上创新，正是学习应该具有的品质。不限定孩子分毫不差地完全模仿，而是允许他有走样，能够保护孩子创新能力的发展。

> 误区

家长认为孩子一板一眼地学习"正确"的东西，才是学习有效的表现，不允许孩子在学习过程中出错，也不允许孩子"节外生枝"。把孩子打造成不偏不倚的意想中的样子。认为那是在培养孩子的专注力、正确性。其实，无形中损伤了孩子的想象力和创造力。

①对孩子的学习目标要求精准，不允许有偏移。要求孩子在写字、发音、歌唱、舞蹈等学习活动中，不得有偏差，必须与学习内容相一致，否则就会责骂。诚然，有些专业知识和能力的确需要精准，比如弹琴、唱歌等，需要要求孩子尽力精准地达到要求。但是，如果只是要求孩子机械式地记忆、模仿，那么，就会限定了孩子可能的创新性。

②不允许孩子做偏离既定模式的事情。家长用既定的模式规定孩子按照程序完成事情，不允许孩子"节外生枝"。比如让孩子洗澡，必须先洗头，再洗身体，不得反过来。如让孩子去跑步，不允许孩子中途去玩球等。把孩子的行为完全掌控在一个固定的框架之中，这其实跟训练动物园里的动物没有太多区别，只能让孩子按程序做事，不能让孩子有创新，也不能很好地处理新情境中的新问题。

③不允许幼儿"胡言乱语"。家长希望孩子说话时，能像大人那样准确，当孩子依据他们的想象，描述出虚构的场景，表达与当时事实不一样的话语时，家长就批评他，并指责说："又乱说，又说错了"进而打断孩子，不让孩子继续表达他的观点。

这其实是家长没有掌握孩子语言和思维发展特点的结果，当幼儿语言和思维还不成熟时，他的表达是没有逻辑的，不可能像成人那样清晰顺畅，孩子在成长中，随着生理的发展，加上语言的不断练习，才能使得思维和表达清晰、准确。阻断孩子胡言乱语，其实是在阻断孩子语言练习，对孩子语言多样性发展不利。

④不允许孩子有搭积木、画画等偏离模板的样子。家长们要孩子按照积木说明书，完全相同地拼好某个物品，不能随意改变。让孩子画画时，也要完全照着模板去画，不能有自己的创意体现在上面。这样做，孩子只掌握了依葫芦画瓢的能力，阻碍了孩子创造思维、创造能力的发展。

⑤过早地训练孩子按固定模式作息，每日按部就班地活动。让孩子必须在固定时间做固定的事情，如果有偏差，就指责孩子。比如，早上八点开始看动画片，九点背诗词，十点画画，十一点出门玩等等，完全按照规定的节点去做，不允许孩子有太多的例外行为，这是把孩子当作动物一样训练。要知道，孩子是人，不是机器，不可能做到每天都在固定的时间段都能完成同样的事情。机械地、被动地作息，会让孩子灵活多样的思维发展受到阻碍。

家庭教育建议

孩子走样的行为，有时是因为他们没有理解家长的指令所致，有时是他们依照自己的想法，做出新的结果，这恰恰是思维发展的外在表现。允许并支持孩子信马由缰地思考、行动、表述等，能够很好地保护孩子的好奇心，并激发他的创造力。

用既定的模式限制孩子的行为，看似能让孩子老老实实地遵守规定，其实，是在削弱孩子的主动性，会限制孩子思维能力的发展。

①包容孩子在学习活动中的错误。我们不应把孩子训练成只会模仿的人，而应把他培养成一个具有无限好奇，并有创新能力的人。学习过程是不断尝试的过程，没有人不出错，孩子学习出现偏差，属于正常现象。孩

子能够快速记住或者掌握某个知识点是不常有的情况，常有的情况是出错。记错了、写错了、读错了、画错了、做错了，都是常态。他们不是机器，做不到百分之百正确。

家长要做的重点不是让孩子不出错，而是引导他修正错误，鼓励他们尝试发现更多的改进办法，减少出现旧的错误，迎接新的错误，使得孩子愿意、乐意接受可能出现错误的任务。而不是在可能出错的任务面前犹豫不前，害怕出错，退缩不前，变成没有勇气和信心的人。因此，允许孩子学习活动中出错，跟他一起找原因，鼓励他寻找解决办法，成为充满自信、敢于面对错误的人。

②允许孩子"节外生枝"。交代孩子的任务、指导给孩子的方法，他往往都不能完全精准地完成，家长让他去买面包，他却买了烧饼，家长让他如何穿衣，他却使用其他方法。这些情况，家长都要允许孩子那样干，因为在这样的过程中，孩子使用了自主思考、自主判断等创新行为，对他来说，这就是主动性的表现，体现了孩子自主尝试的能力，这会让他更愿意尝试那些新想法，做出更多的新创造。创新性的习惯也就是在这样的行动中逐渐养成的。

③鼓励孩子尽情表述自己的观点。孩子使用自己的语言、观点来描述他看到的、听到的、想到的事物，是他使用词汇展示思维的表现，这样的锻炼越多，越能提高他的语言表达能力和思维能力。由于孩子词汇掌握不多、思维结构不成熟，他的语言听起来语无伦次，他的想法听起来天真可爱。家长们要鼓励他尽情地表述出来，耐心地听他讲完，并可以适当帮他解释不完善的地方，提示他继续表达下去，不轻易打断孩子的表述。让他感受到表述自己观点受到尊重，感受到表达得到认可，并从分享自己观点中得到快乐。

④鼓励孩子布置他设想的场景。孩子在玩玩具的时候，喜欢把它们摆成各种造型。有时候是摆成一条线，有时候是盖一座房子，有时候是拼一个样式。总之，他会按他的想法，把他的玩具布置成他想象的场景。这是孩子思维的表现，家长要支持。

尤其是在孩子搭积木，女孩子装扮布娃娃时，家长完全可以让他们放开想法，随意搭配，这是对他们自主思考的积极支持，进而促进他们独立性思维、创造性思维的发展，而不要限制孩子必须按照模板去模仿。

⑤鼓励孩子自由地绘画。绘画是一种促进孩子思维发展的很好的活动，有的家长却把它用错了，过早地用专业训练的方法来让孩子绘画。不允许孩子画错线，不允许孩子用错色，甚至要求孩子过早地画工笔画。而孩子本可以信马由缰地产生创意，却慢慢地被扼杀了。家长要任由孩子从涂鸦，到画造型，再到画出他心中的图画，这是在保护并促进孩子的思维发展，让他的好奇心，以及对世界的认知得到不断丰富和发展。

⑥遵守孩子的身心规律，允许他按自己的状况作息。除非是机器，没有人是必须每个点必须做什么事情的。那种想让孩子过早进入程式化的生活观点，会让孩子变得循规蹈矩，不喜欢创新。困了，总归会多睡一会儿，不困，怎么让他睡都是徒劳。他想出去玩耍，却把他限制在家里，他想在家里待一下，非得把他带出去，这都不是遵循孩子身心规律的表现。在大体生活作息框架下，有引导地让孩子对各种活动产生兴趣，依据他的兴趣，完成他的行为，那么，他做事情、休息，都是开心的，个性中也就会更加开朗，精神面貌也就会很阳光。

四　如何培养孩子的观察力

孩子通过观察不同事物，能激发他的思维兴趣，进而促进他产生新的想法，产生新的观点。

家长要引导孩子保持对事物的观察，培养细心思考的习惯，从细微处思考大问题，学会分析事物之间的多样关系，养成开放的思维方式。

缺乏观察力指导的孩子，做事马马虎虎，对事物之间的多元关系缺乏认知，这不仅使得他的认知能力不足，更阻碍他推理判断能力的养成，久而久之，就会失去对事物深究的兴趣，看不到事物更深层的逻辑，探究兴趣也就日渐消弱。

误区

观察力不是天生就有的，需要在教育实践中慢慢养成，而有的家长很少意识到这种能力的重要性，缺乏对孩子观察能力的引导。

①经常打断孩子正在做的观察行为。幼儿通常会对小动物、小花、图片、玩具等表现出浓厚的兴趣，会蹲在旁边目不转睛地看很久，观察它们的样子，思考它们的关系。家长却在此时打断孩子，喊孩子去做其他事情，或者强行把孩子带走。比如家长常说："不要看了，快去吃饭；不要玩了，快去睡觉"等。这种做法破坏了孩子观察习惯的养成，不容易养成细致观察的品质。

②贬低孩子观察行为的价值。孩子由于好奇，对各种事物都要停留下来观看一下，有时候还想深入地探个究竟，家长常常跟孩子说："那有什么好看的，没有意义"。家长如果长期对孩子说这些话语，就会让孩子逐渐觉得观察没有意义，慢慢失去对事物仔细观察的热情。

③家长不支持孩子自己做可以提高自主观察能力的事情。比如，孩子想养花草、小动物，家长不允许；孩子想要在户外多逗留玩耍一会儿，家长没有耐心等待；而家长却依据自己的兴趣和功利性的想法，要求孩子去观察家长指定的事物。比如，家长要求孩子养蚕，来观察它们的发展，并写出观察记录，家长以为这样可以培养孩子的兴趣，而这些可能不是孩子所喜欢的，对孩子观察力的养成不一定有太大作用。

④缺乏对孩子观察力的有效指导，认为观察就是让孩子记住东西。家长不懂得如何激发孩子观察的兴趣，也不懂得如何让孩子保持注意力，不懂得如何通过各种方式让孩子去辨别事物的异同，认为让孩子学会观察，就是让孩子记住观察对象的特征，因此，要求孩子出游回来后写游记、复述他所看到的内容等，使得孩子逐渐失去对观察的快乐和兴趣。

⑤家长自己缺乏接触事物的兴趣，也就缺乏带孩子接触丰富世界的机会。家长兴趣较窄，只喜欢在家打游戏、看电视等，较少带孩子出去玩

要，使得孩子也迷恋手机游戏或者看电视，缺少主动观察丰富事物的机会，逐渐失去对其他事物深入观察的兴趣。

家庭教育建议

如果孩子喜欢静静地观察事物，这既能促进他进一步思考，让他保持对事物的兴趣，也能让他认识事物之间的关系，更全面地了解世界，促进思维的发展。孩子对事物仔细观察的习惯越持久，他的好奇心就保持得越久，这对他的创新能力、逻辑思维都有帮助。

①给孩子提供更多的观察机会和观察对象。生活中的各种事物，都是孩子需要认识和观察的对象，它们无时无刻不存在我们身边，只是家长司空见惯，不注意它们存在，也就不主动引导孩子去深入认识它们。家长完全可以引导孩子从认识生活中的物品开始，培养孩子仔细观察它们、了解它们的习惯，促进孩子观察习惯和观察能力的发展。

除了引导孩子观察日常普通事物外，还可以依据孩子的兴趣，给他养一些花草、小动物等，让他每天观察它们的变化、特征等。家长也可以多带孩子去不同的地方，让孩子观察到不同于自己平常生活的事物，引导他们认识精彩的世界。

②不轻易打断孩子专注性的活动。当孩子在专心读书、玩玩具、观察事物时，家长要耐心地等他完成，不要随心所欲地打断孩子这些行为，保障他连续地完成这些活动，养成专心致志的习惯。

③对孩子细致观察所得出的看法进行鼓励。孩子通过观察，总能发现他们认为的新奇的东西，会很兴奋地讲述给家长听，家长要能及时鼓励孩子，哪怕他所看到的，是家长们习以为常的事物，哪怕他所说的，不那么准确，而对孩子来说，那是他认为新鲜的东西，对孩子来说具有积极的意义。家长要及时鼓励孩子表达所得出的结论，让孩子获得成就感，进而促进孩子更有信心进行更多的观察和探究活动。

④指导孩子如何进行观察。父母要指导孩子学会注意观察身边的事

物，避免孩子对各种事物视而不见。告诉孩子不仅仅要看事物的表面，还要看它的内部；指导孩子不仅要看事物当时的现象，还要看事物发展、变化的现象；告诉孩子不能只看单个事物，还要看大规模的事物，甚至要看单个事物跟其他事物的关系。引导孩子通过仔细观察，养成从不同的视角来认识事物的习惯，以便获得多样的认知。

⑤培养孩子观察的主动性。孩子因为有兴趣，才会主动观察。因此，家长要顺应孩子的意愿，培养孩子对生活中各种事物的兴趣，引导孩子先从他喜欢的事物进行观察，再拓展他观察的对象范围，不要硬性地要求孩子去观察他不喜欢的事物。在尊重孩子的自主选择基础上，鼓励他保持一定的意志力，培养他主动地观察事物的习惯。

五　及时解答孩子的提问

如果带过孩子，会有这样的感受：他怎么会有那么多个"为什么"。

没错，孩子从会说话开始，他就在不断地问家长或者其他人："这是什么啊，那是什么啊，为什么啊？"

孩子不断地提出很多问题，是他在认识世界，弄清楚他不知道的事物的表现。这是因为世界对他来说全是新的，他需要一个一个地去认识它们，而幼儿因为思维发展还不成熟，还不能靠自己的思维能力完全弄明白，所以，他要通过不断提问，来明白更多有关世界的知识。这正是他对世界充满好奇并要弄明白的表现。

家长要及时回应孩子的提问，给予回答或者进行说明，并鼓励他继续发现新的事物，继续提问。

及时回应孩子的问题，是在保护孩子良好的好奇心，对他好奇心的保护、兴趣的发展有着非常大的帮助。

误区

①压制孩子不要问那么多问题。家长对孩子的各种各样、连续不断的问题感觉厌烦，甚至觉得孩子有问题，责骂孩子走开，不让孩子继续提问。家长会不耐烦地训斥孩子："你不要再问了，很烦人。"这样做法，会极大地挫伤孩子发现问题的积极性，逐渐失去思考的主动性，也不再主动发现问题，成为一个没有问题意识的人。

②家长对孩子的提问视而不见，不给予回答。家长故意不理会孩子的问题，当孩子问道"这是什么啊，为什么啊？"家长装作没有听到，不给孩子任何回答，也不做积极的回应，使得孩子得不到答案而继续追问，或者哭闹发脾气。这样做，同样会阻断孩子探究性思维的发展，破坏孩子的好奇心。

③对孩子的问题故意给出错误的解释。比如，孩子问自己从哪里来的，家长通常会跟孩子说："你是从垃圾桶里捡来的。"孩子问月亮为什么会亮，家长说是那里装了很多电灯泡。不可否认，这些回答没有多大伤害性，只是玩笑而已，甚至可以当作是创新。而家长经常故意错误地回答孩子的问题，不利于孩子对基本知识的掌握，会让孩子对常识产生误解，会让孩子缺乏对基本的、客观的知识的准确掌握，其实是在破坏孩子认知发展的基本知识基础。

④对孩子丰富有创意的问题支持不足。孩子总有一些新奇的想法和问题，家长不是鼓励和赞赏，而是反对或者打击。比如，有一个孩子对爸爸说："我长大了可以去看大海吗？"爸爸说："去看大海干什么，那么远，那么危险。"（真实的案例）孩子问家长，"我可以摸摸太阳吗？"家长回答说："不可以的，它很烫的。"家长在这些不经意的问答中，阻断了孩子无限遐想的可能，破坏了孩子开放性思维的发展。

⑤不懂得依据孩子的问题继续引导孩子思考或提问。虽然有的家长能回答孩子的提问，但是，不懂得如何引导孩子进一步深入思考，不懂得如

何教孩子掌握提问的技巧，不能更好地激发孩子产生更多的问题。比如，孩子问："你手里拿的是什么？"家长就直接地告诉他是什么，而不懂得停一下问孩子："你猜猜看，会是什么呢？"直接的问答模式，不能很好地引起孩子更多的好奇，把可以深入的探索思考给阻断了。

家庭教育建议

孩子不停地提问，是他主动了解未知事物的体现，只有不停地问，并得到有效的回答，他才能更好地认识世界，并能更好地促进他思维的发展。家长要能及时回答孩子各种提问，并鼓励他问更多的问题，进而丰富孩子的认知结构。

①家长要及时回应孩子的问题。孩子在提问的时候，一是希望获得大人的回答，消除他认知上的不确定性，一是希望获得家长的心理支持，得到安全感。家长要能对孩子的问题及时回应，客观地、及时地回答孩子的问题，如孩子问："电灯为什么会亮啊？"家长可以告诉他因为电流的原因。一些可以引起孩子思考的问题，可以反问孩子："你想一下，你认为是什么呢，你认为是什么原因呢？"引起孩子更深入的思考。当孩子想不出结果时，家长再回答。

当孩子的问题超出家长的知识范围，家长要坦诚地告诉孩子："这个问题我现在不懂，等我查找资料后，再告诉你。"不可以胡乱编造答案敷衍孩子，也不可以给孩子错误性回答。

家长不可以对孩子的提问不做任何回应，那样是在冷落孩子，会打击孩子主动提问的积极性，阻碍孩子探究心理的发展。家长更不能打击孩子的提问，不可以责骂孩子怎么有那么多问题，而是鼓励孩子多提问。

②包容孩子千奇百怪的问题。孩子的思维多样性、丰富性使得他会有很多新奇的观点和问题，这些问题也许在成人看来都不是问题，甚至是可笑的问题，而在孩子那里，这些都是他不明白的地方，或者是他有创意的地方。他通过提问，寻求明确的答案，有利于消除他内心的不确定性，以便更清楚地认识事物，丰富他的知识。家长要特别包容孩子千奇百怪的问

题，并给予全面的解答。

③家长要多鼓励孩子提问。除了正面积极地回应孩子的问题，家长还可以鼓励孩子多提问，并给予及时的奖励，比如，当孩子问的问题很好时，家长可以抱抱他，亲吻他，赞赏地说："这个问题问得真好，我们一起来找答案好不好？"此外，在开放性问题上，家长要鼓励孩子多思考不同的提问和答案，允许孩子有多种多样的回答和提问，不要用所谓唯一正确的标准限定孩子的思维。

④跟孩子进行互动问答，引导孩子深入思考。当孩子提问时，如果问的是简单、客观的问题，家长可以直接回答他。如果孩子问的是能产生连续思考的问题，家长可以先不急着回答，而是引导孩子进行开放性思考，询问他："你觉得是什么呢，你感觉到能行吗，如果是你，你会怎么说？"等等，引导孩子进一步思考，鼓励他提出更多的问题。

六　如何培养孩子的多样兴趣

孩子好奇心还体现在他的多样兴趣上。一个具有强烈好奇心的孩子，会不断去发现丰富的事物，建立起不同的兴趣点，而兴趣又进一步激发他的好奇心，形成良性的循环。

培养孩子的多样兴趣，需要家长带领并引导他认识不同领域的事物，参加不同的活动，尝试不同的行为，不是仅仅让孩子认字、学习才艺，而是在广阔的社会交往中、自然环境中，让他接触到不同的人和物。

误区

家长认为给孩子培养兴趣，就是让他养成学习兴趣，这种狭隘的认知，使得家长们不会主动关注孩子更丰富的兴趣养成，尤其不支持孩子探索的兴趣，这不仅不能使得孩子乐于学习书本知识，更不愿意接受其他类型的学习活动，让孩子逐渐变得麻木，也减弱了他的其他兴趣。

①用手机、电视、电脑消解了孩子对现实世界的好奇心。如前所述，家长为了安抚孩子，把手机给孩子玩游戏；家长为了有时间做家务或者其他工作，让孩子看电视或者玩电脑。一旦让孩子养成这些习惯，他就很难再对手机、电脑、电视之外的世界有太多主动的兴趣。如果仔细观察对手机、电脑、电视依赖的孩子，就会发现，他们在离开它们的时候，表情一片茫然，目光木讷麻木，或者情绪焦躁不安，对身边现实活动参与的兴趣不高，仅仅坐在那里发呆，或者去睡大觉。这极大地阻碍了孩子多样兴趣的发展。

②用读书、写字代替了其他兴趣。功利性的家长往往在孩子一两岁时，就让他去认字，逐渐发展为让孩子抄字、背字、背诗词等，等到孩子读幼儿园时，就规定孩子每天必须花大量时间学习记忆性的知识，家长以为这就是在培养孩子的兴趣。

让孩子读书、写字本没有什么问题，但如果让孩子早早地，且每天必须读书、写字，就使得孩子没有更自由的时间去玩耍，去跟同伴交往，这在很大程度上限制了孩子更广泛兴趣的养成。

③用繁重的课外辅导顶替了其他活动。家长依然出于功利性目的，以发展孩子的全面能力为借口，让孩子去课外辅导机构学习学科知识，去学习才艺技能，使得孩子忙于应付各种硬性的学习任务，没有自己放松、休闲、思考的时间，孩子疲于应付家长塞给他们的任务，不能去运动、不能去交友、不能随性地探究自己喜欢的事物，因而不能获得实际生活中更丰富事物所带来的快乐，更不可能激发喜欢它们的兴趣。

④家长把自己的喜好强塞给孩子，阻断了孩子更多的选择。他们认为孩子还不懂事，没有自己的喜好，家长就用自己的经验来替孩子做选择，替孩子做主，替孩子操办好几乎所有的事情，替孩子准备好一切，久而久之，孩子也就不去主动地选择，不去主动思考自己喜欢什么、需要什么，他们在主观思想上和客观行动中，都对家长的决定产生依赖，失去了自己主动选择的兴趣，失去主动憧憬未来的想象力。

此外，一些孩子有自己的兴趣爱好，但不符合家长的期望，就受到家长的软硬兼施的压力，被迫放弃，屈就于家长塞给他的兴趣。比如，一个喜欢画画的孩子，家长却要求他去学钢琴。孩子出于无奈，只得放弃自己的兴趣，服从家长的安排。这实际上阻断了孩子兴趣发展。

⑤缺乏接触社会和大自然的机会。家长认为某种生活方式是可行的，就仅仅引导孩子过那样的生活方式，比如，只吃单调的食谱，只去类似的地方，只是接触类似的人群，使得孩子缺乏接触丰富事物的机会、缺乏认识丰富的社会关系、缺乏感知大自然的机会。他也就很难建立起对这些事物的兴趣，就逐渐被单一的兴趣所捆绑，对其他事物不感兴趣。

家庭教育建议

孩子的好奇心是兴趣的基础，而兴趣的获得和满足，又进一步激发他的好奇心，推动他不断探索未知的世界。

家长如果能顺应孩子的兴趣方向，鼓励、引导他建立多样的、真实的兴趣，那么，就能让孩子获得丰富的经验和知识，进而获得真正的快乐，并持久地保持好奇心。

①如前所述，家长要尽量延迟给孩子使用手机、电脑，最好不要给孩子看电视，把孩子从电子屏幕中拔出来，那样，他才有时间、有兴趣去参与更多的活动，得到更丰富的信息，才有可能建立起对不同事物的兴趣。

②不逼迫孩子功利性地认字、读书，也不能诱骗、逼迫他们参加各种应试性的课外辅导。家长硬塞给孩子的学习任务，不一定是他的内在兴趣，在孩子幼年时期，他还能屈服于父母这样的压力，而等到他独立思维能力完善后，就会跟那些任务对抗，甚至和家长发生冲突，这不仅不能使得孩子学好才艺，也错过了发展他真正兴趣的机会，孩子到最后什么能力都没有发展起来，也不能形成完善的个性。

③尊重孩子的选择和兴趣。一个在充满关爱、鼓励、自由的家庭中成长的孩子，会有很多的兴趣，因为他的想法和行动能得到尊重，他就能真正愿意去完成他感兴趣的任务，这能让他的生活中充满喜乐，也能让他的

好奇心得到实现。他在这样的模式中，逐渐拓展兴趣范围，认知能力也就得到了提高。因此，家长要鼓励孩子依据他的兴趣选择学什么、如何学，而不是把家长的选择或明或暗地塞给孩子。

④多带孩子去不同的地方。家长可以经常带孩子去不同的地方，而不是把孩子局限在一个较小的活动圈子里，鼓励孩子在不同的场合中认识新的事物，参与新的活动，跟不同的人交往，引导他在丰富多样的情景中感受到社会和自然之中的事物、关系等，进而发现他的兴趣点，并不断扩展自己的兴趣范围。

安全感、自信心、情绪表达篇

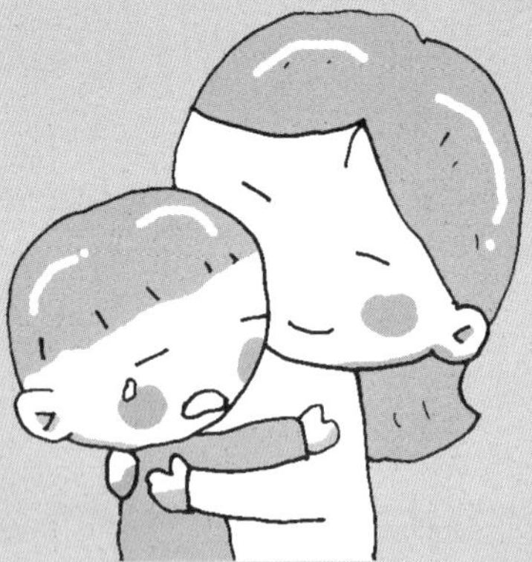

第六章

如何培养孩子的安全感和自信心

孩子安全感和自信心的建立，有赖于亲子间互动的频度和深度。从孩子出生开始，就可以着手进行。家长在孩子生下来的时候，就可跟他进行肢体接触，逐渐从爱抚孩子、多抱抱孩子，再到跟他一起游戏，一起玩耍，共同阅读，增进亲子间互动的频度。

在孩子成长岁月中，家长要尽力跟孩子一起生活，避免把孩子留给老人或者其他人抚养。让爸爸、妈妈成为孩子首要的心理依赖的对象；对孩子的合理需求，要及时提供有效的帮助，引导并支持他们解决问题。

跟孩子做朋友，进行双向的互动交流，而不仅仅是要孩子述说，家长也要给孩子讲述自己的故事，有共同的约定和相互间的秘密；允许孩子出错，在他们出错的时候，多宽容，有足够多的耐心等他做出更好的行为；给孩子积极的鼓励，及时安抚他低落的情绪，在他遇到困难和失败的时候，鼓励他再尝试，相信他一定能行，使得他逐渐具有克服困难、敢于尝试不同任务的勇气。

一　为什么要多跟孩子拥抱

孩子还是胎儿的时候，就可以感知妈妈肚子外的世界，能够对声音和触摸产生反应，这个时候，可以多跟胎儿说话、给他听舒缓的音乐、抚摸妈妈的肚子，建立早期的互动关系。

宝宝出生后，要及时让他跟妈妈进行肌肤接触，较好的医院在完成生产各项工作后，会把宝宝抱到产妇身边，让他们进行肌肤接触，这是建立亲子安全感的最早的环节。妈妈此时要把宝宝贴紧在身边，抚摸他的手和脸颊等裸露的部位。

随着孩子成长，家长也要每日多与孩子进行肢体接触，可以自然地拥抱孩子、拉拉孩子的手、抱抱孩子，这些都能增加孩子的安全感。

误区　家长不懂得跟孩子拥抱、亲昵等动作能够增进亲子关系、提高孩子安全感，不愿意拥抱孩子，把孩子主动寻找大人拥抱当作累赘，甚至会斥责让孩子走开，失去了许多跟孩子亲密接触的机会，使得亲子关系变得疏远。

①孩子主要由老人带，父母基本不抱孩子。父母平时象征性地看望孩子，和孩子玩玩具，缺乏和孩子深入、紧密的生活接触，更缺乏和孩子拥抱等亲子互动。

②爸爸缺乏和孩子拥抱。有些爸爸认为抱孩子、安慰孩子是妈妈的事情，自己无需过多参与。日常拥抱孩子，和孩子亲密互动，都是交给妈妈去做，爸爸成为照看孩子的局外人。这会造成父亲和孩子的疏远感，不利于孩子安全感的建立。

③孩子遇到困难寻求大人帮助，紧紧抱着父母时，家长却呵斥其胆小、无能等，并粗暴地把孩子推开。这样的父母不懂得孩子在困难的时候需要心理依靠，需要安全感。而孩子寻求父母拥抱，是他获得安全感的重要方式。

④家长觉得在公共场所抱抱孩子或者牵着孩子的手是害羞的事情，故而不在人前拥抱孩子，走路时跟孩子保持距离，不牵孩子的手。这样的做法，也使得孩子缺乏和父母自然亲近的机会，拉大了父母和孩子的心理距离，不利于孩子安全感的获得。

家庭教育建议

家长经常抱抱孩子，能让他感觉到温暖和爱意，感知到家长是坚固的依靠，尤其当孩子遇到惊吓寻找家长时，及时的拥抱，能让孩子消除恐惧，获得安全感。与孩子拥抱也能增进亲子关系，使得亲子间的沟通、互动更温馨和谐。

①如在"如何培养孩子的健康身体"部分建议，孩子出生后，应及早让他跟妈妈进行肌肤接触。有条件的父母，要亲自养育孩子，不可以完全交由老人隔代抚养孩子。无论什么样的养育方式，父母都要经常抱抱孩子，跟孩子平和地说话，并同时用温和的目光看着孩子，保持目光的交流。

爸爸更应该拥抱孩子。拥抱、关心孩子不仅仅是妈妈的责任，同样是爸爸的责任，甚至爸爸的责任更重。爸爸对孩子的体贴、关心，更有利于孩子获得安全感和自信心。

②跟孩子拥抱，没有固定的模式。日常生活中，当早上孩子准备出门上学时，可以和他拥抱一下，告诉他爸爸妈妈爱你。当孩子傍晚放学回到家，父母也可以拥抱孩子，欢迎他回家。跟孩子一起读书时、饭后休息时，都可以抱抱孩子，增加亲子关系，提高孩子安全感。

③当孩子受到委屈、惊吓，跑向家长寻求帮助的时候，父母要及时蹲下来，抱着孩子，让他感受到关爱，并由他先哭泣宣泄完情绪，再用语言安慰。可以询问："怎么了，需要我怎么帮助你呢？"千万不要斥责孩子，甚至把孩子推开，那样不仅不能让孩子得到安全感，反而让他继续受到冷落和惊吓，对孩子心理安全是极大的破坏，并把亲子关系对立起来，加大亲子间的心理距离，使得孩子产生孤独、焦虑的情绪。

④和孩子在户外活动时，也可以自然地拥抱孩子，而不是和孩子保持距离，经常性地拉着孩子的手一起走、散步，或者近距离地挨着走，会让孩子得到更多安全感。

二　为什么父母要亲自带孩子

因为各种原因，有很多家长没有亲自参与养育孩子，而是由祖辈、保姆或者其他人替代父母养孩子。

这种做法看起来好像没有问题，也能使得孩子正常吃喝拉撒，也能健康成长，甚至长得很健壮（或秀美）。而如果仔细考察，父母不亲自带孩子，会对孩子健全个性形成产生许多阻碍。

孩子从出生到成人，需要父母亲自抚养。父母亲自养育孩子对孩子健全性格的养成具有不可替代的作用。父母亲自带孩子，一是能给予孩子真实的亲情关爱，形成稳定的亲子依恋关系，让他们获得爱和安全，这无法通过别的方式替代；二是能及时纠正孩子发展中的偏差，使得孩子养成遵守纪律和规则的习惯，形成正当的生活能力和社会交往能力，防止因为父母缺位，其他养护人的溺爱、放任自流，导致孩子形成散漫、骄横、任性等个性。

误区

不愿意亲自养育孩子的父母，只是关心孩子的身体发育，不能真正关注孩子内在性格发展，对父母亲自养育孩子的重要性没有太多认识，而交由他人养育。其实这会带来巨大的潜在危害。

①家长在认知上有问题，对孩子由父母亲自养育不重视，认为孩子只要吃饱穿暖，跟谁一起长大没有太大区别。因此，很多父母把孩子丢给祖辈、保姆或者他人代养，父母完全不参与孩子生活和教育。这使得父母在孩子面前如同外人，与孩子的沟通交流都极度缺乏，亲子关系的建立受到阻碍。

②孩子生下后不久，先由祖辈、保姆或者他人代养，到三岁左右才被

接到父母身边共同生活。家长以为这种模式没有什么大问题，其实，这样做存在巨大问题。因为孩子在三岁前由父母亲自养育，是形成亲子亲密关系、心理依赖、遵守规则的必要条件，由他人代养，会使得这些能力发展缺乏有效条件。

此外，孩子在三岁后回到父母身边，面临的是新的生活情境、新的教养方式，会给孩子认知、心理、行为等带来巨大的冲突，亲子间矛盾不断，这对孩子个性健康发展不利。

③虽然跟孩子生活在同一住处，父母却有意或无意不参与教育，任由祖辈或保姆代管，尤其是孩子出现不良行为时，父母不进行管教，由祖辈或保姆处置。这样做，会使得孩子缺乏有效的教育引导和管束，不能形成服从父母权威的意识，更容易导致任性、放任的个性。

④离异的家庭，把孩子交由一方老人或者第三方抚养，父母双方较少探视或者不探视，长期疏远孩子。这等于推卸亲自教养的职责，使得孩子缺乏父母对其应有的沟通、关爱、管教等成长条件，导致孩子在心理健康、行为规则、思想观念等出现问题，甚至仇视父母。

⑤离异的家庭，孩子由一方抚养，另外一方不探视、不关心、不参与孩子教育。抚养孩子的一方还经常对孩子讲述对方的不好，给孩子制造敌视父母另外一方的观念。这种欠缺父母一方的养育模式，会使得孩子性格发展缺少父母两方完整的支持条件，导致性格过度敏感、高焦虑等，孩子更容易疏远甚至仇恨父母中的另外一方。此外，也会导致孩子对婚恋没有安全感，对自己的婚姻没有太多的期待，导致未来婚恋观念和行为出现问题，甚至在婚姻家庭中出现问题。

家庭教育建议

上述几种方式，都会导致父母在养育孩子中缺位，会使得孩子养成不良的行为习惯，不能很好地形成社会规则意识，缺乏主动性和自立性；由祖辈抚养导致溺爱，形成骄横、自私、散漫的个性；因为父母关爱不足、交流不足，使得孩子缺乏安全感、自信心，逐渐形成自卑心理，或者嫉妒心理，不能很好地融入社会交往，甚至阻碍他们形成正常的婚恋观。

父母亲自养育孩子，是其健全个性形成不可替代的要素。父母亲自养育成长的孩子，都会对父母产生正常的依恋感，形成正常的依恋关系。这是孩子具有安全感、自信心的基础。

①父母要尽量亲自养育孩子。这是孩子全面健康发展的关键因素，缺失了这个因素，孩子很可能无法健康发展。父母亲自养育孩子，可以促进孩子身体、认知、情感、社会交往能力、独立性、规则意识等有效的发展。养育孩子过程中，父母要亲自处理孩子生活起居，与孩子多聊天，一起做游戏、劳动、运动、阅读等。

②不可由祖辈或者保姆主导孩子教育。出于分担家务的实际，育儿家庭可以由老人或者保姆帮助完成家务，但是不可以把孩子教育的主导权交由他们，哪怕祖辈曾经是教师，都不可以。父母要亲自主导孩子的教育，在有效陪同、友好的亲子交往氛围里，引导孩子养成良好的行为习惯，及时纠正孩子的不良习惯，给予正确价值观的引导。这样，能有效避免由于祖辈或者保姆主导孩子教育所导致孩子养成任性、自私、懒惰等性格的情况。

③父母一同养育孩子，尽力创造共同生活情景，并多给予孩子关爱和鼓励，使得孩子获得归属感、安全感。对孩子错误的行为、语言等要及时纠正，并给予正确的引导，不可以任由孩子重复错误的行为和言语。如孩子尖叫、说脏话、做出攻击性行为等，都要及时地制止，不能让小错误发展成大的坏的品质。

④为了孩子人格健全发展着想，夫妻最好不要离婚。即使离婚，也不可以把孩子丢给祖辈养育。如果孩子是由父母其中一方主要养育，另外一方要经常探视孩子，陪同孩子，参与孩子的成长活动，尽力提高完整家庭父母所能给予孩子成长的要素，最大可能地避免孩子身心健康发展可能出现的问题。不在孩子面前指责父母中的另外一方，为孩子正确的婚恋观的养成提供积极的观念和正当的行为示范。

三 如何给孩子提供必要的帮助

父母有时候需要帮助孩子，但是，帮助并不是替代孩子。父母可以先鼓励孩子自主尝试解决困难，当孩子经过努力还无法解决困难时，父母才提供必要的帮助。

父母及时帮助孩子，能够支持孩子探索心、好奇心的发展，尤其当他尝试了许多办法，还无法解决一个问题时，会产生挫败感，而父母及时、必要的帮助、引导，能让他找到解决问题的方法，获得成就感，并进一步向前迈步，探究更丰富的事物，解决更复杂的问题。此时父母的帮助，就如同在他快要跌落时的及时支撑，对他自信心、成就感养成都有积极作用。

孩子在处理社会交往行为中，也会遇到问题，诸如被其他小朋友攻击了，玩具被抢走了，受到其他人的嘲讽了等，孩子有时无法克服这些困难，感觉到沮丧，甚至惧怕。家长也要能提供安慰和帮助。

新入幼儿园的幼儿，由于各种原因，也会出现焦虑，甚至恐惧。家长更要能仔细观察和思考，发现孩子的焦虑和正当的需求，给予孩子心理安慰，让孩子感觉到父母的温暖，获得必要的安全感和自信心，以便适应新的环境。

误区

家长缺乏对孩子发展需求的了解，对孩子需要帮助的时机、内容把握不准，在孩子遇到困难的时候，要么视而不见，由孩子自己去面对，要么马上插手代替孩子解决问题。这些都不是正确帮助孩子的方式。

①家长认为孩子寻求帮助是给自己找麻烦，嫌弃孩子问题多，当孩子来寻求帮助时，常斥责孩子说："你怎么那么多事情"用冷漠的态度把孩子的求助拒绝于外，这就使得孩子更加失落和无助，阻碍孩子安全感的获得。

②家长认为孩子寻求帮助是无能的表现。当孩子出现克服不了的困难，向家长求助时，家长就认为孩子解决问题的能力不足，常讽刺或责骂孩子说："这么简单的事情都做不了，真是笨。"而不愿意提供帮助。这对孩子自尊心是很大的打击。

③有条件地，甚至故意刁难孩子达成某种条件后，才提供帮助。当孩子来让家长回答问题、帮助解决困难时，家长却说："你先把地板弄干净，我才帮你解答，你先马上做什么什么，我才帮你做什么。"这些做法看似让孩子做了一点事情，好像培养了他的参与能力，其实是让孩子屈从于家长荒诞的要求，阻断了家长和孩子间正常的、无条件关爱的渠道，把孩子赶离信任父母的方向，破坏亲子关系的建立。

④家长过度帮助孩子，甚至替代孩子做事情。把孩子当作没有一点自主能力的人，只要孩子遇到一点小问题，本来他可以自我尝试克服的，家长却马上替孩子解决，使孩子缺乏自我尝试的机会。有些可以锻炼孩子独立能力的行为，家长也包揽过来，完全替代孩子去做。常见做法是，孩子本来可以自己收拾碗筷，家长替他做，孩子可以自己穿鞋，家长帮他穿，孩子只要哭闹，马上就背、抱。这样的包办式做法，不是帮助孩子，而是削弱孩子自主能力的发展。

⑤家长缺乏长期帮助孩子的耐心，可以帮助孩子一次，却不能长期地给孩子提供帮助。家长在初次帮助孩子的时候，还有一些耐心和热心，等孩子不断遇到困难，寻求家长帮助，家长就会失去耐心，便常对孩子说："我不是帮你弄过了吗，怎么又要我帮你？"这样的态度和做法，也会把孩子渴望得到帮助的念想给浇灭。

⑥家长不能真正了解孩子内心需求，在孩子委屈、焦虑、恐惧时冷落孩子，并斥责孩子："怎么那么胆小，怎么那么懦弱，怎么那么不小心。"这不仅不能安抚孩子的心，而且把孩子推离心理安全的境地，使得孩子的情绪更容易焦虑、敏感、不稳定。

家庭教育建议

我们不能用成人的标准来衡量孩子的能力水平，以为孩子什么都能做。他们的成长过程如同登山，需要家长不断地提供帮助，对于孩子面临困难时合理的需求，家长要能及时提供帮助，多安慰、鼓励孩子，让孩子在获得父母有效帮助的同时，获得安全感，养成自信的个性，也能养成助人为乐的习惯。

①父母要明白，孩子是发展中的人，他们的体力、思考能力、情感稳定性等，都还不及成人，父母不要用成人的标准来衡量孩子。比如，我们能跨过去的水沟，孩子不一定能跨过去，我们能面对的恐惧情景，孩子不一定能面对。因此，家长要明白，在孩子能力范围内，有他做不到的事情，克服不了的困难，需要得到家长及时的帮助。

②家长要主动询问孩子是否需要帮助。家长在日常生活中，观察孩子的活动，当孩子反复尝试解决一个问题却不能解决时，可以蹲下来，温和地看着孩子询问他："需要我给你什么样的帮助吗？"如果孩子愿意继续自己尝试解决，家长就不要急着帮助孩子，当孩子表示需要帮助时，家长就可以帮助孩子一起尝试解决问题。

③避免给孩子提供过度帮助，或者包办孩子自己可以做的事情。家长要对孩子面对的困难进行评估，结合孩子的实际能力，鼓励孩子先自行尝试解决，再给予适当的启发和指导。当孩子不能自行解决困难时，家长提供必要限度的帮助即可，可以要求孩子一起参与解决问题，而尽量不替代孩子做他原本可以自己做的事情。否则，就是在培养巨婴。

④家长为孩子提供帮助，应该是无条件的。在确认孩子经过尝试，处理不了超出他能力范围的事情时，只要孩子寻求帮助，家长都应该去帮助他解决。尤其是孩子在无法克服物理性困难时，家长要无条件地提供积极的帮助。比如：孩子正在攀爬，坚持不住，快要掉下来，家长要扶他一把；孩子正在拎一个沉重的东西，坚持不住，并呼喊大人帮忙，家长要帮他拿一下。

⑤对于孩子认知上的困难，家长也要提供帮助。宝宝从能说话开始，就会有很多的"这是什么啊？""为什么啊？"等问题，家长要及时回应孩子这些提问，客观地告诉他是什么、为什么。孩子在搭建积木、做手工、玩新玩具时，也会遇到困难，家长在鼓励他尝试自我解决后，还不能解决时，可以提供必要的提示、引导，帮助孩子解决问题。

⑥家长更要给孩子提供情感和心理上的帮助。家长每天要留意孩子情绪的变化，一旦发现孩子情绪明显低落，就要积极关注并及时帮助。孩子被别人攻击了、玩具被抢了、受到辱骂了、受到惊吓了，家长要能及时了解，并安慰孩子，蹲下，抱抱他，可以说："有爸爸在，有妈妈在，没有关系的。"如果孩子委屈，要允许他哭泣，静静地等待他发泄完情绪。等孩子情绪稳定后，跟他一起分析事情的过程，告诉他不用担心和害怕，帮助他建立起信心。

四　如何做孩子信任的朋友

家长为什么要成为孩子信任的朋友？因为信任可以使得亲子间交流更顺畅、更全面，信任可以使得孩子信赖家长的观点，有利于引导孩子朝向健全人格的方向发展，有利于培养孩子对社会关系的信心，并获得自信的品格。

还有亲子间不信任的现象吗？有。常有孩子不信任家长，家长也不信任孩子，亲子关系充满怀疑和疑虑的现象。相互不信任的亲子关系，亲情体现得很淡薄，使得孩子个性中更容易存在狡诈、心术不正等特点。

让家长成为孩子信任的对象，听起来容易，实践起来难。需要父母自身充满正直、诚信等品质，并愿意主动与孩子建立相互信任的关系。

误区

①家长总是猜忌孩子。家长把孩子当成天生撒谎者，对孩子所表述的内容总是怀疑其真实性，无论孩子说什么，家长总不相信。此外，家长还暗地监视孩子，或者偷偷使用、查看孩子的物品，以发现他们认为的所谓问题。这完全是把孩子当特务的做法，会极大摧残孩子的自尊心。

②家长不相信孩子的能力，对孩子的行为结果总觉得不可能。家长认为孩子能力有限，做不了超出孩子年龄的事情，当孩子完成了某项事情后，家长表示不信。比如，家长不相信孩子能画出那么有创意的画，不相信孩子能完成某个攀爬动作，不相信孩子能拼出有创意的积木等。会怀疑地问一句："真的是你自己做的吗？"

③家长诱导孩子在犯错后说实话，而孩子说实话后却遭到责骂。多次这样处理后，孩子就不会再信任家长，也不会在家长面前说真话。

相反，有些家长，对孩子可能说的谎话不进行甄别，完全相信，孩子通过撒谎所描述的情形家长轻易相信，对孩子撒谎所提出的要求，也轻易满足。比如孩子说需要钱去买文具，而实际是去买饮料，家长不查证，就给孩子钱。这会促使孩子用谎话、讨好等手段来达到目的。

④家庭里缺少坦诚交流的机会。父母经常说谎，起到了坏的示范作用。表现为父母间相互撒谎，父母对孩子撒谎。逐渐使得家庭成员间习惯性用谎话来交流。这样的交往方式，极大地破坏培养孩子讲真话的土壤。

⑤家庭里沾染了揭发的恶行，亲子间相互举报。父亲和母亲之间打孩子的小报告，在孩子不在场的时候，恶意寻找孩子的缺点，相互描述孩子的不是。或者妈妈与孩子、爸爸与孩子联合，私下揭露另外家庭成员的不是。甚至有的家庭按照一些错误的教导，教唆孩子去公共机构举报家长。这些做法，都是在培养狭隘之人。这不会把孩子变得更正直，反而会把孩子变得更卑劣。

⑥父母缺少聆听孩子表述的耐心。父母不等孩子表述完一个事实，就

打断孩子。然后妄加判断，曲解孩子所描述的事情或观点，刻意指责孩子的不是。这也会导致孩子不愿意再跟父母进行更深入的交流。

⑦家长从情感上疏远孩子。家长认为孩子是累赘，或者孩子不应该了解大人太多，或者家长应该跟孩子保持较远的心理距离，不应该跟孩子有太深入的交流。父母只关注孩子要做出的正确的事情，并不关注孩子的感受。对孩子总是保持严肃的表情，基本不会用微笑来面对孩子，也不会太热情地拥抱孩子。导致亲子间总是冷漠相对，相互交流日渐减少，最后变成对抗，不再有沟通。

⑧家庭里交流是单向的。父母以管控者的身份出现在孩子面前，要求孩子跟家长交代做了什么，掌握孩子的一切信息后，交流就结束了。父母只是从孩子那里得到信息，却不跟孩子讲述自己做了什么，不给孩子展示大人们的世界。这使得孩子缺乏与父母平等的感受，认为自己是一个受控者，逐渐排斥、躲避与父母真实的交流。

家庭教育建议

家长信任孩子，宽容孩子，鼓励孩子，相互间多沟通交流，成为朋友一样的关系，能让孩子感觉到踏实，也能感觉到关爱，这对孩子安全感和自信心的养成有着重要作用。

①相信孩子有无限创造力和想象力，有超出成人的能力。当孩子有超出寻常的作品、行动时，要表示欣赏和鼓励。而不是问："真的是你自己完成的吗？"对孩子行为的肯定，能够激励孩子产生更多的上进心。

②家长不可以对承认错误、说出真话的孩子进行责骂和惩罚。哪怕孩子犯了错，只要他能诚实地说出来，就要赞许孩子说："感谢你说了真话。"告诉他以后注意避免再犯错，不可以因为孩子承认做错了事情，而打骂孩子。让孩子明白：说真话不会受到责骂，说谎话，才会受到管教。只有这样，孩子才敢于主动承认错误，敢于承担做错事情的责任，而不会为了躲避责任而养成说谎的习惯。

当家长觉得孩子可能在说谎时，不要急于责骂孩子，而是要询问孩子为什么那么说，引导孩子说出当时的想法和感受。可以温和地询问："你当时是怎么想的，是怎么做的？"帮助孩子说出真话，而不是继续说谎，当孩子承认错误，或者说了真话，就抱抱孩子，赞赏他说了实话，而不再进行批评。

③家长不能用防范小偷那样的态度来对待孩子，更不能偷偷翻看孩子的物品。相信孩子能控制好他自己，相信孩子能在大多数的情况下做对的事情。让孩子感觉到真实的信任，而不是各种形式的盘问和猜测。给予孩子足够的信任，他才能在轻松自如的氛围里充满自信，形成自律。

④家庭成员间不说谎，不猜忌，不打小报告。父母要以身作则，尽力在任何时候都不说谎，不用谎言来应付孩子。遇到家庭成员间观点不同，不要回避掩盖，而是开诚布公地讨论，分析原因，寻找解决问题的办法。更不可以相互私下揭发、打小报告。任何成员都不可以在另外成员不在家的时候，单方面讲述他的不是，即使是为了纠正错误，也是要当着当事成员的面，来陈述和讨论，不能让家庭成为相互诋毁攻讦的泥潭。

⑤家长对于孩子的倾述、寻求帮助等要有足够的耐心。当孩子因为困难寻求帮助，家长要耐心地倾听完孩子的话语，等待孩子完全讲述完一件事情，或者表述完一种观点。这能让孩子在情感上感受到家长的关爱和支持。有时候，孩子讲完了，他心里的恐惧也就消除了，并不需要家长再进一步的帮助。耐心倾听，就是对孩子最好的帮助。

当孩子来到家长面前倾诉时，家长要用微笑面对孩子，蹲下来，或者坐下来，抱着孩子，或者让孩子坐在旁边，由孩子讲述完他的观点或者需求，充分尊重孩子的观点和感受，设身处地地为孩子着想，及时支持和满足孩子正当的需求。

当孩子因为受到委屈在家长面前哭诉时，家长更要耐心地、充满关爱地听他讲述完，并及时安抚孩子，在孩子情绪稳定后，和孩子一起分析他所遇到的困难，一起寻找解决问题的办法，让孩子得到充分的支持和帮助。这能让孩子遇到困难时、内心有疑惑时，愿意跟父母倾诉，愿意寻求父母的帮助，亲子间稳固的关系也就能很好地建立起来。

⑥建立互相分享的交流模式。家长不能像长官似的单方面要求孩子说出他每日做的事情，以便家长监控。每日盘问孩子，让孩子说出自己在学校、在家庭外面做的事情，会让孩子抵触父母的打探，进而不再愿意和父母分享自己的行为。

家长不能仅仅要孩子汇报每天做了什么事情，也要主动向孩子分享家长自己做的事情，让孩子也知道家长在做什么，了解家长的世界，让亲子间相互了解，相互关注。那样，亲子交流就不是单向度的家长掌控孩子，而是相互间的了解和沟通，更有利于相互信任，孩子也更愿意和父母交流分享，亲子关系也更紧密。家长甚至可以和孩子分享各自的秘密，并保守相互的秘密，做孩子亲密的好朋友。

五　允许孩子出错

任何人都是不完美的，包括孩子。孩子在成长过程中，难免会出现错误，这是正常的现象。

我们提倡对孩子进行遵守基本规范的教育，但同时也要宽容他们出现的错误，在发展中，引导他们遵守规范，减少出错的频度。

严厉的教养方式，的确能让孩子习得一些较为严谨的行为，但是也有可能压制了孩子个性中乐观、大胆、勇敢、探究、创新等品质的正常发展，会破坏亲子间温和的关系，使得父母和孩子形成对抗的关系，会使得孩子养成胆怯、敏感、悲观、反抗等个性特征，也会使得孩子以后对他人要求苛刻，缺乏包容，导致社会交往能力不足，人际关系僵持。

误区

①家长对孩子的要求机械般地严苛，不容许孩子出错。家长把孩子当机器人，只要是家长命令和规定，都要最大限度地遵守、不走样地执行，不允许有太多错误出现。诸如当孩子打破物品、发出太大声

响、调皮捣蛋时，家长就严厉斥责孩子；当孩子做家务、做作业出错时，家长辱骂孩子无能。这种方式会让孩子每日都如履薄冰，缺乏安全感，阻碍他通过试错来获得更多能力的发展。

②家长在孩子出错时严厉体罚。有些家长除了斥责孩子外，还以屡教不改为借口，打孩子，体罚孩子，甚至把孩子一个人关在卫生间或者卧室进行惩罚。这些做法，都是用恐吓的方式来处理问题，不仅不能解决问题，反而使得孩子更加有恐惧感，以至于不知所措，在情绪上更加对抗家长，并不能进行真正的改变，还容易让孩子缺失基本的安全感。

③家长不允许孩子在困难面前退缩，逼着孩子去做超出能力之外的事情，逼着他去完成家长认为正确的事情。在困难任务面前，孩子通常会感觉到恐惧、惧怕、疲倦，想要退缩或者暂停，此时家长不是及时安慰孩子，而是逼迫他去完成那些不能胜任的事情。

更为普遍的是，家长逼着孩子去上各种兴趣班，美其名曰，为了孩子全面发展，遇到孩子不想继续学习时，家长就威胁、诱惑孩子去做。

这些做法，都不能让孩子在任务中获得快乐感、成就感，而是产生巨大的焦虑和对抗，不能使得孩子主动持续地去克服困难，反而使得他时刻想着偷懒和退缩，阻碍孩子自主能力发展。

④家长盯着孩子的不足，忽略孩子的优点，训斥、贬低孩子多于鼓励。家长认为孩子把事情做对是理所应当的，不需要对他夸赞，吝啬于赞扬孩子，紧紧盯着孩子的不足，用不满的态度给孩子说："你这也没有做好，那也没有做好，还有很多不足。"这样的方式会不断打击孩子的自信心，摧毁他的成就感，阻碍孩子身心健康发展。

家庭教育建议

孩子都是发展中的人，其能力暂时还有不完善之处，随着他的成长，会逐渐得到完善，家长不能急于求成，逼迫孩子做超出能力之外的事情。此外，每个孩子都有自己的特点和个性，不要拿自己孩子和别的孩子相比较。孩子需要宽容，哪怕是他做了很糟糕的事情，家长都要宽容他，给他提供充满包容和鼓励的成长环境。

①家长要接受孩子的不足，常常宽容孩子。家长对孩子宽容、温和的态度，能让孩子具有更舒畅的情绪，具有更多的信心，更敢于尝试新的事物，会给他带去更多处理事情的方法。在宽容环境中成长的孩子，也能逐渐学会如何宽容他人，减少他在社会交往中与他人的冲突和对抗，具有更柔和的处理矛盾的方法，使得孩子免于在硬冲突中受到更多的伤害。

②不给孩子制订苛刻的成长目标。许多家长认为提早让孩子学习语数外、艺术体育等，能让孩子更早地开化。其实，这是错误的观念，看似可以让孩子学到一些知识，其实破坏了孩子学习兴趣和持续的学习动力。

当前急功近利的社会氛围，已经让家长们失去了理性，给孩子制订的阶段性成长目标，几乎都是严苛的，即使逼迫孩子去学习，也几乎难以达到。孩子在这个过程中难免出错，达不到家长制订的目标，进而受到家长的责骂，这样会让孩子逐渐失去对学习的兴趣，甚至产生对抗和排斥情绪。家长要依据孩子成长过程的特点、兴趣，引导孩子顺其自然地发展，而不是逼迫孩子学，这样才会让孩子学习的主动性、自主性更好地建立起来。

③无论孩子出于什么样的原因做错了事情，都不能怀恨似的打骂。当孩子违反规范时，可以严肃地告知他做错了，指出如何做是正确的。当孩子只是没有按时完成作业，没有做好父母制订的任务，破坏了某件物品，就不要责骂他。可以帮助孩子分析做错事情的原因，引导他找到避免再出现类似问题的方法，鼓励他慢慢改变，学会更多避免错误的方法。

④允许孩子在不能克服的困难面前绕道，而不是一味地坚持。要知道，孩子不是万能的，总有他暂时做不了的事情，总有他不能一步到位地完成的任务，总有他会出错误的地方。在这些困难面前，他会胆怯，会害怕，会退缩，会坚持不下去。此时，家长不应逼迫孩子必须拼命坚持去做那些不可能完成的事，而是告诉孩子："只要尽力了，不能完成的事情，暂时放下，还可以去做你能完成的事情，无论你做得如何，爸爸妈妈都会一直爱你。"这样的宽慰，能给予孩子及时的安全感，使得他能有更多的

勇气面对更大的困难，他克服困难的能力也就在安慰和鼓励中逐渐增强。

⑤转换视角，欣赏自己的孩子。家长要能看到孩子的优点，他能做什么了，具有什么能力了，而不是盯着孩子还不会什么，还缺什么。家长看到孩子已经具有的能力，已经获得的发展，就会多赞美孩子，就会鼓励孩子去尝试更多的任务，孩子也就能在认可、赞许中获得更多的自信心。

每一个孩子都是独特的，不要拿自己的孩子跟其他孩子比。拿自己的孩子短处和别的孩子的长处比较，会极大地伤害孩子的自尊心，挫伤孩子的积极性。家长要做的是——任何时候都不要拿一个孩子和另外一个孩子比较，而是依据孩子的特点，引导他在自己的优势领域里发展。

六　如何安抚和鼓励孩子

孩子在失落的时候需要安抚，在前进的过程中需要鼓励。

安抚能够传递家长的爱，让孩子在失望无助中得到信赖和依靠感。孩子无论坚强与否，都需要心灵的慰藉，安抚能让他获得安全感，也能成为会安抚别人的人。

鼓励能让孩子充满信心，让他看到自己的无限可能，让他更加自信地迎接新的任务，让他能够充满力量地去处理事情。鼓励使得孩子更有坚定的意志，使得孩子保持好奇心，使得孩子具有持续的内驱力。

误区

家长紧盯着孩子的不足，看不到孩子的内心需求和成长的可能，常常责骂孩子，缺乏对孩子的安抚和鼓励。

①家长信奉所谓的打击教育，认为越是打击孩子，越能激起孩子的斗志。通常会对孩子说："我看你是不行的，你就是没有那样的能力，你是做不好那些事情的。"甚至从人格上贬低孩子，责骂孩子："没有脑子""笨蛋""蠢"等。家长认为这样的方法，能让孩子受辱后变得勤奋。然而，这是

极其错误的做法，不仅不能让孩子勤奋，反而让孩子失去信心和成就感。

②当孩子遇到挫折或者失落时，家长置之不理。孩子在遇到困难时，往往会表现出无助，希望得到家长的帮助或者安慰，而家长视而不见，冷眼相对，少有安慰的话语，甚至责骂做错了事情的孩子没用。这些都会挫伤孩子的自尊，使得孩子陷入孤独无助的不安心理模式里，阻碍孩子自信心的建立。

③家长对愤怒、焦虑中的孩子冷嘲热讽。不仅不会安抚、疏导孩子情绪，反而刺激孩子说："你要生气就气吧，气够了再来跟我说，气够了再干嘛干嘛。"这样做法不仅不能让孩子激动的情绪得到缓解，反而更激起孩子愤怒和焦虑的程度，引发更大的冲突，甚至造成极端事件。

④家长缺乏对孩子的鼓励，认为孩子取得的进步，都是理所应当，没有什么可以值得赞扬的地方。因此，家长对孩子的成就鲜有赞赏，对孩子做出的行动很少夸赞。这种做法不利于孩子获得成就感，导致孩子自我认可和接纳程度低。

⑤当孩子取得进步，并露出喜悦表情时，家长冷脸相对，并教导说："不可以骄傲，不可以沾沾自喜。"鲜有跟孩子分享快乐，并鼓励孩子进一步做下去的行为。这样的做法，一样会阻碍孩子自我成就感的形成，使得孩子感觉不到因取得成就所获得的快乐体验。

⑥家长总盯着孩子的不足，不是夸赞孩子取得了一定的成就，而是时刻提醒孩子做得还不够，要求孩子保持紧张状态，使得孩子长期处于自我否定和怀疑自己能力的状态，这样做，会毁掉孩子成就感建立，会导致孩子自暴自弃，无法形成独立的人格。

⑦禁止孩子接触他们原本可以接触的事物，即使在有成人监护的安全前提下，也不让孩子攀爬、奔跑、玩泥土、到水边等。如果孩子违反这些事情，就打骂孩子。这样做法看似安全、干净，却阻止了孩子感知觉的发展，限制了孩子探索性、好奇心的发展。

家庭教育建议

每个人都不是铁做的，都有失落无助的时候，都需要获得安慰和鼓励，孩子更是如此。

孩子失落、无助时，需要父母宽慰的话语和温暖的臂膀，家长一句："没有什么，还有爸妈在呢。"或者一个紧紧的拥抱，都可以使得孩子感到安全，并再次点燃对生活的热情。

父母要多倾听孩子分享生活感受，欣赏孩子所取得的点滴成果，多安慰孩子在失败时继续走下去，鼓励孩子去探究他想发现的事物，去弄明白他想得到的答案。

①孩子委屈、难过、受到惊吓时，正是需要家长给予宽慰的时刻，父母要能及时地抱抱他，用温和的语言安慰他，告诉孩子："不用担心，事情会好起来的。"避免责骂孩子，更不要在人格上侮辱孩子没有用、无能等。

②孩子经过努力和尝试，还不能达到他想要的目标时，家长不要逼迫孩子继续坚持下去，而要和他一起调整目标高度，或者寻找替代的目标。比如，孩子反复练习唱歌，却唱不好时，安慰他先暂时放松一下，以后多练习，慢慢提高。孩子搭积木总是建构不出想要的造型时，引导孩子搭建一个当时能搭出来的样式，让孩子在由简单到复杂的过程中多获得成就感，而不要被暂时不能达到的目标所困扰。

③顺应孩子的探究天性，鼓励他尝试在可控危险范围内做他想做的事情。在成人监护下，鼓励他们爬石头、爬树，允许他们靠近水边探个究竟，而不是反复警告孩子说："危险，不可以。"相反，可以鼓励孩子说："注意安全，可以去做。"鼓励孩子拆卸他想拆的玩具，而不要以孩子在搞破坏而责骂他。

④在新的场景中，比如去了公园、游乐场，鼓励孩子多观察周围事物，认识新的事物，还要鼓励他跟新的小朋友交流、玩耍，而不要带着自己的孩子远离人群单溜。让孩子在新的场景中多观察，有利于培养孩子的

观察力，养成注重细节的习惯。鼓励孩子多跟新场景中的孩子交流，有利于提高孩子的沟通能力。

⑤耐心倾听孩子分享他的快乐和成就。当孩子来向家长分享他取得的成就、快乐感受时，家长要耐心倾听，而不是三言两语地应付孩子，或者打发孩子走开。家长多使用赞赏的语言来跟孩子交流，而不是故意贬低和嘲讽孩子的成果。当孩子独立完成了某项事情，家长要赞赏地说："做得很不错，你真棒！"让孩子感受到成人的认可，这能激发他进一步探究并取得更多的成就。

七　如何培养孩子的勇气

孩子拥有勇气，是自信的表现。具有勇气的孩子，乐于探索新的事物，敢于面对困难的问题，并尝试用各种办法去解决它。他在新的环境中也不惧怕，能够单独完成与他年龄段相适应的行动。

家长想要孩子形成勇气，就需要支持他尝试新事物，认可他的行为结果，鼓励他敢于面对困难，在他需要帮助时，提供及时有效的支持。

误区

家长常常抱怨自己孩子胆小、依赖性强，不敢单独完成事情，比如孩子害怕黑夜、不敢单独睡觉、不敢跟陌生人说话等等。这些现象看起来是孩子胆小，其实跟家长培养孩子养成勇气的方法不当有关。

①使用极端的方法与孩子分离，使得孩子心理上缺乏安全感。比如，父母把孩子留给老人抚养，而不告知孩子，偷偷溜走。到了孩子要分床睡时，强行把孩子单独丢在他的房间，使其在黑暗中哭喊，家长却不去安抚，导致孩子陷入恐惧中。孩子刚入幼儿园时，把孩子扔在幼儿园就径直离开，缺乏对孩子进行的解释和安抚，使得孩子长时间处在焦虑、恐惧中，而得不到有效的安慰。这些做法，都会使孩子陷入恐慌中，降低其心理安全感，阻碍他勇气的养成。

②家长一味批评、打击孩子，使得他不能获得足够的成就感，不敢面对有困难的任务。孩子暂时不能完成某个任务，家长就批评、打击他，使得孩子长期生活在压抑的氛围里，缺乏获得成功的喜悦体验，最终不敢尝试具有难度的事情，总表现出软弱、不自信的神情。

在孩子还没有做好充分的心理准备应对困难事情之前，有些犹豫徘徊时，家长不是鼓励孩子去尝试，而是频繁使用负面的语言指责孩子，常常对孩子说："你就是个胆小鬼，你没有那么大的能力，肯定完成不了。"等等。这些话语，不仅不能激励孩子去尝试，反而使得孩子选择退缩或者放弃。

③家长缺乏与孩子平等的目光交流。家长在批评孩子时，不是用客观平和的目光与孩子对视，而是让孩子低下头，不跟孩子目光相对。日常生活中，也缺乏跟孩子用平和或者温和的目光交流，这就使得孩子不敢用目光与人沟通，总是在沟通中目光躲闪，缺乏与他人目光直视的勇气。

④家长缺少让孩子接触同伴孩子的机会，使得孩子缺乏合适的社交方法，不敢与他人交往。家长经常把孩子关在家里，而不是让他跟同龄小朋友尽情玩耍，即使把孩子带出门，也避免他跟其他同龄孩子交往，使得孩子缺乏与同伴群体交往的机会，也缺乏解决冲突的能力，最终导致孩子不能很好应对社会交往，进而躲避社会交往，这对孩子的交友、婚恋、工作都是很大的阻碍。

⑤家长包庇孩子的过错，使得孩子缺失敢于面对错误的勇气。家长出于护短或者溺爱，对孩子的过错不加纠正，更不会让孩子主动承认错误，甚至在孩子破坏他人财物、攻击同龄孩子、习得不良社会行为时，为孩子开脱和狡辩，使得孩子缺少承担错误行为后果的时机，逐渐养成自私、无社会责任担当的性格，当他做错事时，首先进行的是辩解和推脱，而不会主动承认自己的过错，并承担自己的责任。

⑥家长包办代替孩子原本可以单独完成的事情，使得孩子缺少独立性锻炼。从孩子学走路到去上学，家长有意无意中，为孩子准备好一切，使得孩子缺乏独立完成原本能完成的事情的机会，更缺乏尝试挫败的体验，

因此也就缺乏独立思考如何解决问题的实践，不懂得如何处理困难问题，遇到问题就退缩，表现出软弱、慵懒等特点。

家庭教育建议

孩子不会天生就是勇敢者或者胆小者，他是在成长中逐渐形成了勇敢或者懦弱的不同个性。家长的有效陪同、语言的鼓励、情绪的支持，行为的认可，都会给孩子带来更多的信心，使得他能够在不断尝试克服困难、经历和他人的社会交往中，习得勇气。

①父母要积极有效地陪伴孩子。如前所述，父母要尽力克服困难，尽量自己带孩子，减少由他人抚养所导致的孩子安全感缺失。在孩子到了分床睡觉、进入幼儿园学习等关键节点，父母要事前多次、明确地跟孩子讲明将要发生的事情，以及这些事情带来的快乐和不快乐结果，并告知孩子可能产生的感受，消除他们在心理上的紧张，在孩子出现焦虑或者哭泣时，父母要停下来安慰他，及时给予他们安全感，而不是粗暴地把孩子丢在那里而不加安抚。

②在孩子经过多次尝试而无法完成任务时，父母要提供及时有效的帮助，使得孩子获得共同努力后的成就感。如果孩子在解决问题时，经过多次尝试还不能奏效，他获得的就是挫败感，会对自己的能力产生怀疑。如果孩子经常有这样的经历，他就会转移目标或者放弃，因此，家长给予孩子及时的帮助，能让他解决问题，获得成就感。这对他们建立信心，充满自信地迎接新的问题有很大的促进作用。

③父母要经常用语言鼓励和安慰孩子。在孩子做事犹豫时，父母多说："不用担心，再试试，你可以做得到。"也可以和孩子一起解决问题，并告诉孩子，"我们一起想办法"。当孩子遇到挫折时，父母可以安慰他说："不要紧，还可以再试试，以后肯定能做得更好。"千万不要责骂孩子，更不要贬低孩子的能力、人格。

④父母多和孩子进行真诚的目光交流。家庭成员长期无目光交流，会使得孩子在跟别人交流时目光游离，回避正面目光接触，缺乏与人目光交

流的信心，对人际交往不自信，甚至害怕结交新的朋友。家长可以从孩子出生后，经常跟孩子进行目光接触，使用温和的目光和孩子交流，跟孩子说话时，也要保持和孩子平和地对视，培养孩子在目光交流中的自信。即使是批评孩子，也要和他保持目光相对，训练孩子敢于直面问题的勇气。

⑤父母要多支持孩子与同伴孩子交往。父母要经常带孩子出门玩耍，让他在不同场合多接触同伴小朋友，引导他和同伴小朋友友好交往，学会分享，学会遵守规则。通过同伴交往，使得他获得社会沟通能力、合作能力、处理冲突能力，能够熟练地适应新的场合。

避免让孩子长时间在家里自己玩，或者在户外玩也是单溜，以避免因长期单独玩耍导致孩子自我封闭，缺乏社会交往方法，无法应对交往困难，进而不愿意与人交往，成为一个停留在自我世界里不愿意融入社会的人的情况。

⑥鼓励孩子面对错误，敢于承认错误、承担责任，培养他说真话的勇气。孩子不是十全十美的人，一定会做出许多违反成人标准的事情。当孩子做错了事情，家长尽量不要责骂孩子，而是和他一起分析事情的经过，引导他敢于承认错误，并帮助他分析做错事的动机、原因，引导他明白出错的关键性环节，避免以后再发生类似的错误。

除此之外，家长不应因孩子做错了事就严厉惩罚孩子，当孩子犯了原则性错误时，必要的管教是需要的，但是，不能在孩子做错任何事情时，无论大小，都要严厉管教，而是多帮助他分析原因，明确地告诉他如何去做才是对的，让他掌握做对事情的方法，减少做错事的频率。

如果孩子做错事情后主动承认错误，家长就不要因为孩子承认了错误，再打骂孩子，让孩子懂得不会因为说了实话得到惩罚。相反，如果孩子不说实话，掩盖错误，推卸责任，家长要对他进行管教和惩罚。

⑦孩子可以做的事情，交由孩子去做，并鼓励他帮助家长分担家务，主动帮助他人。家长全部包办代替孩子做事情，会导致孩子懒惰且没有探索的兴趣，也没有社会责任感，哪怕遇到较小的问题，也不愿意自己解决，期望别人替自己做好一切。因此，引导孩子完成他力所能及的事，承

担必要的家庭事务，热心帮助他人，才会使得孩子愿意主动承担责任，愿意主动付出体力、精力，而不是依赖父母，慵懒消极，才能使得他在公共事务中，具有较高的主动性和社会担当。

第七章

如何培养孩子的良好情绪

喜、怒、哀、惧是人的基本情绪，如果一个人在某种情景中产生并表现出相应的情绪，那么，他与外部环境的协调性是顺畅的，他的情绪唤醒和表达也是正常的。比如，在喜庆的环境下喜乐，在悲伤的情景中哀恸。

正常的情绪唤醒和表达是个体对外部刺激的正常应答。情绪唤醒和表达既有与生俱来的原因，也有后天教育的作用，正确的教育引导，能够使得孩子获得正常的情绪习惯，形成稳定的、正常的性格特点，使得他有合适的社会沟通能力，能够与他人建立良好的社会关系。

若孩子的情绪发展不加引导，不仅不能使得孩子养成正常情绪表达的能力，反而会造成喜怒无常的情绪特征，甚至产生极端的情绪状况。比如，无端地吼叫、愤怒，无来由地大笑，时常莫名地恐惧等等，这些情绪特征，都是消极因素，会阻碍他的人格完善，也阻碍他与他人建立良好的社会关系。

家长要引导孩子在基本的情绪上正常地表达，使得他能够与外部环境保持一致的情绪状态，也就是让孩子懂得并能够在该哭的时候哭，该笑的时候笑。避免对孩子的极端情绪放任不管，那样就会让孩子顺着自己的任性，随意表达极端的情绪，久而久之，就可能形成大哭大闹、大喊大叫、尖叫怒吼、胆小怕事、苦闷沉郁等行为和性格，这与培养孩子情绪稳定，适时表达情绪都是背道而驰的。

一　允许孩子哭泣

婴幼儿从出生开始就会哭，哭是婴幼儿的本能。哭是婴幼儿正常需求没有得到满足时，引起大人关注他的这些需求的正常行为。当一个还不会说话的婴孩，需要唤起大人的注意，表达自己的意愿时，除了舞动四肢外，就只能靠哭来表达。因此，家长们要准确理解孩子哭的背后的含义：是他需要安抚、需要喂奶、需要起床等等需求没有得到满足，需要家长去及时处理。

婴幼儿正常哭泣的情形：

①饿了而哭泣。婴儿进食频度要比儿童高很多，他要不停地吃，以便长身体，当孩子饿了，就会通过哭，提醒妈妈要给他喂奶或者进食了。

②不舒服而哭泣。婴儿盖得太多热了、盖得太少冷了、尿湿尿布、拉粑粑了、被蚊虫叮咬了、身体疼或者痒、晕车晕船、生病了等，都会哭出来，是在提醒大人帮他消除这些不舒服。

③受到惊吓而哭泣。幼儿在跌倒、受到巨大的声音惊吓、受伤、受到陌生人挑逗等情况下，也会哭，他渴望得到大人的保护，获得安全感。

④面对陌生情景、惧怕的事情而哭泣。孩子到一个自己不熟悉的环境，比如第一次去亲友家，第一次去阴暗的空间，面对陌生的情景，会因害怕而哭泣。此外，孩子在面对诸如打针、爬高等情形时，也会因为恐惧而哭泣。

⑤因委屈而哭泣。孩子的玩具被抢走了，被家长、老师误解斥责了，家长答应的事情没有兑现，都会让孩子觉得委屈而哭泣。

⑥剖腹产的宝宝容易哭泣。（这个判断本文没有做深入研究，而是靠经验观察所得）剖腹产的婴幼儿在面对陌生的人、可能的危险时，甚至在正常的交流互动中，更容易哭泣。

孩子上述哭泣现象，都属于正常的生理或心理现象，需要家长及时关注并满足这些正常的需求，哭泣也就会随之消失。

误区

有的家长以为孩子哭就是不乖的表现，是难抚养的表现，是懦弱的表现等。因此，他们多半不允许孩子哭泣，在孩子哭泣时斥责孩子，甚至打骂。这些观念和做法都是不正确的。

①父母对孩子哭泣视而不见，任由他放声大哭，置之不理。父母不明白孩子哭泣背后的正当需求，不能及时满足孩子的需求，也没有及时消除孩子不舒服的状态，于是就任由孩子一直哭泣。这样做会使得孩子用更激烈的哭闹来引起父母的注意，直到他的需求得到满足。如果不及时消除孩子的哭泣的根源，很快就会让孩子养成靠哭闹来表达需求的习惯。

②父母斥责、打骂哭泣的孩子。家长认为孩子哭泣是淘气的表现，使用语言斥责、威胁他不要哭："再哭，打死你。"甚至有家长直接打孩子，逼迫其不要哭泣。这样粗暴的做法，不仅不能了解孩子的需求，及时安抚孩子，反而让孩子在粗暴的教养方式中养成暴躁、极端的情绪特点。

③家长贬低、羞辱哭泣的孩子。当孩子因惧怕而哭泣时，家长不是安慰孩子，而是刺激、羞辱孩子说："胆小鬼、真丢脸、没出息"等。家长甚至当众羞辱孩子："就你爱哭，哭鼻子猫。"这不仅不能让孩子得到安全感，反而让孩子更加恐惧，破坏了孩子心理安全的发展。

④误导孩子盲目的勇敢，阻碍孩子通过哭来宣泄情绪。比如当孩子委屈、惧怕时，家长一味用"勇敢点"来误导孩子，不是允许孩子哭出来，而是让他噙住眼泪，不要哭泣。尤其是在打针等情况时，家长们常误导孩子说："别哭、别哭，你看别的孩子就不哭。"这其实是在阻碍孩子正当的情绪发泄，不仅不会让孩子更勇敢，反而让孩子更恐惧。

家庭教育建议

婴幼儿在正当需求没有满足、不舒服、害怕、恐惧、委屈时，会用哭泣引起大人关注，以满足其需求，或者消除不安全的因素。这是他们获得帮助、安全感，发泄情绪等正当的表现。家长们要及时了解孩子哭泣的原因，满足孩子正当需求、消除不安全因素，保证孩子情绪适时宣泄，而不是压抑他的情绪。

①孩子哭泣时，父母要及时在语言上回应他，询问他怎么了，并用手轻轻安抚他，同时考虑他是不是饿了、渴了；是不是排便使得身体不舒服了；是不是身体某个部位有伤口或者痒、疼；是不是发烧、生病了。及时进行检查，寻找他哭的原因，并及时进行处理，比如喂奶、喂食、饮水，或者消除让他不舒服的状况。家长对孩子哭泣状况及时的处置能让孩子需求得到满足，他很快就能安静下来。

②当孩子跌倒后，往往会哭起来，如果孩子没有受伤，父母可以蹲下抱着孩子，轻轻地安抚他，告知他："不用害怕，有爸爸妈妈在呢。"如果孩子还继续哭泣，就静静地等他哭一段时间，当他宣泄完情绪，得到安全感后，父母这时再对他进行进一步的语言安慰，使得他完全安静下来。等孩子安静后，再进行检查，确认他没有受伤后，就鼓励他继续去玩耍。

③当孩子面对陌生的环境、陌生的人，因惧怕而哭泣时，家长要尽快带孩子离开这些情景，而不要强制留孩子在那种情景中。带孩子离开的同时，用语言安慰他不要担心，跟他温和地对视，也可以抱着孩子，亲吻他额头，同时使用语言进一步安慰，让他获得充分的安全感。

④当孩子遇到打针、攀爬、跳跃等困难情形因害怕而哭泣时，家长要允许孩子哭，而不是训斥孩子不要哭，更不能贬低孩子胆小、懦弱。而应告诉孩子："如果害怕，想哭就哭出来，一会儿就好了，不用担心。"同时可以拥抱孩子，让他获得信心和安全感。等他哭完有充足的勇气后，再鼓励他做相应的事情。

⑤当孩子物品被抢走、被人误解、对他的承诺没有兑现而委屈地哭

时，家长要给予孩子拥抱，表示同情和理解。安抚他的情绪，等他哭泣完毕后，引导他学着分享，提供替代的玩具或者做新的游戏，转移他的注意力。家长要做到诚信守信，答应孩子的事情要做到，不说谎，不推脱。这样，就能减少孩子因为委屈而哭泣。

⑥父母不要强迫正在宣泄情绪的孩子停止哭泣。有些父母一边责打孩子，一边要求孩子不能哭，这是非常愚蠢的做法。责打孩子会导致孩子哭泣，孩子借着哭泣来宣泄情绪，或者寻求安慰，而父母强迫孩子停止哭泣，实际是在阻断他宣泄情绪，对孩子激动的情绪放松是巨大的阻碍，不利于孩子心理紧张感释放。当孩子因宣泄情绪哭泣时，父母可以静静地陪在他身边，或者抱着他，等他情绪发泄完毕后，再一起做其他的事情。

⑦剖腹产的孩子在四岁之前更容易哭泣，家长要给予更多的拥抱，鼓励。如果要孩子面对新的情景和陌生人时，要给孩子提前预告，鼓励他面对新的情景，而不是突然把孩子带到他不认识的人面前或者地方，以减少他因害怕而哭泣的频度。

二 不允许孩子哭闹

上一节提到，当孩子各种正常需求没有得到满足时，就会通过哭来表达正当的愿望，这样的哭，是在唤起大人的注意，是正常的哭。家长要及时满足他的合理需求，消除不安全的状态，使得孩子安静下来。

而与正常、正当的哭相对的是"哭闹"，这是由于家长不当地、无条件满足孩子各种需求，惯出来的无理取闹的哭喊、撒泼任性的哭。这些哭闹，要及时引导和制止，不能让其形成习惯，进而导致任性的性格。

误区　　家长习惯性地溺爱孩子，只要孩子想要什么东西，就马上满足他，如果不给他，孩子就哭闹，家长也不制止，任由他哭闹，或者一哭就给他东西，这就使得孩子用哭闹来捆绑家长。

如果不对孩子哭闹加以及时的制止和引导，而是长时间溺爱他，满足他的任何需求，那么，就容易使得他用哭闹的方式来要挟家长，养成无理取闹的习惯。

①婴儿一哭，家长就去抱，导致一月大的婴儿，很快就会懂得用哭闹来让大人一直抱着。因为在婴儿的感知中，被抱着要比自己躺着舒服。如果他被抱习惯了，就不再愿意多躺着，一放下来躺着就哭闹，这样一来，孩子需要有专人全天候抱着，为他当人体摇篮。因此，新生儿一哭就抱，是一个错误的做法。越是一哭就抱，他越会用哭闹来捆绑家长。

②家长在孩子有了合理需求时，有意无意不给予及时满足，偏要等他哭闹后再去满足。比如孩子困了、饿了，已经向家长发出要吃东西、要睡觉的要求，家长却没有理会，等他哭闹起来，为了平息孩子哭闹，才去给他吃东西、安抚他睡觉。这就使得孩子逐渐懂得，不哭得不到东西，哭才能得到东西。

现在的年轻父母，因为懒惰，在孩子有了正常需要的信号后，也不及时去处理，非得等到孩子哭起来才去做。这样的做法久了，必然会让孩子养成哭闹的习惯，以后想要纠正，就比较困难。

③家长在对待孩子不合理的要求上，没有坚定的立场，总是应付式地说不可以，而孩子一哭闹，家长就让步，马上满足孩子的要求。比如孩子想要买奢华的玩具、玩电子游戏、一边吃饭一边看电视等，家长本来是不允许他那样去做，而孩子一哭，家长就心软了，任由他去做，或者满足他的要求。这种方式不仅不能制止孩子的不当要求，反而助长孩子哭闹的频度，导致他常用哭闹来获得需求的满足。

④家长溺爱孩子，随时随地满足孩子任何要求，甚至是不合理的要求。孩子想要的东西，要立即得到，否则就哭闹，如半夜要家长去买冰激凌，外出时要马上到达目的地，吃饭时要马上吃到还没有准备的菜等，家长并不对孩子进行教导或者管教，反而是惯着孩子。常见的现象是孩子在公众场合当众哭闹，要求家长立即满足他的要求，甚至躺地上打滚哭闹不起来，家长为了面子，也就满足孩子的要求。

⑤孩子做错了事情，本应受到管教，他为了躲避管教，采用哭闹来获得家长同情，家长一看孩子哭闹，就不再管教他。家长只是说一些不能真正起着教导作用的话，比如，"下次不能这样了"等。这样做不仅不能让孩子改正错误，反而会使得孩子继续用哭闹的方法来躲避惩罚。

家庭教育建议

允许孩子因为身体不舒服、需要唤起大人的注意而哭，但是，不允许孩子因为不合理需求没有满足，或者为了躲避责任而无理取闹地哭闹。

家长要明确地告诉孩子：哭闹得不到想要的东西，安静下来，好好沟通，才能得到想要的东西。

①针对刚出生不久的婴儿，不要一哭就抱他。在排除婴儿因为饿了、热了、冷了等一些让他不舒服原因，而且是在正常的情况下，比如刚喂饱，刚洗浴好，他还是哭闹，就可以推测他是想要大人抱着，此时尽量先不抱起他，可以在他旁边，轻轻拍他身体，跟他说话，安抚他。等他安静后再抱起，并告诉他："哭的时候不抱你，你安静了，才抱你。"让孩子慢慢明白，哭闹是不会被抱的，也得不到鼓励和奖赏。

对婴儿进行"哭闹时不抱"的训练，越早越好，如果对两月龄之前的婴儿使用这个方法，就能够使得他很快形成安静、温和地唤起成人注意的习惯，而不是用哭闹来得到大人抱。而如果等婴孩过了三个月或者更晚，再进行"哭就不抱，不哭才抱"的训练，效果就会差一些。

②家长对婴幼儿的正常需要要及时满足，家长要细心地观察孩子生理和情感的需求。孩子饿了要及时喂奶，不舒服了要及时消除，惊吓了要及时安抚，不让他因为正常需求没有得到满足而反复哭，避免因此养成哭闹的习惯。

有的家长比较严苛，对孩子的合理需求也加以限制，比如孩子在安全范围内攀爬、触拿家里的各种物品，在家长看来，是不合理的，就加以限制，其实这是孩子在探索外部世界，要允许他去做，因此也能减少孩子正常需要没有满足而出现的哭闹现象。

③家长对于孩子不合理的需求，要做到坚决不能满足，并告诫孩子不能用哭闹来要挟家长满足他要求。孩子越是哭闹，越是不能满足。可以同时告诉他："哭闹不能得到你想要的东西，哭闹也没有用，等你安静了，我们再一起讨论如何满足你的要求。"

全家所有的成人要在哪些物品不能给孩子，哪些行为不允许孩子做的观点上保持一致，尤其是有老人参与带孩子的家庭，老人与父母的观点要一致。建议家庭可以制订一些令行禁止的规则，明确写出哪些东西不能要，哪些事情不能做，大家都遵照执行。否则，一些需求在祖辈们那里可以满足，在父母那里不能满足，就会产生冲突，让孩子无所适从。孩子就会钻空子，在不同的监护人面前纠缠或者哭闹，来达到目的，这样不仅助长了孩子哭闹习惯的形成，更使得孩子其他方面的坏习惯很难纠正。

④家长针对孩子无理取闹的哭闹，要及时引导和制止，不允许孩子哭闹。一般情况下，当孩子首次无理取闹而哭闹时，家长可以先使用语言进行劝导，蹲下来，抱着孩子，或者面对面平视孩子，用严肃、沉静的语言劝导，告知他哭闹不能够得到想要的东西，越是哭得厉害，越不会给你想要的东西。同时，也要向孩子解释他所提出的不正当需求的坏处，使得孩子明白不能满足他的要求是有原因的。

如果孩子继续无理取闹，可以有监护地把他放到一个安全的、宽敞的、开放的位置躺着或者坐着，告诉他可以在接下的时间内任意哭，等哭够了再起来，任由他哭闹一段时间，但是，不要满足他当时想要的要求。

在这种处置方式下，孩子一般会持续哭闹十分钟左右，等他发泄完情绪，即转为安静。等他安静后，再来跟他沟通，满足他的要求，或者不满足他的要求，视他的要求是否合理而定。总之，让孩子明白"哭闹的时候，不会得到想要的东西"。

如果此后孩子再无理取闹地哭闹，继续使用上述方式，经过三次左右的训练，孩子基本不会再通过无理取闹的哭闹来向家长提要求。

注意，此策略需要大人全程陪同在孩子身边，同时需要告知他此时哭闹可以，但是得不到想要的东西。不能把孩子一个人丢在那里哭，那样会加剧他的不安全感，也不容易消除他的哭闹现象。

总之，家长要及时发现孩子合理需求，同时排除不合理需求，引导他温和、平静地表达需求，友好地跟孩子进行语言沟通交流，让孩子懂得哭闹得不到想要的东西，平和地沟通才有可能得到东西，那么，他哭闹的频次自然就会减少。

三　避免孩子尖叫的策略

幼儿经常性尖叫是一种不良的情绪表达方式，需要制止和消除。

孩子大部分尖叫是因为他的需求没有得到满足，在哭闹的基础上升级的结果。家长们往往不在意孩子尖叫，认为没有问题，甚至任由婴幼儿养成这样的表达方式。

如果家长在上一节"不允许孩子哭闹"策略上做得适当，孩子一般不会出现尖叫行为。婴幼儿在需求没有得到满足后就可能从哭闹升级为尖叫。

孩子尖叫的原因有多种。除了因需求未得到满足导致哭闹升级为尖叫外，幼儿还会通过模仿同伴群体习得尖叫，因表达兴奋而尖叫，为了引起他人的关注而尖叫，为了发泄不满情绪而尖叫，以及因惧怕而尖叫，等等。除了惧怕而尖叫是自然本能外，其他尖叫大抵都是不合理的情绪表达方式，需要制止，并帮助他消除。

家长任由孩子尖叫会导致以下几种结果：

①加重幼儿任性行为。尖叫是无理取闹的哭闹升级或者伴生的现象，如果家长及时地满足孩子合理需求，他一般不会哭泣，更不会哭闹或者尖叫。孩子试图通过哭闹来要挟家长满足其不合理的要求，如果不制止这种哭闹行为，或者不进行惩戒，他就会变本加厉，愈发哭闹，进而尖叫、摔打物品等，任性的行为进一步升级。

②削弱孩子公共意识，加重自私性格。幼儿在公共场合为了表达兴奋、发泄不满情绪、引起他人关注等，就会尖叫，其实那是对公共安静秩

序的破坏，如果不加以引导和制止，就使他逐渐养成为所欲为、唯我独尊的观念，形成霸道、蛮横的态度和行为。那样的孩子不顾他人正常的利益，不管他人的感受，而是具有强烈的自私自利的思想。这不利于孩子养成公共秩序意识，也不利于孩子养成尊重他人的习惯，不利于孩子融入公共生活。

③引发歇斯底里的情绪。幼儿引起他人注意的形式有很多种，宣泄情绪的方式也有很多种。通过温和的、平稳的方式来表达自己意思，引发他人注意，是可行的。而尖叫是一种极端的情绪表达方式，会对孩子认知产生刺激强化作用，让其习惯使用它去引起别人注意或者获得安全感，如果不加以制止和引导，时间久了，就会演化成歇斯底里的情绪发泄方式，不利于孩子养成稳定的情绪。

误区

①家长认为幼儿尖叫不是问题，任由孩子尖叫。以为尖叫是孩子大声说话，没有什么不好，长大了就会消失。这就使得家长没有及时制止尖叫，也就错失引导孩子温和、平静地表达情绪的时机，容易让孩子养成尖叫的习惯。

②家长对幼儿关注不够，致使孩子从哭闹发展到尖叫。家长有意无意忽视幼儿正当的或者不正当的需求，当孩子提出要求时，没有及时满足他的合理需求，也没有及时阻断他不合理的需求，而是任由孩子叫喊、纠缠，当孩子在呼喊或者哭闹还不能得到满足，又没有受到管教时，他的情绪就会升级，采用尖叫来引起家长回应，或者表示对家长的不满。家长没有及时关注孩子需求的做法，不是把尖叫的极端情绪控制在萌芽阶段，而是在助长孩子养成不良的情绪表达习惯。

③家长粗暴地打骂孩子，制止孩子尖叫。孩子需求没有得到满足后开始尖叫，家长不是加以劝导或者平和地引导，而是直接吼叫，或者打骂孩子，强迫他停止尖叫。这样的做法看似能让孩子在父母面前不敢哭闹、尖叫，而他会在父母不在的场合更频繁地使用尖叫来表达情绪。所以，粗暴

地制止孩子尖叫并没有改变孩子的认知，也就不能改变他的内心，消除孩子尖叫现象的效果就不明显，甚至适得其反。

④家长对孩子溺爱放任，孩子尖叫也不加以制止，致使孩子学会用尖叫控制大人行为，满足他各种要求。家长无条件地满足孩子各种要求，只要他想要的东西，都随时满足，如果稍微延迟，孩子就哭闹或者尖叫，家长并不加以管教，而是通过一味地讨好来安抚孩子，完全没有在孩子面前树立家长的权威。等孩子稍微大一些，再想纠正时，孩子就会对抗管教，不仅哭闹，而且还会尖叫，家长为了能让孩子安静，就又讨好他，不是对他的尖叫加以制止，而是继续无条件地满足他不合理的要求，孩子尖叫的习惯就得不到纠正。

家庭教育建议

尖叫是不当的情绪表达方式，是阻碍幼儿温和个性养成的不良因素。诸多家长没有对孩子的尖叫加以注意，甚至不认为幼儿尖叫是不当的行为，因此疏于制止和引导。然而，如果形成不当的情绪表达习惯，会随其一生，在应激状态下就有可能爆发出来，甚至升级为极端情绪，酿成伤害。

家长在排除孩子因惧怕而尖叫情形外，其他情景下孩子尖叫都需要纠正和消除。

①在幼儿期，预防孩子可能出现的尖叫情况。在婴儿两三个月大小时，就要多留意他每次哭的原因，准确判断他的需求，及时满足孩子正当需求，处理他不舒服的感受等，如及时喂奶、安抚、提供玩具和语言引导，避免他长时间哭闹，进而引起尖叫。

家长如果能及时满足幼儿合理需求，能与孩子有良好的沟通交流，亲子关系融洽和谐，就能非常好地减少孩子哭闹情况，更能预防孩子尖叫。

②家长要明确告知孩子尖叫是不当的行为，不能尖叫。孩子一岁大小后，他会因没有及时得到想要的玩具而尖叫，会因家长不让做某件事情而尖叫，会因表达不清晰、别人不理解他而尖叫等，此时，家长要明确告知

他不可以尖叫，如果继续尖叫，就要受到管教。并进一步跟孩子解释，尖叫会成为一种不良的习惯，会破坏他和别人正常的交流，会给他人带来烦恼。不允许出现这样的表达方式。

这个年龄的孩子基本能够听懂大人的话语，上述的命令和解释反复使用，就能很好地制止孩子尖叫。如果孩子不听从劝导和命令，继续经常尖叫，可以使用管教加以纠正，直至他不再尖叫。

③满足孩子合理范围内的要求，不跟孩子在情绪上对抗。家长要支持孩子自主做事情，除非危险的事情不允许他去做，其他行为，都可以由他去尝试和行动，比如孩子去运动、去玩玩具，家长不要轻易就否定和阻止。在孩子非常想要做某件可行的事情，且不是特别危险，也不超出孩子的能力范围，家长就要多支持他，不要跟他对抗，这不仅能培养信任、融洽的亲子关系，更能避免激起孩子包括尖叫在内的激烈的情绪表达。

④家长不要吼叫、打骂尖叫的孩子。而是用疏导的方法让孩子养成文静、平和的情绪表达方式。在孩子想要让家长满足他不合理的需求而尖叫时，家长不能吼叫、打骂孩子，那样做看似可以制止孩子尖叫，但是不能改变孩子激动的情绪状态。当孩子尖叫后，家长可以用严肃的、冷静的、低沉的语言明确告知他尖叫是不对的，也可以轻轻地抱着孩子，跟他温和地沟通，告知他："不用急，慢慢地说，我在听呢；想要说话的时候请小声一些。"同时耐心地听孩子说出自己的观点和想法，对他合理的观点表示赞同，对他不合理的需求不要轻易满足，而是引导他去做其他可以做的事情。

⑤家庭内沟通交流要平和。幼儿情绪表达方式是模仿大人所成的。父母间争吵、吼叫、怒骂、尖叫、歇斯底里等行为，都会被孩子模仿，并学着像父母那样发泄情绪。这不仅仅给孩子展示了不良的沟通方式，使他养成尖叫和吼叫的习惯，还使得幼儿处在恐惧的家庭氛围里，缺乏安全感，增加孩子的焦虑程度，破坏孩子的身心健康。

四 愤怒的体验和引导

愤怒也是人的一种情绪，幼儿在两三个月大小后，严重哭闹时，就会伴有愤怒情绪。

当幼儿正当需求没有得到满足，或是遇到恐惧、不公正对待、焦虑时，就会表现出愤怒。他通过愤怒表达害怕，发泄不满。愤怒是幼儿成长过程中客观存在的情绪体验，是一种防御性心理行为。

幼儿表达愤怒，意味着他害怕、焦虑、无助、委屈等，需要获得他人的理解、安慰、退让等。家长要能认识到幼儿愤怒是一种正当的、客观的现象，允许孩子表达愤怒，帮助和引导孩子用健康的方式体验愤怒、表现愤怒、消除愤怒，使得他获得有效的情绪宣泄方式，保持身心健康发展。

幼儿愤怒的原因：

①婴儿因各种需求没有得到满足而愤怒。婴儿没有吃饱、没有睡足被吵醒等，都会通过尖锐的哭喊表达愤怒。

②幼儿的物品受到"侵占"而愤怒。孩子对物品有了"物权意识"后，对自己的物品具有占有欲，当别的小朋友或者大人拿走他的物品时，他就会表达愤怒。

③幼儿因分离焦虑而愤怒。幼儿对父母（或者抚育他的其他人）有强烈的依恋心理，当与他们分离时，会有较高的焦虑水平，如妈妈出门上班，被不熟悉的亲友暂时抱离，孩子因为害怕、恐惧而表达愤怒。

④幼儿受到威胁、斥责、打骂时，因恐惧而愤怒。当受到同伴威胁时，受到大人斥责时，受到大人打骂时，幼儿会产生恐惧感，他通过愤怒的应激方式，来减弱恐惧带来的紧张。

⑤幼儿受到戏弄而愤怒。孩子受到大人有意无意的戏弄时，轻则会表现出茫然无措，严重时会感觉到羞辱，因此会表达愤怒。

⑥幼儿受到不公正对待，委屈而愤怒。大人答应孩子的承诺没有兑现，大人曲解孩子的意图，大人无端剥夺孩子的玩具，大人错误地批评甚

至责骂孩子等，都会让幼儿觉得不公正，会感觉到委屈，进而用愤怒的方式表达反抗。

⑦幼儿因担心失败、羞愧而愤怒。家长给予幼儿，或者幼儿自己对某种目标有很高的期待，并付出努力去达到目标，结果失败了，这种因对成功的渴望、对失败所产生的失落，会导致他具有羞愧、无助等感受，进而以愤怒的方式表达出来。

误区

①家长认为幼儿表达愤怒是不正当的情绪，禁止幼儿愤怒。在语言上使用："不许发火，不许嘟囔着嘴，怎么又生气了？"在行动上惩罚或者打骂孩子，如罚站、打身体、吼骂，强行要求孩子不能发火、不能生气等，阻止孩子表达不满和愤怒。这阻止了孩子当时的愤怒表达，对孩子情绪的宣泄来说是围堵，不利于孩子愤怒情绪平稳地消解。

②跟幼儿对抗，增加幼儿愤怒的次数，提高幼儿愤怒的程度。家长经常无视孩子正当的需求，随意剥夺孩子拥有玩具、玩耍的权利；不能兑现承诺，言而无信；挖苦、讽刺孩子；任由他人戏弄孩子；当孩子出错时打骂孩子，大声地训斥孩子；家庭交流中多使用争吵、吼叫等方式。这些都会增加孩子愤怒的频率和程度。而当幼儿愤怒时，家长继续跟他争吵，斥责孩子，甚至打骂孩子，刺激孩子提高愤怒程度，甚至激怒他产生跟大人肢体冲撞、抓咬大人等极端行为。

③冷落、置之不理，任由幼儿愤怒，甚至羞辱幼儿。幼儿愤怒时，家长不去及时查明他愤怒的原因，任由孩子发火、吼叫；当孩子需要安慰、需要安全感时，远离孩子；使用错误的语言继续激怒孩子，比如，常用"就你爱生气，就你爱发火，尽管生气吧，看你能气多久，能不能气死"等话语来羞辱孩子。这就使得孩子长时间处在愤怒的情绪中，破坏其温和情绪的形成。

家庭教育建议

幼儿都会体验和表达愤怒,这是正常的情绪特征,家长要能尊重孩子表达愤怒的权利,允许他在正当的情境下表达愤怒。但更为重要的是,父母要引导孩子认识到愤怒的原因,在宣泄了情绪后,尽快调整好情绪,消除愤怒,使得心情和心境恢复顺畅与平和,引导孩子更多地养成温和的个性,而不是轻易发怒。

①允许孩子愤怒。当孩子遇到如玩具被抢走,受到威胁、戏弄、羞辱、缺失关爱时,都有可能表达愤怒。这是孩子通过愤怒做出防御的体现,是情绪应激的表现。他通过愤怒的方式做出尽可能的自我保护,唤起他人的注意,发泄内心的不满。当家长不能消除上述激发孩子愤怒的因素时,要允许孩子表达愤怒,让他通过这样的方式来宣泄情绪。但是,也要更多地引导孩子尽快地恢复平和的情绪,减少发怒的频度。

②给予孩子充分的关爱和安全感。在幼儿期,父母要尽可能地亲自抚育孩子,使得幼儿从父母那里获得安全感和稳定的依恋感。亲子交流要充满爱意,而非敌意,对待孩子的合理需要和行为给予鼓励和支持。可以经常对孩子说:"爸爸(妈妈)爱你!"同时给予孩子温和的目光交流。

不随意跟孩子分离,尤其是遇到临时需要把孩子送给他人暂时照看,或者送孩子初入幼儿园,父母都不可立即离开,而是要停留更久一些,给予孩子更多时间的安抚和抚慰,告知孩子这只是暂时分开,很快就会见到爸爸妈妈。通过这些做法,使得孩子感觉到爱和安全,保持自信的心态和温和的情绪,而不至于因为极度焦虑而导致愤怒。

③尊重孩子的人格。父母不要戏弄孩子,也不能允许别人戏弄自己的孩子;不挖苦、讽刺孩子;对孩子的错误要包容,孩子失败时鼓励他继续尝试,不用担心失败;不轻易允诺孩子,而一旦答应,就要按质按量按时兑现,做到言而有信,不该言而无信给孩子带来失望。

信任孩子,在孩子陈述了一件事情后,首先想到的是孩子说的是真实的，而不要曲解孩子意思，更不要冤枉孩子；处事客观公平，让孩子感觉到公平和正义；尊重孩子的想法和意见，无论孩子表达正确与否，都给予鼓励，加以引导，让孩子感受到尊严。这样能使得孩子获得存在感、获得信心、获得尊重感，能够预防他产生极端的情绪，保持积极的心态，能够平和地和家长沟通。

④帮助孩子分析产生愤怒的原因。当孩子愤怒时，家长要能多方面思考原因，等孩子情绪平稳后，可以询问："是不是因为某某事情而觉得委屈了？是不是因为某某事情而难受？觉得有点害怕是吗？如果是我，我也会有那样的感受，我也会发火的。他们那样做没有尊重你的感受，我也觉得很难过。""是不是你刚才也没有考虑到对方的感受，而以自己为中心，才让自己觉得愤怒，如果你主动包容他，可能也就不会觉得愤怒了，对吗？"通过这样的方式，让孩子认识到愤怒是有原因的，有些愤怒是正当的，而有些愤怒是不当的，无论什么样的原因，都应该克制自己的情绪，尽量不轻易发怒。

⑤引导孩子尽快平复情绪。除了帮助孩子找到愤怒的原因，理解孩子的情绪外，家长要能引导孩子尽快走出愤怒的情绪，保持平和的心情。

首先，允许孩子短暂发火或者吼叫，当他愤怒时，允许他怒目圆睁，暂停跟他的对话，让孩子发出声音，展现表情，发泄情绪。

其次，帮助消除引发孩子愤怒的因素，比如，满足其合理的需求，阻止他人对孩子的戏弄、羞辱等不良行为，同时抱着孩子，安抚他头发、轻拍肩膀等，尽快带着孩子离开让他愤怒的情景。

第三，引导孩子给愤怒的对象说对不起，当孩子情绪稳定后，引导他跟刚才发火的对象说对不起。使得孩子懂得宽恕和原谅，并学会如何达成谅解。

最后，家长要以身作则，不随意表达愤怒，当自己无法控制而愤怒，要能及时给对方道歉，进行修复关系的积极沟通，给孩子示范化解愤怒的方法。

五　恐惧的体验和引导

恐惧感也是幼儿基本的情绪体验。当幼儿对现实情境和未来可能发生的事情感觉到危险、威胁、孤独、痛苦时，就会产生紧张的情绪，这种紧张感到了较高的程度就成为恐惧。恐惧是幼儿正常的情绪表现，能够使得他们获得一定的应激水平，应对不安全的情况。而过高水平、过高频率的恐惧，会影响幼儿安全感、自信心的发展，需要引导和消除。

误区

①家长对孩子恐惧的认识上有偏差。家长认为孩子有恐惧感是胆小的表现，缺乏勇气、懦弱，尤其认为男孩子不应该表现出害怕、紧张等情绪。

②语言上挖苦、讽刺孩子。当孩子表现出惧怕时，家长不是及时地安抚孩子，而是挖苦孩子说："你怎么那么胆小，真是胆小鬼，没有出息，有什么好害怕的。"这样做不仅不能让孩子获得安全感，反而会让孩子更惧怕。

③家长任由孩子处在恐惧中而不加以积极处置。当孩子被别人打骂、玩具被抢走、被其他人训斥时，都会产生恐惧情绪，家长不是及时把孩子带离那些让他恐惧的情景，也没有及时安慰孩子，而是任由孩子害怕、哭泣，家长不理会他，这使得孩子恐惧水平升高，甚至产生心理阴影。

④家长进行所谓的管教，把孩子关在厕所、房间等所谓的"小黑屋"里，或者把孩子推出门外。家长认为这样的方式能让孩子听话，能让孩子不敢再犯错误。这种做法看起来能有一点作用，但是，它是让孩子在恐惧、绝望的感受中，暂时屈服于大人的要求，不利于孩子真正从心里顺服父母的教导，不大会产生积极的效果。这样粗暴的做法，还会让孩子产生恐惧情绪，可能进一步加剧他与家长的对抗。

⑤给孩子描述恐怖的场景，展示恐惧的表情。家长为了吓唬孩子，给他描述恐怖的情景，使得孩子因对恐怖情景的想象而害怕，久而久之，孩

子对正常的生活场景也具有较高的恐惧情绪。家长恐吓孩子说:"再哭大灰狼就来抓你了,再胡闹我就把你丢到河里去"等。

此外,家长在孩子面前经常表现对某些原本正常的事物或场景的惧怕,孩子加以模仿,潜移默化,也会对原本可以不用惧怕的事物产生恐惧感。比如家长经常对螃蟹、蜘蛛等表示害怕,孩子也跟着学会对它们惧怕。这不利于孩子对正常事物的认知,产生不必要的惧怕。

家庭教育建议

正常情况下,孩子对生活场景和生活事件都具有一定的适应能力,不会产生特别的恐惧,只有在他面对不安全的情景,或者突发的攻击性行为,或者对可怕的结果进行不安全想象时,才会产生恐惧感觉。

虽然恐惧感可以使得幼儿产生应激,规避可能发生的危险,排除威胁等。但是,孩子长期高水平恐惧,会阻碍其正常心理发展。因此,家长要为孩子消除可能引起他不必要恐惧的因素,同时,当孩子恐惧时,要及时安抚,降低孩子的恐惧水平,引导孩子获得安全感。

①家长要认识到幼儿恐惧是一种正常的情绪现象。孩子在面对陌生环境、陌生的人时,都会产生紧张情绪,甚至会恐惧。当孩子受到攻击性行为、惊吓、斥责时,犯了严重的错误害怕惩罚时,对获得成功的目标过度在乎而担心失败时等,都会产生恐惧。孩子体验过跌伤、打针等带来疼痛的情行厉,再面对相似的情景时,也会恐惧。家长要能理解这是幼儿正常的心理现象,是幼儿基本的情绪方式。允许孩子在可接受的范围内有恐惧的情绪。

②鼓励孩子尝试接触他所担心的正常性事物。也就是使用脱敏的方法,让孩子逐渐接触他所害怕的事物或者行为,比如孩子害怕小狗,在确保安全的前提下,可以鼓励孩子走近小狗看看它,进而抚摸小狗。比如孩子害怕游泳,在大人的安全陪同下,可以让他先接触水,慢慢在岸边学着用四肢玩水,等他不害怕水了,再引导他往较深的地方玩水。

在使用脱敏法时，要反复多次使用，逐渐进行，不可强迫孩子立刻完成，而是遵循循序渐进的方法。同时要在语言上鼓励孩子尝试，赞扬孩子说："你真勇敢，做得不错，再继续试试。看，没有问题吧，不用怕，有我们在呢！"等。让孩子在尝试中体验成功，逐渐消除恐惧心理。

③绝对不能使用"关小黑屋"的方式管教孩子。禁止使用把孩子独自关到厕所、房间，或者把孩子关在门外等形式管教孩子。这样会激发孩子恐惧情绪，甚至留下心理阴影，使得孩子缺乏安全感，长期处在焦虑状态，对他人怀有敌意。孩子做错了事情要用语言引导，即使需要管教，也要有父母陪同他，限制他某一时段的自由行动，比如陪他一起坐在沙发上不说话，让他思过。延迟满足他当时的需求，比如不给他买他想要的饮料等。切忌打骂孩子或者"关小黑屋"。

④孩子因恐惧哭闹时，要及时安抚，及时带孩子离开他所恐惧的场合。当孩子面对他认为不安全的情况时，就会因紧张而害怕，此时要及时安抚他，给他解释这些情景的真实情况，在认知上使得他能清楚这些情景可能带来什么样的结果，同时在语言上给予安抚，告诉孩子有大人在身边，可以帮他处置可能的危险。等孩子情绪稍微稳定后，再帮他化解让他恐惧的事物，或者带他离开他害怕的场合。

⑤不给孩子描述恐怖的情景，不随意展示惧怕的状态。家长不要用语言描述恐怖的情景，不要用恐怖的方式恐吓孩子。家长要做勇敢的榜样，不在孩子面前表现恐慌和大惊小怪，在遇到危险情况时要能镇定，给孩子传递安全的信息，让孩子逐渐养成坚强和临危不惧的习惯。

六　如何缓解孩子的急躁情绪

由于早期家庭教育引导不到位，幼儿的情绪发展中会出现急躁的现象。幼儿急躁的行为如果不加以引导，会形成一种习惯性急躁的性格特征，导致其在以后成长过程中产生诸多不良后果。

误区

家长在孩子成长早期没有特别注意孩子的情绪引导，也没有注意引导孩子进行有条不紊做事情的行为训练，往往采取简单粗暴的方式命令孩子立即、马上完成任务，或者经常对孩子吼叫、责骂，这都与孩子养成急躁的性格有关联。

①家长认为孩子做事越快越好。要培养孩子快速做事情的风格，认为风风火火，有闯劲，对孩子有很大的好处。的确，孩子能够迅速高效地做事情，是一种好的能力，而家长不加区分地要孩子越快越好地做事情，只会让孩子急于达到目的，而缺乏耐心和细心。

②家长反复催促幼儿。家长从孩子两岁左右开始，以为孩子有了一定的独立性，就不断催促他，经常对孩子说，"快一些、快一些，时间要到了，要迟到了，快去吃饭，快去洗澡，快去做作业"等催促性指令。这也会不断加剧孩子的急躁认知和急躁行为。

③家长对幼儿每个时段的活动时间要求苛刻。家长给予孩子苛刻的时间表，每个时间段内必须完成要做的事情，到了时间点就收工，完不成任务时还伴有惩罚。比如规定孩子早上八点认字，九点下棋，十点出门玩耍，十二点吃饭，下午一点睡觉。这看起来是在培养孩子的时间观念、精准习惯，但是，孩子不是机器，他在幼儿阶段每天的兴趣、精力、生理状态都不一样，其兴趣、行为都具有不确定性，严苛的时间表不仅不能让他形成精准的观念，反而让他每天都像打仗一样赶时间，也就会养成急躁的性格。

④家长自己行为急躁，给孩子形成了不良的示范。家长做事情急躁、粗糙，在家庭事务中也是匆忙行事，没有耐心、敷衍了事。比如打扫卫生、洗碗、洗衣等，都表现出不认真负责的特点，这些都会被孩子模仿，逐渐成为孩子个性中的一部分。

⑤家长与幼儿语言沟通简单粗暴。除了对孩子催促外，家长还经常使用命令的语言指挥孩子做事情，要求孩子马上做不经商讨的事情；与孩子交流的语气急躁，不听孩子观点，不允许孩子辩解，打断孩子讲话等。这

些做法，会阻断孩子正常的情绪表达，使孩子学会简单粗暴的交流方式。

⑥家长故意曲解孩子意思，惹孩子着急、发怒。家长故意曲解孩子，以为是和孩子逗着玩。家长往往在孩子表达正当的观点后，故意解读为其他相反的观点，撩逗孩子生气，甚至让孩子发火。比如孩子在学校受委屈了，向家长做了解释后，家长却故意说："我看是你惹了别人吧。"比如孩子解释说某个东西不是自己拿的，家长却故意说："就是你拿的。"惹孩子生气、发火，更容易导致他急躁。

⑦家长故意不满足孩子正常的需求。当孩子急切地希望某个正当的需求得到满足时，家长却故意设置各种障碍不予满足。比如孩子希望放学后去户外玩耍、去同学家做游戏，想买一件渴望许久的礼物等，家长不加区分地一概不满足，故意阻止孩子去实现合理的愿望。这样也容易让孩子因为需求不能满足而急躁不安。

家庭教育建议

家长不停地催促、不尊重孩子、故意曲解孩子、不满足孩子正当需求、并粗暴地批评孩子，家长自己在行为上也急躁不安，如果这些因素经常使用在家庭教育中，就容易把孩子养成急躁的性格。

要使得孩子消除急躁行为，家长要停止上述做法，并可以在以下几个方面加以改变。

①减少或者停止催促孩子。给孩子制订一些简单可执行的规则，明确告知孩子要在什么时候做什么事情，先给孩子讲解清楚，并确认孩子明白，就可以由孩子自己掌握节奏去做，如果孩子不能按时完成，允许他有缓冲的时间，而不要反复催促。

比如孩子早上穿衣服，可以规定他在十分钟内完成，在孩子在行动期间，不要再下指令，不催促，等快到规定时间的前三分钟，提醒一下即可。如果孩子在规定时长内完不成，可以再给他两到三分钟的缓冲时间，尽量由他自己完成。同时可以告知孩子，这是他自己要做的事情，不是因为大人要求要做的事情。逐渐培养孩子养成独立、按时完成任务的习惯，而不是养成在催促下才匆忙做事的拖拉习惯。

②父母要训练自己温和地和孩子说话。哪怕自己平时性格很火爆、说话很粗声，而当跟孩子说话时，要尽力保持温和的语调，平和地和孩子交流，不通过争吵的方式和孩子说话。更不要跟孩子抬杠，避免引发孩子激动的情绪。

③与孩子保持平等的沟通关系。家长要从内心深处尊重孩子，在家庭关系中保持与孩子平等的角色，把孩子当作一个真正独立的人来对待。家长要允许孩子像家长一样表达完整的观点，不主观臆断孩子的想法，不贸然批评孩子的行为。无论孩子表达什么样的观点，都要允许他们把话说完，在他表述观点时不插话、不打断。这样做，就能使得孩子温和从容地完成他的表述，减少他产生急躁的行为。

④家长要在孩子面前保持有条不紊的处事方式。家长希望孩子平和，自己首先要平和，遇事不能一惊一乍，而是要尽量冷静、稳当地处理，给孩子示范足够的耐心和勇气。不在孩子面前表现出急躁、不耐烦。

⑤家长要支持孩子正当行为，及时满足孩子正当需求。家长要站在孩子的视角看待孩子的行为，比如交友、运动等，只有站在孩子的角度，才能理解孩子为什么要去那样做，只有理解孩子的心理，才能真正支持他的正当行为。

当孩子提出合理的要求，要及时满足，而不是找借口推脱。当孩子提出不合理的要求，家长也不应粗暴地责骂，而是要跟他一起分析为什么不能满足他的要求，并加以输导，使孩子明白哪些需要是正当的，哪些需要是不正当的，并甘心接受家长的建议，而不是急躁地和家长对着干。

⑥不撩逗孩子、不故意曲解孩子的本意。撩逗孩子、故意曲解孩子的本意，都会让孩子发火、哭闹、委屈、焦躁等。家长要明白撩逗孩子是一种错误的做法，要能做到任何时候都不撩逗孩子，不惹怒孩子，避免激起孩子表达急躁、气愤的情绪。家长也要阻止其他人撩逗孩子，避免孩子长期处在气愤的情绪中。

曲解孩子也会给孩子带来气愤的情绪，使孩子发火动怒。家长要能做到不故意曲解孩子的意思，当孩子表达了客观的观点后，不要轻易去反驳和责难，也不要猜测怀疑孩子的动机，信任孩子，引导孩子本着诚实的态度做人做事。给予孩子语言上的鼓励和信任，让孩子在信任的环境中养成平和的性格。

⑦家长要尽力营造和谐、欢乐的家庭氛围。夫妻间应要平等、亲密地相处，在家庭交流沟通中，尽力使用平和、温柔的话语，尽力避免吼叫、责骂、争吵等沟通方式。家庭氛围如果充满欢乐、温暖的元素，孩子才能感知到更高质量的安全感，他也能学着父母的方式去和他人相处，养成温和的性格。

总之，温和地对待孩子，跟孩子进行平等地交流，及时满足他们正当的需求，不让他们处在愤怒、紧张的氛围里，那么孩子急躁的情绪就会消除。如果父母再加以积极地引导，孩子就会变得友好、温和。

七　如何培养孩子平和与乐观的个性

如果做到了上述有关消除愤怒、急躁情绪的建议，孩子大体就能养成平和的性格，如果再对他的认知进行积极的引导，他会更进一步地养成常喜悦的心境，也能在生活中常保持乐观的情绪，感受到更多的幸福和舒畅，能够积极地应对消极情绪，更有方法和态度化解各种生活压力。

性格平和并乐观的孩子，他们的脸上通常会表现出自然的微笑，他们常常感知到幸福和满足，他们能够接纳自己，也容易接纳他人，他们在创造幸福生活中，也更有主动性和独立性。

误区

①家长没有认识到平和、乐观的心境对人的重要性。大多数家长没有思考过平和、乐观应是每个人都需要的常态心境。他们因为太过于追逐名利，而忽略了对平和与喜悦情感的追求，想当然地认为平和、乐观的心境对孩子来说也不重要。有的家长甚至认为平

和是懦弱、好欺负的表现。因此，他们不希望自己的孩子温和，而是希望自己的孩子凶猛一些，以便在学校中不会被人欺负，在社会交往中不吃亏。

②家长经常让孩子处于愤怒、急躁中。家长不尊重、不信任、武断、打骂孩子，阻止孩子正常需求满足的错误做法，使得孩子长期暴露在愤怒、急躁的情绪中，久而久之，就使得孩子养成暴躁的性格，而不常有平和、喜悦的感受。

③家庭内部争吵频繁。家庭内不仅夫妻争吵，家长和孩子也争吵，家庭成员间关系僵硬，成员间很少有平和的交流。父母不是心平气和地和孩子交流，而是常用争吵的方式进行沟通，通过争吵解决问题。家长以为孩子还小，争吵的交流方式不会对孩子影响太大，其实是在一点一点地破坏孩子快乐、平和、乐观的心境养成。

④家长喜欢怨天尤人，推卸责任。父母本身没有责任担当意识，处事刻薄、缺少对他人的包容，喜欢挑刺，找别人的问题，尽力推卸责任，甚至用说谎来掩盖错误。这不仅不能培养孩子的正直品质和责任担当，还会使得他们也养成抱怨、刻薄等性格特点。就会使得孩子在与人交往中，埋怨多于赞赏，抑郁多于快乐。

⑤存在家庭暴力。有的家庭中存在家长间的暴力，或者家长对孩子使用暴力管教。这不仅仅使得孩子身体上受到伤害，更使得他产生恐惧，感受不到亲情，自然就不能感受到快乐和温暖，产生对父母和家庭的厌倦和愤怒，孩子性格中就更多地体现不安、胆怯和敏感。

⑥家长在孩子面前展示自己的功利心、精致的利己行为。家长金钱观、物质观扭曲，加之没有真正的信仰，没有禁忌，把在社会上不择手段地争夺名利的做法，在家庭交往中毫无掩饰地示范给孩子，诱导孩子也去争强好胜，使得孩子在面对各种名利时也难以平静下来，想方设法满足自己的私利，甚至破坏他人的正当利益。这样的家庭教育方式导致孩子难有平和、友好的心态，在生活中处处设防，甚至心理阴暗，很难体会到顺畅和喜悦的感受。

家庭教育建议

引导孩子养成温和善良的个性，时常保持乐观的心态，积极面对生活中各种情况，能够使得他自己获得更充足的幸福感，也能提高他与其他人交往的能力，为孩子以后平稳、幸福、安静的生活做准备。

①养成温和的家庭氛围。父母要在家庭沟通中保持温和的方式，使得家庭氛围是温和而不是紧张的，这不仅对消除孩子急躁的情绪有利，也对孩子平和心态的养成有利。夫妻间要多相互关爱，要能平等地、平和地交流观点；跟老人沟通时，要尊重和敬仰老人；与孩子交流要温和，对孩子充满关爱。

父母要引导家庭成员在日常生活中多聊天，多说话，多一起参与共同的活动，提高家庭成员间交流的频度，并引导交流的方式朝向温和、关爱的方向发展。

②家长要在孩子面前展现积极、有担当等品格。在孩子面前不推卸责任、不抱怨、不发火、不争吵、不愤怒，总是用笑脸面对孩子，即使批评时，也不流露出恶意。在孩子面前，总是充满温柔、平静、快乐。处理事情保持积极的态度，尽快处理问题不拖拉，更不要指责家庭其他成员，而应主动解决生活中出现的问题。

③家长要多跟孩子分享喜悦。父母有了收获时，把快乐的感受说给孩子听，把喜悦的成果展示给孩子看，让孩子感知到喜悦。日常交往中多抱抱孩子，跟孩子一起读书、讲故事，让孩子获得温暖和安全感。

④家长要能宽容他人、宽容孩子。家长要提高自己的肚量，在与他人交往中，要能平和地面对得失，不计较太多利益，能够包容他人，给孩子示范真正的理解和宽容。当自己孩子出错的时候，不轻易批评，而是给予孩子更多宽容，可以轻轻地抱抱他，用微笑表示理解他所做的一切。这样能慢慢使得孩子也能温文尔雅地面对他人和家人。

⑤乐善好施，帮助他人。任何时候，父母都要给孩子展示善良和怜悯，对弱者表达同情和关爱，可以带着孩子一起做公益，让孩子理解施比受更为有福，使得孩子在给予中获得满足和幸福感。

社会能力篇

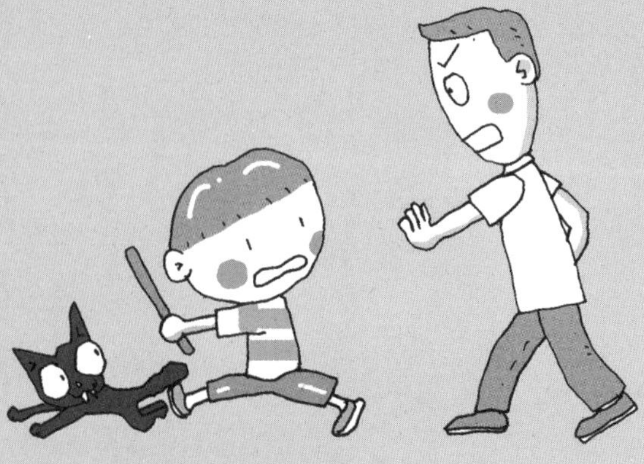

第八章

如何培养孩子的社会交往能力

人是社会性的动物，总是要在一定的社会关系中，才能维持自身的存在和发展。任何一个人，都要与他人建立各种社会关系，来维持自身存在和发展。

个人要建立各种社会关系，就需要有一定的社会交往能力，比如语言能力、沟通能力、合作能力、爱的能力等等，一个人如果具有较好的社会交往能力，就能够建立较为稳固、良好的社会关系，使得个人的存在和发展都有较好的社会支撑，反之，如果一个人的社会交往能力较差，他在社会交往中可能面临各种困境。

培养孩子的社会交往能力，是完善他健全人格的重要方面，是关乎他一生的事情。这远比让孩子仅仅会学习、会考试、会才艺来得更重要。家长要在孩子选取同伴、合作分享、参与互动、承担责任、表达爱心、避免攻击等方面教导他该如何去做。

培养孩子良好的社会交往能力，是要使得他具备社会公共责任意识，具有愿意分享和参与的意愿，具有担当精神，也愿意为他人的好处主动合作和付出，也能够在做错的时候主动承认错误并道歉，而不是一意孤行、狂傲自大，更不是为了自己的私利而攻击他人。

一　如何帮助孩子选择同伴

幼儿成长的过程，也是其社会化的过程，他需要通过与年龄相仿的同伴进行互动，才能有效地获得社会认知，并养成基本的社会交往行为，形成合作能力，促进其语言能力的发展，对分工、责任、权利、分享、给予、获得等社会性概念产生真实的感受，并学会依据社会规则产生个体行为。

充分的同伴群体交往，能使得孩子更好地参与到社会活动中，减少他在未来生活中与社会发生冲突的概率。反之，缺少有效同伴群体的孩子，更容易在社会交往中产生焦虑、封闭、怯弱的情绪和攻击性倾向等行为，缺乏社会交往的安全感。

换句话说：让孩子多跟其他同龄孩子接触，他们会成长得更活泼，更会跟小朋友玩，更会交朋友，性格更加乐观。

误区　城镇化的发展，减少了幼儿在成长中充分获得与同伴群体交往的机会。这是当前的社会性问题。而家庭教育中的一些误区，使得这个问题进一步加重。孩子往往被封闭在家中单独养育，这使得他们错失成长中与同伴密切交往的机会，导致社会交往能力不足。

①把孩子关在家里单独养。由于多种原因，有些城市家庭基本都是把幼儿放在家中养，很少带出去跟他人接触。每天大部分时间都是让孩子在房间里活动，偶尔带孩子出门，也像放风一样，不让他跟其他小朋友过多接触，稍微溜达后就马上带回家，没有给予孩子充足的户外活动时间和与其他小朋友交往的时间，使得孩子缺少稳定的伙伴。

②带孩子在户外活动时单溜。家长即使把孩子带出去晒太阳、玩耍等，也是把孩子带去没有小朋友的地方，或是把孩子放到小推车里，游荡在小朋友们活动的场所远处，不让其参与小朋友活动，远远地观望其他孩子玩耍。家长因为担心别的小朋友碰到自己的孩子，即使让孩子在户外玩

耍，也是要求孩子自己玩。这些做法，都使得孩子参与同伴的活动是不足的，对他社会交往能力发展具有阻碍作用。

③功利性地给孩子挑选"好的"伙伴。家长急功近利，认为其他性格好的孩子，能给自己的孩子带来好的引导，就刻意地给孩子挑选伙伴，避免跟他们认为不好的孩子接触。这种做法看似很有用，其实，阻碍了孩子接触不同伙伴的机会，也使得他缺乏与不同孩子进行交往获得丰富的交往经验的机会。

④家长溺爱孩子，对自己的孩子护短。当孩子与其他孩子发生冲突时，家长不是从自己孩子身上找原因，而是责怪其他孩子，给自己孩子开脱，护犊子。或者把自己孩子带离，不让孩子跟其他孩子继续玩耍，甚至对其他孩子动手。这种做法，不仅不能让孩子养成解决冲突的能力，反而让孩子养成骄横的性格。

⑤孩子与其他同伴玩耍时，家长时刻跟在旁边，甚至指手画脚地瞎指挥。家长在孩子跟其他孩子玩耍时，担心自己的孩子吃亏，把孩子"拴"在身边，像保护伞一样时刻不离孩子左右，不停地指挥孩子该如何如何跟其他孩子玩，这就使得孩子像是在监视下活动，失去了交往时的自主性，也因家长的不断干预，不能真正自主、顺畅地和他人交流玩耍，这不利于孩子自主交往能力的形成。

⑥家长在孩子面前指责其他孩子。家长在自己孩子面前指责其他孩子，说别的孩子坏话，给其他孩子负面的评价，甚至告诫他不要跟哪些孩子玩，要跟哪些孩子玩。这样做会让孩子学会背后论断人，也让孩子养成功利性的交往目的，很可能成为一个圆滑世故的人。

家庭教育建议

幼儿需要跟不同的小朋友交往，才能获得与不同对象的交往经验，在这过程中，他逐渐掌握合作的能力，掌握应对困难和调节冲突的能力。我们不能刻意地把其他小朋友进行好坏等标签化的区分，诱导孩子跟一部分孩子玩，却疏远另外一部分孩子。

长期把孩子放在家里，或者让他远离其他小朋友，使他缺乏社交能力发展的支持要素，因此容易在幼儿园和小学阶段与其他小朋友发生冲突，具有更多的攻击性，或者因为不懂得如何交流、分享，需要花更多的时间融入到幼儿群体中，甚至会被孤立，导致他产生自卑感和攻击性。

①多让孩子跟其他小朋友玩耍。只要条件允许，多带孩子到小区、公园、孩子们经常聚集玩耍的地方，让孩子跟其他孩子互动。不可长期把孩子放在家里，使得他们失去接触其他孩子的机会。只有接触其他孩子，他才能更好地锻炼他的综合能力，在与同伴孩子玩耍的过程中，获得规则意识，获得交往的能力，获得观察危险的能力，获得处理冲突的能力。哪怕他因为争抢不过其他孩子而哭泣，也是其感受委屈情绪的机会，对他的情绪发展也有作用。

②鼓励孩子参与小朋友的活动。幼儿刚与其他小朋友接触时，会有一些胆怯和害羞，不大主动参与到他们的活动中，也不大懂得如何跟他们分享玩具。家长可以示范如何打招呼，如何跟小朋友借玩具，如何把自己的玩具分享给其他小朋友。让他逐渐学会并掌握如何参与同龄孩子的游戏，并在交往中学会分享。

③带孩子接触不同的小朋友。如果条件允许，可以让孩子接触更多的小朋友，无论他们是文静还是调皮，是友好还是不友好，是大方还是小气，是开朗还是内向，都要让孩子跟他们接触。给孩子感受不同幼儿群体的机会，使得他能更全面地认识同龄孩子的特点，并从中学会如何跟他们交往。

家长不可以有选择地、功利性地给孩子挑选所谓"好的"朋友，并限制孩子只能跟那些孩子交往，那样不仅使得他缺少了应对困难的经验，更让他养成了功利性地交友习惯，对他以后融入社会不利。

④引导孩子结交几位固定的小伙伴。除了让孩子尽可能地接触更多的孩子外，也可以带他常去相对稳定的玩耍地点，跟相对固定的小朋友玩。这有利于孩子在熟悉的情景中，跟熟悉的小朋友深入交往，这对孩子们建立友好、亲密的社会关系有帮助。即使固定伙伴中的孩子有攻击性行为，

也有利于他们更好地掌握应对冲突的能力，积累如何解决冲突的经验。

⑤不在孩子面前说其他孩子的坏话。家长除了不功利性地给孩子选择同伴外，还不能在孩子面前说其他孩子的坏话，更不能蛊惑孩子不要跟某些孩子玩。如果反其道而行之会使得自己的孩子变得小气、势利，将来在社会交往中趋炎附势，更使得他失去了经历不同社交情境的机会，缺失面对棘手社会交往冲突的应对经验。

二 如何培养孩子合作与分享的能力

合作与分享是人与人结成社会关系的基本要素。合作才能够完成个体不能完成的任务，合作能够创新。分享能够使得孩子把快乐和成果传播出去，能够使得他们被伙伴接纳，能够培养他的大方、包容、友好的个性。

没有一个孩子能够仅依靠家庭的力量就获得全面的发展，在他成长过程中，必然需要跟其他孩子建立合作关系，从他们那里学得社会交往能力，并能把自己的物质、思想分享给他人，促进进一步合作。

培养孩子的合作与分享能力，为他们将来能够融入广阔的社会生活做准备。

【误区】

①缺乏与同伴群体充分的交往。上一节已分析，把孩子孤立于其他孩子之外，不利于他社会交往能力的发展，尤其不利于他合作能力的形成。家长长期把孩子单独放在家，长期不让孩子与其他孩子深入接触，导致孩子缺乏与其他孩子一起深入交往的锻炼，也就缺乏相应交往能力的获得。

②父母没有及时消除孩子攻击性行为。由于家长对孩子成长目标认知的偏差，认为孩子尤其是男孩子要学会打人，要具有攻击性，才不会吃亏。纵容孩子在与其他孩子交往中，强占玩具，主动发起肢体冲突，甚至打骂其他孩子。家长以为孩子占了便宜而沾沾自喜，殊不知放纵孩子攻击

性行为，同龄孩子就会提防他，甚至疏远他，这会使得他在和同伴交往中受阻。

③任由孩子破坏游戏规则。家长溺爱孩子，任由孩子在与其他孩子共同游戏中长时间霸占玩具，抢要物品、食品，随意插队等，家长对孩子这样行为视而不见，甚至主动为孩子去争抢，并引以为豪。这就使得孩子缺乏公共理性、缺乏规则意识和良好习惯，在群体交往中往往不顾他人利益，这样的个性，也会受到同伴群体的疏远。

④给孩子示范小气的行为。家长带孩子参与集体活动时，把孩子的新玩具、好吃的食物等藏起来，不跟小朋友分享。吃食物时，把孩子带离其他小朋友，偷偷地吃。有小朋友客人来家做客时，和孩子把他认为的好东西藏起来，不给其他小朋友分享。

即使在与其他小朋友一起玩耍时，不是大方地让其他小朋友玩玩具，要么不让其他小朋友碰孩子的玩具，要么是让其他小朋友玩一会后，马上要回来。这些做法，都不是慷慨大方的交往方式，会使得自己的孩子缺乏大度分享的锻炼机会，也就很难养成大度的个性。

家庭教育建议

孩子合作与分享能力的培养，需要从小开始，在孩子几个月大时，就可以在他跟小伙伴玩耍时加以引导，锻炼合作与分享，以便获得相应的交往能力，更好地适应未来生活。

①允许并鼓励孩子参与同伴活动。前面我们论述了要多带孩子进行户外活动，同时多让他跟同伴接触，鼓励他们一起玩耍，让孩子参与到小朋友的活动中。这样能让他们学会如何跟小朋友交流，如何跟他们一起玩。玩耍本身就是一项社会交往活动，孩子在这样的活动中掌握交往的技巧，并逐渐明白合作的乐趣、方法。避免他出现孤僻、怯懦、攻击性等性格特点。

②出门时，给孩子带上几件玩具，引导他和其它孩子交换或者分享玩具。经常把玩具带上，一是可以让自己的孩子有玩具玩，二是可以跟其他

小朋友交换玩具玩，还可以分享给没有带玩具的小朋友玩。引导孩子们交换玩具，告诉他们得到玩具的正确方法，不能争抢、不能霸占。想得到别人的玩具，就需要用玩具去交换，或者等待别的小朋友玩过后，再依次玩。孩子不断地通过交换与分享的锻炼，就能慢慢懂得如何去交换和分享。

③引导孩子们做群体性游戏。当孩子们聚集到一起玩耍时，除了让他们自己任意玩耍外，还可以引导他们做集体游戏，使得每个孩子都能参与到其中，都能得到分工，都能有任务做，同时，又在分工的基础上一起完成集体目标。这样能增加孩子们合作的锻炼，进而促进他们合作能力的发展。

④允许其他小朋友玩自己孩子的玩具。要让自己的孩子具有大方、宽容的个性，可以从孩子分享自己的玩具做起，当自己孩子的滑板车、自行车、其他玩具等暂时不玩时，要告诉孩子可以让其他小朋友玩一会，当有小朋友来借时，慷慨地分享给他，这样的做法，能让孩子学着分享，也在分享中得到满足感。

⑤训练孩子先询问，再拿别人物品的习惯。当孩子想要玩其他小朋友的玩具时，要引导他掌握如何询问，如何征得同意的方法，只有在其他小朋友同意后，才能使用。要惩戒孩子不经询问，就抢夺其他小朋友玩具的行为。

⑥鼓励孩子邀请小朋友到家里做客。独生子女在家的时候，玩具都是自己独享，没有什么问题，而一旦有小朋友到家做客时，就会表现出极端保护自己玩具，不允许其他小朋友玩的情况，甚至哭闹、争抢。鼓励自己孩子经常邀请小朋友到家做客，可以减弱他对物品占有欲的强度，在有效指令引导下，可以使得他懂得分享物品，并且乐意分享，能接纳自己的朋友，养成大度的性格。

三 如何避免孩子产生攻击性

幼儿都有攻击的本能。出于对自己物品的占有欲，或者对自己的保护，或者对其他小朋友玩具的占有，孩子会出现对他人的攻击性行为。攻击性行为包括抢夺、打人、冲撞、抓拽、吐口水、骂人等。

我一直认为，在文明社会里，需要个体具有平和的个性、绅士般的风度，攻击性行为不应该是孩子具有的个性特征，尤其不能任由其发展成为暴力习惯。在现代社会，个体要想融入群体生活，需要与他人保持良好的社会关系，而良好社会关系的维持不是靠暴力，而是靠遵守规则及合作。

幼儿在一岁半左右开始显现攻击性动作，家长须及时观察并加以纠正。如果能在这个阶段告诫幼儿这些行为不当及原因，并同时给出可行的替代行为，那么，就可以较好地把孩子的攻击性行为转化为合作、分享等行为习惯，促进其温和、友善的性情发展。

误区

家长们认为幼儿具有攻击性行为是强大的表现，不会吃亏，甚至还能占到便宜，尤其在养育男孩子上，更加放任自流。

①鼓励孩子以牙还牙。家长通常认为，别的孩子打我孩子的时候，让自己孩子先忍着，第一次不还手，第二次不还手，第三次的时候，教孩子打还回去。其实这是假忍耐，依然是用暴力对付暴力。也会让自己孩子很快学会攻击性行为，并且可能主动去打其他孩子。

更有甚者，家长直接教孩子去打人，认为先动手为强，避免吃亏、挨打，直截了当地教会孩子攻击性行为。这样的孩子，很可能在攻击他人的过程中，反而受到更大的伤害。

②父母暴力管教孩子，导致他攻击性心理增强。家长对孩子严苛，经常使用暴力惩罚孩子、责骂孩子，逼迫孩子严格按父母意愿做事情，而不

顾孩子正常需求，迫使孩子在父母面前看似老实听话，而在父母不在的场合，却对同伴具有较强的攻击性。因为这样的孩子无法在家庭中宣泄自己的情绪，他就会在父母不在的情景下，欺压比他弱小的孩子。

③家长自私，在孩子面前展现小气的行为，为孩子占了便宜而沾沾自喜。家长以所谓"孩子具有自我权利"为借口，给孩子灌输小气、自私的思想，不要自己孩子跟其他孩子分享玩具，当玩具被小朋友拿走后，指使孩子去抢夺过来，或者对孩子抢夺的行为不加引导，任由其攻击他人。而孩子霸占了其他孩子玩具时，却当作没有看见，不去制止自己的孩子，甚至对孩子霸占行为加以鼓励，这就助长了孩子霸道自私的性格发展。

④家长认为自己孩子越具有攻击性，将来越强大，越能占有资源。家长基于当前社会可能存在恶性竞争、尔虞我诈、处处抢夺的现实，认为孩子强大就必须依靠强势，必须能够拥有掠夺有限资源的能力。因此，家长从思想到行动，给孩子灌输竞争思维，或明或暗地教会他去抢夺，去攻击，同时紧守自己的利益，自私小气。这样的教养方式使得孩子唯利是图，哪怕一丝一毫的损失，都必须马上夺回来，这样的孩子，成人后常常缺少宽容和友爱。

家庭教育建议

如果我们希望孩子将来是一个文明的人，是一个懂得遵守规则，并能与他人友好相处的人，那么，做父母的就要引导他们养成温和的个性，避免他养成攻击性行为的习惯。

当然，避免孩子出现攻击性的行为，不意味着他就是懦弱的，就是可以受人任意欺辱的。相反，我们在规避他们可能出现的攻击性行为的同时，培养他养成自信的心态，判断危险的能力，寻求成人帮助的能力，那么，他一样可以安全、自由地成长。

①避免粗暴地管教孩子，与孩子建立平和、友爱的交往关系。父母粗暴地管教孩子不仅会使得孩子性格出现急躁、粗暴的特点，还会使得他把

来自家庭内部的压力发泄到家庭之外，就会对其他小朋友做攻击性动作，如打骂同伴、抢夺玩具、语言欺凌等。所以，父母要严禁对孩子使用暴力惩罚，那不是对孩子的严格管束，而是把孩子推向暴力之路。

家长要能养成与孩子平和交流的习惯，倾听孩子的话语，尊重孩子的观点，养成对话的方式解决问题，孩子就会愿意跟家长倾诉，愿意寻找解决问题的办法，而不是使用抢夺、打人等方式。

家长要真正地爱孩子，像对待天使一样对待他，用心呵护他，让孩子感知爱，接受爱，他就能学会表达爱，从而对别人充满爱意，也就不会使用暴力去跟他人相处。

②引导孩子学会观察潜在的危险，并寻求帮助。父母如果引导孩子养成温和的个性，消除了自己孩子的攻击性行为，但是当自己孩子面临其他具有攻击性行为的孩子攻击时，那该怎么办呢？

既然我们不让孩子养成以牙还牙的性格，首先，家长要引导孩子如何识别具有攻击性行为的孩子，识别潜在的危险。教会孩子辨别攻击性的行为，在一起玩耍时，如何提防具有攻击性的孩子可能发起的攻击性行为。其次，要告诉孩子面对攻击性行为时，大声地说："不可以！"同时，快速地寻找身边大人的保护，报告其他孩子对自己的攻击性行为，让大人帮助解决。

因此，教会孩子识别危险、用语言阻止攻击性行为、快速寻找大人帮助，是预防攻击性行为和制止攻击性行为的有效办法，而不是通常所说的孩子的事情孩子自己解决。如果任由孩子们自己解决，他们就会通过攻击性行为来对抗攻击性行为，最终两方都受伤害。

③及时引导孩子偶尔发生的攻击性行为。孩子出于对自己玩具的保护，或者出于对其他小朋友玩具的占有，或者还不知道如何跟其他小朋友打招呼，就可能出现伸手打其他小朋友、推搡其他小朋友、抢夺玩具等现象，这时候，家长要及时引导，明确告诉他："手不是用来打人的。"同时，给孩子示范如何轻拍小朋友肩膀打招呼，如何询问想玩别人的玩具。如果想要拒绝别的小朋友，也只能用语言，而不能用手。

经过一段时间的引导，孩子就学会了平和地交流的方法，而不会动手抢夺或者打人。这个过程会有反复，需要家长坚持引导。

④纠正孩子已有的攻击性行为，要以说理、示范为主，屡劝不改时，可以适当使用惩戒，而不要简单粗暴地打孩子，也不能对孩子的攻击性行为视而不见。通过长期说理、示范的方式，让他不仅在认知上明白攻击性行为的错误，更能在行为上消除自己的攻击性行为，直到他从认知上、从行为上不再具有攻击性。

四 如何培养孩子的主动参与能力

我们通常会抱怨孩子懒惰、封闭，除了玩手机、看视频外，什么都不愿意做，也不愿意跟别人交流，对身边的事物不感兴趣，对社会性活动参与兴趣和参与度都较低。而他们到了成人阶段后，更愿意做一个旁观者，不愿意做个参与者，社会合作能力较低。

要培养孩子社会性活动的参与能力，就要从幼儿开始培养他主动参与的意识和行动。引导他们愿意与他人接触，愿意进入到公共活动中，并能学会合作与分享。

误区

①把孩子封闭起来，较少与他人接触，即使有去参加社会活动，也只是做一个观望者。把孩子封闭在家里，或者游离在同伴群体之外的行为，不仅不利于他们合作能力的形成，也不利于提高他的社会参与性。家长故意把孩子带离孩子们正常的活动场合，降低孩子的活动参与度，或者只是让他看其他小朋友玩耍，而不让自己的孩子参与。此外，家长还会以危险、弄脏衣物等为借口，不让孩子参与攀爬、玩水、玩沙等接触大自然的活动。

②长期给孩子玩手机，使得孩子对外界事物兴趣低。以手机为主的智能电子产品成了孩子茶余饭后娱乐的主要物品，这是有害的。让孩子玩手

机、看视频的做法，导致孩子对游戏等网上事物产生浓厚兴趣，同时降低对现实生活中事物的兴趣，不愿意走出家门，不愿意接触自然，不愿意与同伴交流，社会活动的参与意识、参与程度都不高。

③对孩子事务包办代替，孩子参与家庭活动积极性低。家长对孩子的爱超过了限度，成为溺爱，本来应该让孩子参与的家庭活动，家长却包办代替，比如：收碗、抹桌子、摆放鞋子、扫地、收拾衣物等，都由家长来做，任由孩子在家里无所事事。使得孩子逐渐变得慵懒、自我，认为别人就应该为自己做事情，而自己可以不做任何公共事情。

④告诫孩子不要看热闹，远离可以参与的公共事务。家长给孩子灌输不要多管闲事的思想，遇到可以帮助的人、可以伸手帮助的事情，故意把孩子带离，使得孩子失去参与、提供力所能及的帮助的机会。比如，有小朋友摔倒了、哭了不让去安抚，有垃圾不让捡，有东西损坏了不让报告等。时间久了，就会让孩子失去对公共事务的兴趣，养成了事不关己高高挂起的心态。

⑤限制孩子与同伴进行家庭间互访。家长认为自己家的玩具够多，孩子可玩得够充分，孩子在家里玩就行了，又加上出于对家里秩序、卫生、安静等考虑，认为没有必要跟其他孩子相互串门玩耍。这样的做法，会使得孩子正当交往需求没有得到满足，孩子本该由相互交往所产生的分工、合作、遵守规则等行为就缺乏充分的实际支撑条件。

家庭教育建议

让孩子自己动手做自己要做的事情、鼓励他们参与同伴活动、鼓励他们参与社会事务，让他们在行动中感受到参与的快乐，把主动参与变成习惯，成为一个行动者。

参与集体的活动、参与公共事务，能让孩子学会如何跟人交流，如何遵循规则，如何进行分工，如何承担责任，如何进行组织和领导。能够提高他们的社会适应能力，能够让他们在未来的社会情境中充满自信地完成合作，获得快乐和幸福感。

①引导孩子帮助做家务，完成自己可以做的事情。孩子在两岁左右，可以引导他收拾自己玩过的玩具，家长可以跟他一起做，示范给他看，使他逐渐养成自己收拾玩具的习惯。孩子可以拿动碗筷的时候，引导其饭后收碗、扫地，引导孩子自己收放衣物、鞋子。告诉孩子因为他们这样的参与，我们感觉到很开心，为他的付出表示赞赏。

引导孩子做家务、做自己的事情，可以规避不劳而获、衣来伸手饭来张口的懒惰习惯，克服自私、狭隘的思想，促进家庭和谐。

②鼓励孩子跟小朋友一起玩。家长要多带孩子到小朋友多的地方，让他们一起自由玩耍，给他提供和同伴群体一起玩耍的机会，鼓励孩子多跟同伴接触，参与到他们的活动中去，在共同的游戏中，引导孩子学会分工、合作、分享等习惯，这有助于他们将来形成较好的团队合作能力。

③带孩子参与公共事务。可以通过家庭聚会、集体活动、公益活动等方式，让孩子参与到公共事务中，引导他帮拿东西，帮做事情，帮助收拾残局等。引导孩子在活动中多承担任务，而不是袖手旁观、坐享其成，培养他的责任意识、公共意识，并对孩子的付出加以赞赏，告诉孩子不要以为这是受苦、吃亏，其实是在增强孩子的主动性、社会担当能力。

④鼓励孩子给他人提供帮助。在同伴共同活动中，引导并鼓励孩子提供帮助，比如一起搭建积木时，一起玩玩具时，要能够主动帮助小朋友解决问题，提供援助；当小朋友遇到困难时，跟小朋友一起想办法，出主意；在其他小朋友跌倒、受伤、哭闹等情形时，鼓励孩子去安慰、分享玩具给他等，帮助安抚他；当遇到公共物品受损、他人需要帮助时，跟孩子一起停下来，提供力所能及的帮助，示范给孩子看，以促进他也养成乐于助人的品格。

⑤避免给孩子频繁使用手机，多带孩子到户外活动。尽量不给孩子使用手机。即使偶尔让孩子使用手机，也要有严格的限制条件，不能随意把手机给孩子玩，避免他养成手机依赖。父母要能够在空闲的时候多带孩子走出家门，到户外运动、行走、玩耍等，引导孩子观察身边的事物，培养他们对一草一木的兴趣，还可以引导他发现身边可以参与的事情，进而参

与其中。

五　如何培养孩子感知爱和表达爱的能力

爱是一种能力。包括亲人的爱、友谊的爱、恋人的爱。教育就是要让孩子感受到爱，认识爱，自然大方地接受爱，也能热情、真诚地表达爱。有爱的孩子，有更多的包容，能够更平和地与他人交流，能够更积极地参与社会行动，能够避免成为冷漠和自私的人。

让孩子感受到真实的爱，进而能够热情地表达爱，使得孩子成为一个温暖的人，使得他能够深爱家人、友善地关爱他人。有爱的孩子在幼儿阶段，他能够跟小朋友互动；在青春阶段，他能够自然地感受同性友谊和异性爱恋；在青年时候，他能够顺利地面对爱情，懂得如何选择亲密的恋爱对象；在中年时候，他懂得如何担当起家庭的责任，给予孩子博大的爱。

有爱的孩子，脸上总是洋溢着笑容，能够友好地与人相处，也能够珍爱一切生命，能够体谅他人，用温和的方式来解决冲突，而不会通过暴力的方式来与他人对抗。

缺乏爱的孩子，脸上总是麻木没有表情，缺乏笑容，内心冰冷，他们渴望得到关爱，但是却不懂得如何去感受爱，也不懂得如何正确地表达爱，时常用粗暴的方式来对待亲人、朋友。

误区　　诸多父母不懂得如何表达爱，也羞于表达爱，甚至用冷漠和粗暴的方式来对待孩子，把孩子丢在小黑屋，把孩子放置在家里不关心等，让孩子长期处在缺乏爱的氛围里，很少让孩子感受到爱的温暖，逐渐把孩子培养成冷酷、无情、自私的人。这种成长氛围里长大的孩子不知道如何去表达爱，甚至用残暴的方式来伤害最亲密的人。

①父母恐吓、惊吓孩子，粗暴地对待孩子。父母以孩子不听话为由，

把孩子单独关到厕所、房间，任由孩子感受惊恐而尖叫哭喊也不管。户外行动时，把孩子丢在路边进行惩罚，让他觉得无家可归。对孩子做错的事情大肆斥责，频繁地打孩子，使得孩子长期处在恐惧中，严重缺乏安全感，更谈不上感受到爱和温暖。

②父母缺乏包容，常常辱骂孩子。家长自身急躁、小气，容不下孩子出差错，动辄就羞辱孩子、辱骂孩子。使用"无能、不要脸、笨蛋、傻瓜"等词贬低孩子，对待女孩子也是不顾其尊严，大加侮辱。经常使用恐吓的语言疏远孩子，比如："我不爱你了，我不要你了，你很让我讨厌！"等。这些做法都不能让孩子感受到爱，也让孩子无法学会如何去爱别人。

③父母羞于对孩子表达爱。父母认为对孩子说"我爱你"是一件害羞的事情，语言上基本没有跟孩子说过"我爱你"；行动上很少跟孩子进行拥抱、拉手等肢体接触，较少主动送孩子礼物，在孩子受到伤害时不去安慰反而责骂，对孩子基本不使用鼓励性的话语，很少说"你很棒""你很勇敢"等激励的话语。

④父母不关心孩子的想法、感受和需求。父母缺乏跟孩子沟通，不懂得或者不愿意了解孩子的想法和感受，也不懂得孩子真正的需求，经常主观地指使孩子做事情或者不做事情，让孩子觉得委屈或者在父母的高压之下，感受不到父母真正的关爱。

⑤阻止孩子对其他人提供帮助。父母认为孩子管好自己的事情就可以了，不要关心他人的事情，也不要对他人的需求提供帮助，通常告诉他们："做好你自己的事情，不要管闲事。"这使得孩子在公共事务面前缺乏爱和负责任的意识和实际的行动。

⑥缺乏对孩子进行感激教导。滴水之恩当涌泉相报，孩子除了要能较好地感受到爱，也要学会感激，在内心中感谢给予他关爱的人。而父母缺乏对孩子感谢他人的教导，以至于孩子认为所得到的帮助和关爱都是理所当然的，内心漠视他人的付出，自私自利，缺乏给予和回馈之心，也就不懂得感激和给予。

⑦缺乏对孩子表达爱的回应和鼓励。父母跟子女关系严肃，当孩子拥

抱、问候的时候，鲜有回应，逐渐让孩子不再愿意展示爱，不愿意跟父母亲近。

⑧夫妻争吵频繁、家庭关系平淡，甚至紧张。由于夫妻争吵，甚至家庭暴力，使得家庭关系紧张，家庭成员之间较少地表达关爱，使得家庭缺乏热切、快乐的气氛，亲子间缺乏亲密的交往，孩子也跟着保持冷漠、沉默，也就很难有主动表达爱的习惯。

家庭教育建议

①营建互敬互爱的家庭关系。夫妻相互尊重，夫妻孝敬老人，老人关爱子孙，父母爱护孩子，使得家庭处处体现爱。同时，也要使用平静的沟通交流方式，在语言上平和、在行动上体贴，相互照顾，家里就充满爱的气息，孩子就能感觉到平静、关爱，会有更多的安全感。他们能够从父母那里看到并学会如何去爱他人。

②多跟孩子进行肢体接触。从孩子出生开始，父母就要不断地拥抱他，抚摸他的手掌、胳膊，亲吻他的额头、脸颊，跟他拥抱，把这样的习惯尽可能地往后延长。这个过程，拉近了父母和孩子之间的心理距离，使得他们获得亲和感，消除焦虑、不安全的感觉，等他长大了，也能很自然地亲近他人。

③绝不把孩子单独留置在某个地方。任何时候，都不能把孩子关到厕所、小黑屋、门外，也不能把孩子留在路边，并说不要他了。这些做法，会让孩子感觉到恐惧，对他获得安全感非常不利，如果频繁使用，会让他对父母产生恐惧感，而不能感受到父母的爱。他也会在未来用这样冷暴力的方法对待他的孩子。

④鼓励孩子多交朋友，给予他人帮助。经常带孩子到与他同龄的群体中去，给他提供与同伴玩耍、交流的机会，鼓励他跟小朋友分享玩具，鼓励他跟其他小朋友交流，允许他去小朋友家做客，也允许他把好朋友带回家做客。鼓励他做公益，参与到公益行动中去，遇到需要帮助的人，跟孩

子一起提供帮助。比如帮邻居拿东西，安慰跌倒的孩子等。使得他在这些行动中心甘情愿地付出和表达爱。

⑤对孩子的想法和观点保持兴趣。遵循孩子好奇的天性，对他所有稀奇古怪的想法也保持相同的兴趣，他有不同的看法、问题的时候，听他讲述，跟他交流，让他感受到父母尊重他的意见和兴趣，尊重他的地位，他也能学会尊重父母、尊重他人。

⑥及时满足孩子合理的需求。故意拒绝孩子的合理要求，久而久之，孩子会感觉到父母不关爱自己，自然也就不愿意和父母亲近。孩子希望得到玩具、希望得到赞美、希望得到赏识等合理需求，都要及时满足，给予孩子的礼物不一定贵重，衣物不一定华丽，但语言要温和，鼓励他，欣赏他，让他感受到爱。

⑦回应孩子爱的行为。婴儿和儿童往往会跟大人撒娇，会主动跟父母亲昵，这时候需要对他的行为加以回应，抱抱他，亲昵一下，说出我爱你等话语。鼓励孩子以后继续做出爱家人的行动，这样，孩子也就会愿意经常做出爱的行为。

⑧示范感激给孩子看。除了让孩子感受到爱，也要教会孩子感谢别人。父母首先要懂得感谢，可以在孩子给父母表达爱的时候说谢谢，可以在孩子给父母礼物的时候说谢谢。在公共生活领域，他人给我们提供帮助的时候表示感激，在我们接受到哪怕是一个微笑、一个友好的挥手之时，也应表达感谢，让孩子经常在这些感激的示范中，学会感谢他人的帮助，而不是认为接受他人的爱是想当然的行为。

⑨引导孩子对他人正常地表达爱。除了父母亲情之爱，还有友情之爱，爱情之爱。父母要引导孩子在接受友谊的爱时，也能够主动地回赠爱给他人，大方地表达友谊，到了青春期以后，大方地表达爱慕和喜欢。这对孩子的社会交往能力、婚恋观念的发展都有积极作用。

六　如何培养孩子责任意识

　　文明社会需要每个孩子都要具有权利和义务的意识和行为能力，他们既要能认识到自己拥有权利，也要承担责任。既能够保护自己的合法、合理的利益，也要承担自己需要承担的义务。这样的个体，才能更好地融入社会，而避免与文明社会发生冲突。

　　家长的溺爱，无视孩子责任意识的培养，使得他成为既娇惯自私，以自我为中心，又逃避社会责任的人。也就是我们通常所见到的自私、极端利己的人。

　　而有些家长，也缺乏对孩子权利意识的培养，使得孩子不懂得自己所拥有的权利，不懂得如何更有效地保护自己的权利，往往成为懦弱、唯命是从的胆小者，甘愿忍受屈辱。

　　我们需要给予孩子社会责任、个人权利的培养，从小开始，让他们成为一个合格的文明社会的人。

误区

　　①溺爱孩子，包办代替，使得他缺乏责任意识和行为。家长替孩子做好一切，尤其是对女孩子，不让她做任何家务事，使得他们衣来伸手，饭来张口。家长给孩子准备好衣物，帮孩子收拾好碗筷，甚至帮读小学的孩子穿衣服。偶尔遇到孩子想主动帮忙做家务，也让他走开，不需要他动手。久而久之，孩子就认为这些是家长们应该做的，而与他们无关，也就不愿意承担本应承担的责任。

　　②对需要帮助的人视而不见，使得孩子对困境中的他人漠视不管。家长对身边的人冷漠，不关心邻居、同事，更不会关心路人，告诉孩子也不要去管他人的事情。孩子逐渐学会如何躲避他人的求助，对他人冷漠、缺乏恻隐之心。

　　③家长弄虚作假，回避社会责任。家长在单位、邻里、社会公益事件

等需要承担责任的时候，推诿扯皮，弄虚作假，在家中给孩子灌输如何躲避责任，少揽事情的思想。比如孩子学校需要大家捐助有困难的同学，家长给孩子灌输不要去理会的思想。这就让孩子也养成不愿意担当社会责任的心理。

④无故侵犯孩子权利，替孩子做决定。家长缺乏培养孩子权利意识的认知，认为孩子是自己的，孩子的东西也是自己的，家长有权利管孩子的私事，可以支配孩子的玩具、物品等。几乎干涉孩子所有方面的行为，比如，孩子每天穿什么衣物，要买什么东西，要去跟谁玩，都由家长替孩子做决定，孩子成了家长的附属品，逐渐缺少自己应有的权利意识，也就不主动去争取自己的权利，不愿意承担责任。

⑤忽视孩子主体地位，缺乏对孩子批判性思维的培养。家长认为孩子在家应该听家长的，在学校应该听老师的，在社会应该听比他年长的人的，不要有太多自己的观点，不要有不同的想法，按照要求去做，不需要有主体认知，不需要有太多的判断。这就使得孩子有可能成为一个"没有大脑"的人。

⑥缺乏对孩子维护自己权利的培养。家长一味要求孩子逆来顺受，孩子正当权利被剥夺的时候，要求孩子忍让。比如，孩子在学校被误解批评时，父母却配合老师一起逼迫孩子去遵守所谓的指令。孩子的玩具被别人抢走了、被别的孩子打了，家长要求孩子忍气吞声。家长不允许孩子解释自己的行为，更不允许反驳。这样的教育方式下，孩子逐渐没有了自我权利的意识，也就不会主动去维护自己的权利，当然就不愿意承担社会责任。

家庭教育建议

家长需要培养孩子基本的责任和权利意识，需要让他们在承担责任、维护权利上有基本的能力。

①引导孩子承担基本家庭事务。在孩子三岁左右，就可以让他从收拾自己的碗筷、鞋子、脱下的衣物开始，要他参与完成这些事情，并告知这是他应该做的事情。可以鼓励他帮助扫地、拖地，哪怕他做得

不那么干净，也要鼓励他完成。这样持续的锻炼，能让孩子认识到自己应该承担家庭事务责任，并逐渐甘心承担其中一部分。

②培养孩子完成自己基本的生活事务的意识。当孩子两岁半左右，可以拿起筷子或者勺子时，就可以让他自己学着吃饭，同时可以训练他自己穿鞋子、如厕、洗漱、走路等。并告知他：自己的事情自己完成，这是你们自己的事情，就像大人们也有大人们自己的事情一样。在孩子遇到困难需要帮助的时候，家长可以提供必要的帮助，而不要替代孩子去做这些事情。避免追着喂饭、帮他穿衣、洗漱、出门背他等行为。这能让孩子明白并愿意承担自己本该做的事情。

③鼓励孩子关注身边应该帮助的人。在孩子可以出门跟同伴玩耍的时候，就可以引导他们帮助其他的小朋友，在小朋友哭闹的时候前去安慰，在小朋友跌倒的时候帮着扶起来，在孩子爬不上石头的时候帮忙拉一把。等孩子大一些的时候，家长要能示范帮助他人，遇见需要帮助的人，要停下来询问是否需要帮助，主动礼让，主动问候，主动给予他人关爱等，这些，能让孩子对他人具有爱心，习得善良的品行，逐渐养成关注他人并愿意提供帮助的品格。

④支持孩子参与公益活动。在我们生活的情景中，总会有孩子可以参与的公益事情，比如，小区的集体打扫活动、学校里倡导的捐赠活动、社区中相互帮扶的活动、家长们参加的公益行动，都可以带孩子参加，鼓励孩子参与，并逐渐养成社会担当意识和习惯。在这些公共活动中，家长要不断示范，不断鼓励孩子一起去做，而不是假惺惺地敷衍了事，只有真心地参与和投入，才能让孩子领受到真实的教导，并愿意效仿。

⑤孩子的物品由他自己支配。送给孩子的礼物、买给孩子的玩具，都是属于孩子的物品，鼓励他跟小朋友分享的同时，也要告知他这是他的东西，由他自己最终做出决定。这个问题的边界在于把握好分享、权利、吝啬三者之间的关系。不能因为分享剥夺了孩子应该有的权利意识和自我保护的习惯养成，也不能完全以自己的孩子为中心，使其成为自私、小气、吝啬的人。

⑥孩子可以做的决定由孩子自己做。要让孩子参与到给他挑选衣物、玩具的活动中。这可以使得孩子逐渐理解：我要的是什么，我能做的决定是什么，而不是爸爸妈妈塞给我什么，我就接受什么。允许孩子说不，允许孩子合理拒绝他不愿意做的事情。比如，只要理由正当，孩子可以不去参加大人们的聚餐，可以单独待在他的房间获得安静的时间，可以拒绝家长给的所谓的规划，等等。这都有利于培养孩子的主体认识和主体能力，有助于他独立判断的能力发展。

⑦培养孩子权利意识。让孩子明白他不是家长的附属品，也不是别人的附属品，他有自己的权利，任何人都不能私自动他的物品，更不能要求他必须做某些事情，他可以有自己的决定。让孩子懂得自己可以有不同于别人的观点，这不是错误，哪怕观点不那么合适，但都是可以说出来的，在不打扰别人、不破坏他人权利的前提下，可以做出自己想做的行为，这都是允许的，是他的自由。别人要获得他的支持或者许可，都必须跟他商量才能进行。在这样的教导中，让孩子明白自己的权利，并努力维护自己的正当权利。而不是成为一个没有独立思维、逆来顺受的人。

七　如何引导孩子学会道歉

一个孩子如果能认识到自己做错了事情，并且能够尊重对方，愿意说出对不起，甚至愿意承担应该承担的后果，那么，他就是一个非常有责任和担当的孩子，很了不起。

当前的家庭教育，父母把孩子往公主、王子的方向培养，只要他能享乐，不要他去担责。使得孩子认为自己永远都是对的，都是合理的，不需要承认自己有错，不需要对他人说抱歉，更不需要对自己造成的后果负责，这是一个危险的现象。

不懂得自己会出错，并愿意承认错误的孩子，在以后的社会生活中，不愿意向同伴认错，不愿意向同事道歉，不愿意同配偶承担责任。那么，他的朋友走着走着就分了，他的工作做着做着就丢了，他的家庭过着过着就散了。

教导孩子认识到自己是一个会出错的人，在出错的时候能够主动承认做错了，并愿意改变，承担责任，使得自己减少出错，学会尊重他人，学会道歉。那么，他才可能在未来的社会生活中，成为一个敢作敢当、愿意认错、主动担责的人。

误区

孩子在与其他人交往中，基本都会做错事，比如，抢夺别人的玩具了，打了别的小朋友了，破坏了别人的物品了，说谎话了，甚至偷东西了，侮辱他人了。总之，我们所能看到的不良的现象，自己的孩子都可能犯。而家长们却为自己的孩子掩盖过错，推脱责任，会使得孩子不敢面对错误，更不大愿意道歉、担责。

①家长认为自己的孩子一直都是对的。家长因为溺爱心理，把自己孩子看作掌上明珠、心头之肉，往往夸大孩子的优点，看不到孩子不在自己视线里所做的错事，不愿意承认孩子与他人交往中会做错事。当孩子做错的时候，第一反应是：我孩子不会做那样的事情。不是去反思自己的孩子也是一个不完美的人，也可能做错事，需要帮助和引导，而是溺爱孩子，认为自己孩子完美，不可能有瑕疵。这就使得孩子长期做错事情而得不到纠正。

②自己孩子的感受最重要，最需要重视和尊重，而他人的感受不重要，不值得道歉。家长即使知道自己的孩子做错事，也不是让他主动去认错和道歉。家长认为认错和道歉是丢面子的事情，会伤害自己孩子的自尊心，不向别人道歉，才能维护孩子的面子，让孩子感觉自己有地位。或者认为自己的孩子是世界的中心，不需要跟其他人道歉，如果道歉了，那样会让孩子觉得没有得到尊重。

③为孩子做错了的事情开脱。家长虽然知道自己孩子在交往中做错了事，但是为了躲避责任，尽力替孩子找理由，把错事的责任能推脱多少就推脱多少。在孩子做错事情后辩解："我孩子以前从来不打人的，我孩子

在家的时候从来不骂人的，我孩子从来不说谎的。""刚才我没有看到，不大可能是我孩子做的。"这都不能让孩子正确面对错误，并改正错误，反而使得孩子狂妄自大，继续犯下更大的错误。

④当孩子做错时，家长让孩子躲到一边，替孩子的错误买单。当孩子做错了事情，家长不是让孩子一起面对错误，而是把孩子带到一边躲起来，家长去跟别的孩子或者别的孩子家长争辩，试图为孩子推卸责任，而当被证实是自己孩子做了错事时，不是让孩子出来道歉，而是由家长出面解决。这样的做法，不能让孩子直面他做错的事情，也不能从这些错事中吸取到更好的教训。

⑤家长做错事情，不愿意承认，说谎掩盖，给孩子起了负面的示范。在家庭交往中，家长往往也说错话、做错事，而家长出于各种原因，不愿意承认自己说错了、做错了，要么辩解推脱，要么说谎掩盖。比如家长把某个物品碰倒摔破了，不是直接说："对不起，我打破东西了。"而是辩解说："我没有在意看，不小心打破了。"家长对错误行为的掩盖，也会使得孩子学会狡辩和撒谎，而不会主动承担责任，不会主动去道歉。

家庭教育建议

孩子不是完人，社会交往中做错事是常态，我们得承认这是事实，并加以教导，才能帮助他们认识到错误，并愿意承担责任，弥补错误。溺爱和缺失有效的教导，会让孩子缺乏承认错误的勇气，进而成为自高自大、死不认错的人。

①家长要在认知上，做好自己孩子不是完美的人的准备。没有一个人是完全不犯错误的人，哪怕在良好家庭教育中成长的孩子，在与人交往中，一定会做错事情。作为父母，要能认识到，自己的孩子会做错事：会抢夺玩具、会打骂同伴、会说谎狡辩等等。我们得承认，我们的孩子有时候的确做了那些错事。当孩子做错了事，不是去帮助他掩盖，而是教导他如何去避免再做更多的错事。

同时，我们也要教导孩子，让他认识到，自己不是完全不做错事的人，社会交往中也会出错，使他打破对自我完美无瑕的认知，打破他自高自大的想法。

②在情绪上，打破"自己孩子最宝贵"的感受。家长爱孩子没有什么问题，但是不能溺爱到认为自己孩子是最宝贵的，别人的孩子不如我孩子宝贵的地步。自己的孩子的确宝贵，但是别人的孩子一样宝贵，当自己孩子做错了事，其实就是损害了其他人的利益。所以，不能认为自己的孩子宝贵，就不尊重其他孩子，当自己孩子做错了事情，伤害到了其他孩子，就得更加尊重别的孩子的感受，主动进行道歉，并承担责任，而不是认为我的孩子宝贵，不需要道歉。

③当孩子出错时，和孩子一起直接面对错误，主动道歉。家长为孩子做错事找借口开脱，实际是害了孩子。当家长被告知孩子出错时，首先反应的是：孩子做错的事情是什么样的，我得让他认识到错误的原因，并要道歉，以便他以后少犯这样的错误，而不是替孩子去掩盖错误。

在孩子做错事情后，把孩子拉到面前，和对方一起厘清错误的原因和事实，让孩子认识到自己做错了，并给对方带去了伤害，要从心底承认错误，并向对方道歉，主动帮助承担做错事带来的后果。

④父母要在家庭生活中，敢于认错，敢于担责。父母在做错事情后，第一反应是要认错，道歉，并消除做错事产生的不良后果，这样主动认错、主动道歉的做法，能让孩子从中学会如何主动面对错误，如何主动道歉，如何避免以后再犯类似的错误。那么，孩子就会越来越注意自己的行为，减少出错的频率。

第九章

如何培养孩子的良善品性

良善的个性品质，是能够与他人友好相处，获得较好社会关系的人格基础。

我们生活在一个鱼龙混杂的世界，身边常有不公义的事发生，与人坦诚友善的交往日渐减少。但我一直有一个信念：我们要改变这样的社会状况，要让身边的人充满友好、善良、正义和担当。我们有责任去让一个又一个新生的孩子，成长为具有良善品质的人，来改善这个不太友好的社会。良善的个体多了，社会关系必然会变得文明、和谐。

把孩子培养成为具有良善品格的人，对我们的孩子有益处，对家庭有益处，对他人有益处。因为，他们就是我们的孩子、我们的邻居、我们的学生、我们的同事、我们的儿媳和女婿，他们就是我们每天直接和间接发生联系的人，他们若是良善，我们就会得到幸福，他们若是凶恶，我们就会得到痛苦。

我们要引导孩子从珍惜身边的一只小虫子、一朵小花开始，来养成对生命的尊重、怜悯和同情，像珍重自己一样来珍重其他生命。

如果我们的孩子能够胸怀宽广地接纳他人，能够自觉地控制自己的贪欲和私念，能够像守护眼睛一样守住承诺，那么，我们的家庭，我们的邻居，我们的社会圈子，就会减少许多欺诈和伤害，人们就能获得更多美好的事物和感受。

这些，都是一个个的孩子，从家庭教育中获得基本的良善所成。愿每一个孩子，都能得到爱的教育，成为一个良善的人。

一　为什么不许孩子摘花草、踩蚂蚁

万物本是和谐共生，都应同样得到尊重。只有具备对其他生命的热爱的孩子，才能爱"人"自身。

从培养孩子珍爱其他生命开始，来培养他对人乃至万物的爱。这样的爱，才不会让孩子心怀冷漠和仇视，才能让孩子懂得怜悯和关爱。

误区　大多数家长认为小动物、小植物不值得珍惜，可以随意伤害或者杀死它们。然而家长们不知道随意杀死蝼蚁的孩子，未来可能成为随意伤害人类的人。孩子如果对其他生命没有爱惜和尊重，也就有可能对人的生命不尊重。

太多校园暴力的案例显示，那些用石头、砖块残害同学的人，大都缺乏对其他生命的尊重和敬畏，所以，他们对他人的生命也缺失敬畏和尊重，伤害起其他人来，无比冷酷和凶残。

许多家长没有意识到孩子残害其他生命与残害人类之间的关系，任由孩子伤害动植物，甚至伤害人，也不加以管教，使得孩子在冷酷、漠视、凶残的道路上越走越远。

①家长打骂、虐待自己的孩子。如果孩子从小生活在打骂、虐待的环境中，很大概率上，他将来也会打骂、虐待自己的孩子，破坏伤害其他生命，这是因为孩子从小就失去作为人应有的安全感和快乐感，对他人都怀有敌意和猜忌，不会对其他生命具有尊重意识。

②家长认为蝼蚁、花草不值得爱惜，任由孩子踩死、践踏。带孩子外

出玩耍，碰到小虫子时，家长指使孩子踩死它们；见到可爱的花草，为了满足孩子的好奇心，任由孩子随意采摘或者破坏。这让孩子认为其他生命不重要，不需要付出爱心和同情，这对孩子的爱心、同情心、怜悯心的养成起到阻碍作用。

③家长认为一些生命有害，应该消灭它们，就带着孩子去杀死它们。比如，家长认为老鼠、蛇类等有害，当着孩子的面打死它们，这给孩子展示暴力场景，也会让孩子在生命面前冷漠，缺乏尊重和爱护之心。

④遇到他人破坏、杀害其他生命时，家长带孩子观看，并表现出赞同，或者事不关己的冷漠态度。这样的做法，看似没有带来直接坏处，可是孩子经常观看这样的场面，就会对伤害、杀害等行为习以为常，等他长大了，他也会模仿那样的行为，去伤害其他生命。

⑤任由孩子虐待自己家养的动物、植物。家长认为家里的动物、植物就是让孩子玩耍的，即使孩子伤害它们，虐待它们，也不加以阻止和引导。这样就放任了孩子伤害性行为，也会助长他肆意妄为的伤害性认识，这对他将来随意破坏、伤害他人埋下祸根。

⑥带孩子吃所有能吃的动物食品。由于习俗或者文化原因，部分区域的人们什么都吃，家长不仅自己吃，也带孩子去品尝所谓的山珍海味，让孩子慢慢认为，只要人想吃，其他东西都可以吃，都可以杀死来供人享用，这样的做法，使得孩子在伤害性行为面前没有忌讳，也没有怜悯的态度，变得自私和冷漠无情。

家庭教育建议

要培养孩子的爱心，就要从小引导孩子对生命的尊重和敬畏。只有让孩子从爱一草一木做起，从爱惜微小的动物做起，才能让他明白生命的尊贵，也才能爱人如己。才不会在年少轻狂的青春期鲁莽行事，才不会给自己和他人施加粗暴的行为，才不会无限度地伤害家人和他人，也才能避免灾难性的后果。

父母所能做的，就是引导孩子观察生命，学会爱惜它们、保护它们、尊重它们。使得孩子有所禁忌，像敬畏自然一样敬畏生命。

①关爱孩子，给孩子温暖。这是一件说起来简单却难以落实的事情。因为有的父母习惯性打骂孩子、用粗暴的方式惩罚孩子，甚至虐待孩子，这就让孩子心灵受到伤害，甚至从父母粗暴的行为中学会粗暴，当然也就不大可能对他人具有同情之心。所以说，让打骂、虐待孩子的父母转变对孩子教育的态度和行为，非常艰难。而为了孩子能有温柔、关爱、善良之心，无论什么样性格的父母，都要学着控制自己粗暴的性格，用温和的方式对待孩子，通过自己的行为，给孩子示范什么样的行为才是充满关爱的。

②禁止孩子伤害甚至杀死小动物，不让孩子随手摘花草。从禁止孩子踩死一只蚂蚁、一只蜘蛛、一只毛毛虫做起。可以询问孩子："它们也有妈妈，它们也要去找妈妈，如果把你踩了，你还能找到妈妈吗？"通过反复的阻止和教导，让孩子明白破坏或者伤害动植物，都是不可以的，用这样的方式，让孩子接受并能做到不去故意伤害其他动物。

家长带孩子户外活动，不要让孩子随意采摘花草。一是培养孩子对生命的爱护，二是培养孩子的公共意识。可以告诉他："花是大自然给我们每个人的礼物，它也有生命，它也要跟我们一样生活一段时间，并且，公共地方的花草，是给大家看的，不是给你一个人看的呀，你把它们摘了，别人就看不到它们的美丽了。"通过这样的教导，来让孩子不任意妄为地破坏花草。

③及时阻止孩子虐待自己的动物、破坏植物的行为。孩子出于好奇，或者觉得好玩，会有意无意地虐待自己家的动物或者破坏植物。在孩子看来，这没有任何问题，他只是在做一件他感觉到很快乐的事情。而任由其发展下去，就失去对生命的敬畏之心。家长要及时阻止，并告知孩子如何跟动物、植物相处。让孩子明白，它们也是有生命的，跟我们是好朋友，我们需要爱它们，并保护它们。

④引导孩子不破坏自己的玩具。理论上，孩子跟玩具是朋友关系，他

们应爱护玩具，对玩具保持友好的态度。（除去孩子在一岁到两岁之间，会把玩具或物品不断扔掉。允许孩子"搞破坏"这一节有分析。这是他在探知物品的重量、形状，空间距离等，不要进行干预，而是帮他重新捡回来即可。）而更大一些的孩子无论是出于好奇，还是出于发泄情绪，当他故意摔打玩具时，家长都要加以制止并引导，询问孩子那样做的原因，如果是孩子好奇，父母要给他提供解答，解决他的疑问，让他解开疑惑而不再破坏玩具，而孩子如果是因为不满，而故意损坏玩具，就要明确告诉他不可以那样，同时疏导他，帮他消除委屈、愤懑和焦虑等情绪。

⑤避免孩子观看伤害事件。无论是现实中还是视频上伤害人或者动物的事情，都要尽量避免让孩子观看。而跟孩子一起遇到小动物受伤，在确保安全的前提下，可以跟孩子一起救助它们，提供及时有效的帮助，而不是视而不见地扬长而去，甚至阻止孩子帮助它们。这样的做法，能让孩子学着去尊重生命，懂得敬畏生命。

⑥不给孩子吃禁捕、禁采的食物。给孩子提供正常的餐饮食物，不带孩子去吃所谓的野味，避免让孩子成为无所顾忌、什么都敢吃、什么都想吃的人，否则，等他们长大了，也会像父母一样，什么都去吃，继续破坏生物链，并对其他生命缺乏必要的敬畏和同情。

二　如何培养孩子的同情心

我们通常会说：人要有恻隐之心。也就是人对处于困境、力量薄弱的他人、他物具有悲悯的心态、同情的感受。人与人之间的相互同情和怜悯，能让困境中的人得到爱和温暖，使得他们渡过难关。人和人之间相互间的悲悯和同情多了，人们在困境中都能得到无私的关照，社会的安全性和幸福感都会提高。

如果一个社会能通过同情和怜悯的视角来制订社会规则，来分配社会财富，那么，弱者的权益就能最大可能地得到保障，社会的冲突和矛盾就能最大可能地减小，人与人就能充分地体现出友善、互助，社会文明能够

得到很大的提升。

相反，缺乏同情心的人，对家人、他人、事物等，表现出冷漠，甚至凶恶、残忍等特点。他们缺乏感受到他人痛楚的情感，也不愿意去安抚、帮助处于逆境中的人，在处理社会关系中，缺少替他人考虑和着想的思想。这样的人，让人感觉到冰冷，缺少温情，缺少作为人所具有的信任感和安全感。如果整个社会都处在相互冷漠、漠不关心的状态，那么，无助的人最终可能走上破坏社会的道路，社会生活就会出现很多的矛盾和冲突，那些冷漠的人所谓快乐的生活也会毁于冲突中。

误区 家长们认为当下社会充满不安全，孩子只要保护好自己安全即可，不用管他人，更不用去同情别人。他们通常会告诉孩子：不要多管闲事，不要去帮助那些需要帮助的人，他们可能是骗子。久而久之，孩子对身边可以帮助的人和事情，变得麻木，不会再想伸出援助之手。

①家长对孩子缺乏同情和怜悯。孩子要能对他人产生同情之感，自己首先要感知到同情和怜悯。相对于家长，孩子是弱小的个体，需要同情和怜悯。而许多家长，对孩子要求严苛，不允许孩子出错，对孩子的困难缺乏必要的帮助，对孩子的求助缺乏恻隐之心，通常用怒斥、打骂来表达对孩子的不满。这种家庭成长的孩子，自己没有感受过关爱和怜悯，通常也会用粗暴、冷漠的方式对待他人。

孩子无助的时候，委屈伤心的时候，软弱无力的时候，家长不是安慰，而是嘲讽孩子无能，或者责骂孩子是因为没有听话才导致那样的结果。这也会让孩子对他人没有信任感，缺乏安全感，很难用开放、包容的心态接纳他人。

②家长对他人、他物缺乏同情。遇到他人处境困难、需要帮助的时候，家长故意躲避，或者表现出冷漠，避免去帮助他人。这样的做法，就是精准的利己主义的处事方式，是事不关己高高挂起的自私表现，这样会

使得整个社会缺乏基本的友善和互助，人与人的心理隔着一堵墙，社会的信任氛围也就很低，当然，家长这样的行为，也就会使得孩子成为自私的人。

③孩子缺乏感知悲悯的机会。家长故意教导孩子避免帮助他人，也不会引导孩子了解社会现象，使得孩子缺乏对公共事情的了解，更不会热心地去参与诸如帮助他人的活动。让孩子远离帮助他人的做法，使得孩子缺乏关心他人的机会，缺少感知悲悯的真实感受，也就缺少对需要帮助的人的同情。

④家长阻止孩子做同情和怜悯他人的活动。孩子在生活中遇到同学、贫穷的人需要帮助，想表达对他们的同情和帮助，家长却阻止孩子去做，误导孩子不要多管闲事。这样的教导，让孩子善良的观念被打消，逐渐失去对他人的同情，成为冷漠的人。

⑤向孩子夸大社会的恶，让孩子认为需要同情的人都是骗子，不值得真正同情，对所有的人都时刻怀有警惕甚至敌意。的确，社会上存在骗子装成可怜的人骗取他人同情的现象，但是，我们不能因此就教导孩子不去同情和帮助弱势的人。而是要教导孩子学会分辨善恶的能力，并乐意帮助那些真正需要帮助的人。

家庭教育建议

家长的示范是孩子能够感知到同情、怜悯、悲伤最好的途径。家长给予孩子更多的关爱，给予他人更多的体贴和真诚的爱，孩子就能渐渐习得悲悯、同情的品行。相反，家长如果面对他人的需求冷若冰霜、漠不关心，甚至对自己的孩子也是冷漠无情，那么，孩子也会逐渐成为麻木不仁的人。

父母要能宽容自己的孩子，在孩子做错事情的时候，宽恕他，在孩子委屈、软弱、忧伤时，及时提供安慰。也要多鼓励孩子主动帮助他人、关心他人。

①父母自己要在心底对孩子有关爱和同情之心。父母在心底触动自己

情感的软肋，多反思为什么会对孩子那么粗暴，给孩子带来了什么伤害，让自己在反思中觉得羞愧，那么，就能真正思考如何爱孩子，如何宽容孩子，如何在孩子无助、痛苦、软弱、委屈的时候，拥抱他、安慰他。

如果父母能真正做到反思，并能真正对孩子做出充满关爱的改变，那么，孩子就能感觉到温暖和安全，他也能懂得学会父母的心意和做法，把它用在对他人的怜悯和同情上。

②鼓励孩子爱惜身边的事物。前文已分析过如何引导孩子爱惜动植物，就是要让孩子从尊重生命中，产生爱的意识，并在长久的引导过程中，获得更丰富的情感体验，使得孩子不仅仅能爱惜动植物，还能迁移出爱他人，对他人的处境有同情，有怜悯，能够爱人如己。

③引导孩子参与公益事务，让孩子看到、接触到需要帮助的人，引导孩子换位思考如果我是他，会有什么样的感受，让孩子感知到渴望得到爱和同情的真实感受。通过参与帮助他人的活动，让孩子真正体会到那些需要帮助的人的处境，同时，也能从帮助他人中获得更多的同理心，激发孩子做一个常常帮助他人的人。

④鼓励孩子大胆地帮助他人，尤其是对弱势人群的帮助，让孩子在帮助他人的过程中获得平等、责任等感受，并引导他认识到，这是人与人基本的道义，基本的同情之心。

当然，当今存在各种欺骗陷阱，在帮助人可能会引起麻烦的社会环境下，也要引导孩子学会帮助他人的智慧，能够识别真正需要帮助的人，并能灵活、巧妙地帮助到他人。不能因为帮助他人有风险，就告诉孩子不要帮助他人，那样只能让孩子变得更自私。

三 如何预防孩子成为爱抱怨的人

我们身边总能见到噘着嘴，绷着脸，满口埋怨的孩子。甚至，他们就是我们的孩子。

那样的孩子对玩具不满、对小朋友不满、对长辈不满、对父母不满、对他不能得到的一切东西都不满，这样的不满，逐渐成为一种敌意，一种对他人尽力索取，而不想回报的极端利己的性格。在他看来，只有让我快乐的，才是有用的，至于你们快乐不快乐，不是我的事情。

当他的需求得不到满足时、当他的想法不能实现时，他不是从自己身上找原因，而是对他人抱怨，甚至愤恨有加，不愿从自己眼中挑出那粗大的木头来，而处处盯着别人身上的刺。心态和情绪都处在不良的状态，成为一个小气、狭隘、嫉妒、自私、怨天尤人的人。

要避免孩子成为一个自私、爱抱怨的人，除了前面章节所讲：及时满足孩子合理需求、疏导孩子情绪外，我们还可以给孩子提供温和的家庭交往氛围，引导孩子评价事实，而不是表达情绪，不轻易批评孩子，不抱怨孩子，也不允许孩子抱怨他人。

误区

家长以为孩子小，有点抱怨没有什么关系，等他长大了，就会消失了，其实不然，抱怨的习惯如果不加以引导，就会发展成为狭隘、嫉妒的心态，甚至会主动攻击他人，这样的习惯会让孩子难以融入同伴交往。

①家长不加区分地限制孩子需求，不能及时满足他的合理需要，引发孩子抱怨。家长为了限制孩子不停地要东西，就一刀切地不满足孩子合理的需要，故意让孩子多忍耐一会。比如孩子想要出门玩耍，要家长一起陪同，家长却故意继续玩手机、看电视等，对孩子的请求置之不理，让孩子变得急躁，产生抵抗情绪，并进一步发展为抱怨。尤其是老人带孩子，总是限制孩子正当的行为、想法，责怪孩子乱做事情等，不断与孩子在观念和行为上发生冲突，使得孩子满腹牢骚，难免出现抱怨。

②家长对孩子要求过于苛刻，当孩子不能按照家长的标准做事，完成不了超出他能力之外的事情，家长轻则批评，重则打骂，使得孩子与家长关系对立起来，孩子对家长怀有不满，而又不能违抗，他就会转而抱怨、痛恨其他事物。

③家长习惯抱怨他人，抱怨孩子，给孩子做了错误的示范。家长本身就是喜欢抱怨的人，乐于评判他人，埋怨他人，并在孩子面前肆无忌惮地表露出来，把家庭生活当作埋怨他人的舞台，长期给孩子示范抱怨的行为。还有的家长经常抱怨孩子，觉得孩子总是做不对事情，时常为此抱怨，以批评代替鼓励，以埋怨代替宽容。在这样的氛围里，孩子也就潜移默化地学会了抱怨。

④孩子遇到委屈或者失落的事情，家长不是帮助孩子寻找问题的真实原因，分析问题的对错，而是马上替孩子责骂事情不好，或者抱怨运气不好。最典型的例子就是：孩子跌倒摔疼了，家长不是跟孩子一起分析他跌倒的原因，而是马上让孩子使劲踩地，并教孩子抱怨地叫喊："都怪你，都怪你。"这种做法多是家长在溺爱孩子，把责任推脱到其他人或者事物身上，这不仅不能让孩子养成责任感，更让孩子养成推卸责任、爱找借口、抱怨他人的个性。

家庭教育建议

孩子喜欢抱怨，是他的正当需求没有得到及时的满足，他的成绩没有得到赞许，他的情绪没有得到舒缓，他更多地受到了家长的埋怨等原因造成的。

家长除了不怨天尤人、不随意抱怨之外，还要及时满足孩子合理的需求，还要多包容孩子暂时的错误，不轻易抱怨孩子，不给孩子展示抱怨的样子。多鼓励孩子遇到困难时积极寻找解决问题的办法，引导他养成就事论事的习惯，而不以发泄不良情绪、张口抱怨去对待。

①学会区分孩子的合理的需求和不合理的需求，当孩子有合理的需求，就要及时满足。比如，孩子希望到户外玩耍，家长却懒惰，想在家玩游戏，就以外面不安全为由，不让孩子出门，孩子自然会跟家长对抗，并逐渐养成抱怨的习惯。父母及时满足孩子合理的需求，能让他得到满足的感觉，能感受到父母的爱，不会产生焦虑、失落等情绪，也就不会发展为抱怨家长的行为。

②父母要包容孩子的暂时性错误，不轻易批评孩子，不抱怨孩子。孩子是发展中的人，在成长中会经常出错，这是客观存在的事实。家长包容孩子的过错，能让他获得宽容感，能够从容地、主动地改善自己的行为，减少出错的频度。而苛刻严厉的家长，经常批评和抱怨孩子的家长，会使得孩子充满挫败感，失去尝试解决问题的信心，孩子因长期得不到成就感，就会转而抱怨父母和他人。

因此，家长要宽容孩子，不抱怨孩子，鼓励他寻找解决问题的方法，能让孩子更自信，更阳光，而不是满脸愁容，怨天尤人。

③父母要改变自己爱抱怨的习惯。要想让自己的孩子成为一个不抱怨的人，父母就要改掉自己爱抱怨的习惯。而父母在孩子面前随意抱怨，甚至和孩子一唱一和地抱怨他人或事情，这很快就会让孩子成为一个爱抱怨的人，遗憾的是，很多家长却没有注意到这个问题。

即使家长一时难以改掉爱抱怨的习惯，总想通过抱怨来宣泄情绪，也不要在孩子面前去抱怨。最大可能地避免给孩子展现抱怨的情景，避免孩子潜移默化地习得抱怨的习惯。

④引导孩子在困难面前分析产生问题的客观原因，而不是抱怨问题本身，避免孩子养成对事情抱怨的习惯。每个孩子都会遇到困难，都会被绊倒，此时，家长要引导孩子寻找真正的、客观的原因，让孩子在事实面前看到自己的不足，承担自己应承担的责任，而不是抱怨事物或者人物。

四　如何培养孩子诚实守信的品性

诚实守信至少包括两个维度：一是诚实、不撒谎；一是遵守承诺，依据应允履行义务。

身边的孩子逐渐从纯真无邪，变成狡猾奸诈、言而无信的人，让我们深感焦虑。

我通常说一个观点：孩子所有习惯和个性，不是立刻就形成的。它是一个渐进的过程。好的过程，会让孩子形成好习惯，坏的过程，会让孩子

养成坏习惯。

我们希望孩子诚实守信，就要给予他们诚实守信的教育引导，反之，对孩子的撒谎、背信等行为缺乏纠正，任由其滋长，或对孩子身处谎言、背信的环境置之不理，无疑会使得孩子成为满嘴谎言、背信弃义的人。

如果任由孩子养成欺骗的个性，那么，社会就会变成一个人欺骗一个人，一群人欺骗一群人的状况，失去了契约精神的基础，每个人都将生活在提防他人的氛围中，导致人人自危，缺乏安全感。

误区

人们大都不觉得说谎和破坏诚信会有多大的不良影响，甚至认为善意的谎言能够给他人带去益处。况且，现实社会，大家都在说谎、背信，如果不学会那样，会很难生存。因此，家长任由孩子说谎、背信，或者有意无意引导孩子那样去做。然而，这会使得孩子自己的品行出问题，也会使得社会更加缺乏诚信氛围。

①家长在孩子很小的时候，就用不真实的话语逗孩子。家长以为跟孩子说一些虚虚实实的话语，是在跟孩子开玩笑，无伤大雅，其实，这样会让孩子也学会信口开河，缺乏真实的话语。比如"你妈妈不要你了；你是从垃圾桶里捡来的；那里有很多玩具（其实没有），快跟我一起去"。这些不真实的话语，会让孩子也学着那样去骗人。

②家长欺骗孩子，常对孩子说谎。家长明明做了某件事情，孩子看见了，或者大体知道家长做了什么，当孩子问起时，家长却跟孩子说没有做，这就使得孩子很迷惑，渐渐不信任家长。并且让孩子渐渐认识到，说谎、掩盖事实是可行的。比如，孩子看见家长在玩手机，就问："你刚才是不是玩手机了？"家长却掩盖地说："我没有玩啊，我只是在查东西啊。"这样看似搪塞的方式，会让孩子也逐渐养成类似的说谎习惯。

③家长当着孩子的面跟别人说谎、背信违约。家长习惯说谎、违约，在孩子知道的事实面前，不是实事求是地说出真相，而依然向别人撒谎，比如家长的朋友电话里想跟家长借一本书，要借的书明明在家里，且暂时

不用，家长却在电话里撒谎说，那个东西不在了，或者自己马上要用等等。这是在赤裸裸地向孩子展示如何说谎。

此外，家长当着孩子的面应允别人的事情，事后不去兑现承诺。比如家长当着孩子的面答应给朋友代买一个水杯，答应后却不去做，这样也是在真实地向孩子演示如何言而无信。

④家长不兑现对孩子的承诺。家长常跟孩子承诺："你做好某个事情，我就带你去玩，或买东西。"而当孩子完成任务后，家长又以各种理由，不兑现此前的承诺。这不仅会让孩子产生愤怒的情绪，也会让孩子不再信任家长，进而也学会不守承诺。

⑤家长骗取孩子说实话，然后出尔反尔，责打孩子。常见的情况是：孩子犯了错误，家长诱导孩子说实话，并保证不责骂他，等孩子如实说出来，家长却打骂孩子。这就让孩子对家长完全失去信任，对家长言而无信的做法产生极大的愤怒。家人如果经常这样欺骗孩子，就会使得孩子为了躲避家长惩罚，经常寻找借口撒谎，形成说谎的习惯。

⑥家长有意教孩子说谎、违约。为了孩子的物品不被别的小朋友借走，为了掩盖孩子做错的事情可能遭到的损失，家长教孩子说谎。如孩子打破了别人的东西，家长帮孩子掩盖，说不是自己孩子做的，并教孩子不要承认是自己做的。这种做法，很快就会让孩子学会推诿扯皮、狡辩说谎。

还有的情况是：孩子在和其他小朋友玩耍时候，许诺送给其他小朋友玩具，家长知道后，不是积极支持孩子兑现承诺，而是担心孩子损失了玩具，阻止孩子去兑现承诺。这也会让孩子逐渐养成不守承诺的习惯。

家庭教育建议

要让孩子成为诚实守信的人，家长首先要成为诚实守信的人。上梁不正下梁歪，家长不能诚实地说话，孩子也难免成为谎话连篇、言而无信的人。

①家长要能做到不在孩子面前说谎话，哪怕是所谓善意的谎言也不要说。坚守诚实难，而破坏诚实非

常容易，只要父母在子女面前多说几次谎，孩子很快就会习得这样的行为。日常生活中，父母要坚持实事求是地跟孩子交流，不夸大、不掩盖所见到的事情，让孩子掌握如何描述客观事情的方法。

②家长不能用一些小谎言逗孩子，不要以为那是玩笑，恰恰相反，它会让孩子感到被戏弄，甚至感觉到被欺骗。父母要做到自己和家人不在孩子面前用谎话逗他，也要注意让自己孩子远离那些喜欢用粗俗的、撒谎的方式逗他的人。

③家长答应别人和孩子的事情，要恪守承诺，及时兑现承诺，尤其是孩子知晓的承诺，要及时去完成。家长不守承诺的行为，会让孩子对家长的承诺行为产生怀疑，也会让孩子对父母产生失望，降低对家长的信任，疏远亲情关系。并且，孩子也会从家长的行为中，学会言而无信。

④父母要鼓励孩子说真话，对孩子说出真话表示赞赏。绝不可以诱导孩子说出真相后而责打孩子。家长要明白，只要孩子诚实地说出他所做的事情的缘由，就应该免于惩罚，更不能打骂他们。也给孩子讲明白："说出实话，不会受到惩罚，说谎话，才会得到惩罚。"这样会鼓励孩子坦然地面对错误，诚实地说出事情过程，以便家长依据事实寻找解决问题的办法。

⑤引导孩子敢于面对自己所造成的错误，不躲避，不撒谎。当孩子破坏自己的东西，或者破坏他人的东西，要引导孩子承认是自己做的，不推脱责任，并及时向他人道歉。家长帮助孩子一起纠正错误、弥补损失，不可以责骂孩子。让孩子在安全、信任的环境里，敢于承认错误、承担责任。

⑥教导孩子守信。示范和引导孩子遵守自己的诺言，只要他答应了他人的事情，就要及时兑现，不能反悔。当孩子因为私心想反悔承诺时，家长要及时告知孩子那样做不对，并督促他履行承诺。

五　如何培养孩子宽阔的胸怀

宽阔胸怀的人具有两个特征：无私地给予、友善地包容。也就是我们通常说的舍得和大度。

相反，吝啬、自私、狭隘的人，通常只是考虑自己的利益，而不愿意主动帮助、包容他人，缺乏与他人友好相处的能力。

无论是从家庭间亲情关系，还是从社会交往关系来讲，人们都希望与胸怀宽阔的人建立关系，相互间才能形成稳定、健康的交往方式。引导孩子具有宽阔的胸怀，有利于他融入社会，也有利于他建立良好、友善、健康的社会关系。

误区

人们总把无私帮助、大度包容的人当作傻子，家长把孩子无私给予的行为当作吃亏，教训孩子要学着守紧自己的财物，不用管他人，遇到冲突，要学会针锋相对，不要吃亏。这其实是在教孩子学会小气、自私，不利于孩子养成大度宽阔的胸怀。

①家长教孩子学着吝啬，告知孩子看管好自己的东西，不要和他人分享。比如，带孩子出门时，总以玩具会丢为借口，告诫孩子不要带玩具出去，其实是怕孩子的玩具被别的小朋友拿走。使得孩子逐渐看重自己的财物，不愿意与人分享。

家长带孩子出门玩耍，仅带够给自己孩子吃的食物，当孩子要吃的时候，把孩子带到远离小伙伴的地方，背着其他小朋友给孩子吃。即使不是背着其他孩子吃，也没有多余的食物拿来分享，也不会跟其他小朋友分享。使得孩子认为自己的东西理所当然不用分享，逐渐养成自私的认知。

家长招待客人时，把好吃的东西藏起来，不跟客人分享，等客人走后，留给家人食用，让孩子逐渐认为，好东西是留给自己的，在以后的社会交往中，表现出小气、抠门的个性，难以交到真心的朋友。

②父母告诉孩子不要轻易帮助他人。父母带孩子遇到别的小朋友跌倒或者有需要帮助时，家长不仅不上前帮助，还故意带孩子离开，同时告诉孩子不要管闲事。当遇到可以参与的公益活动时，也不让孩子参加，比如遇到捐赠、救助等活动时，带孩子远离。这些做法，都会逐渐让孩子形成明哲保身的认知，缺乏主动帮助他人的热心。

③父母对孩子进行金钱激励，家长对孩子进行所谓的财物管理教育，用金钱来激励孩子做事情，对孩子行为进行量化计算，做了什么样的事情，给予什么样的货币奖励。这样模式使得孩子只有在金钱刺激下，才愿意付出体力、精力，而不愿意主动无偿地为家庭公共事务出力。这样的激励模式，会使得孩子脑子充满拜金观念，对家庭没有责任感和无私担当的理念，只有金钱交换的念头。就使得孩子与他人交往时，也只有交换和利益，而没有真心的付出和帮助。

④家长担心孩子吃亏，授意孩子抢占公共物品。比如，家长带孩子去公园等公共地方玩耍，为了使得自己的孩子能玩到想玩的玩具，任由孩子不排队去抢占玩具，或是为了得到休息的位置，抢占公共座位等。这样的教导，使得孩子缺乏公共意识。

⑤家长在孩子霸占他人物品时，不及时引导归还。常见的情况是：当自己的孩子占着别的小朋友的玩具，或者公共场所的玩具时，家长出于占便宜心理，任由自己孩子长时间霸占，不及时归还或者让出，让孩子多占有一会儿，以便得到更多的便宜。这种做法看似让自己的孩子得到了好处，但实际助长了孩子自私、任性的性格。

⑥自己孩子与其他孩子发生冲突时，护短、抱怨别人。家长容不得自己孩子吃亏，当自己孩子与他人发生矛盾，无论什么样的情况，都首先抱怨别人，把原因归于其他孩子，甚至当自己孩子做了较大错误的事情，家长还护短地说："我的孩子不可能做那样的事情。"用护短替代实事求是地寻找真相，使得孩子只要跟别人有冲突，只从别人身上找问题，而不是从自己身上找原因，不反思自己应承担什么样的责任，而是想方设法推卸责任，这也会让孩子养成自私的个性。

⑦当自己孩子物品被其他小朋友损坏，不是宽慰对方孩子，而是斤斤计较，要求对方赔偿，缺乏包容心态。当自己孩子受到其他小朋友攻击时，以为孩子吃亏了，教孩子以牙还牙，告诉孩子只要有其他孩子打自己，就要还手打人，那样不会受欺负。这样的做法，使得孩子逐渐习得以牙还牙的习惯，而不会包容，常常把自己陷在矛盾冲突中。

⑧家长缺乏对孩子的包容。家长对孩子行为要求严苛，用机械的标准要求孩子必须学会做各种事情，比如，希望他在短时间内、不打折扣地清晰标准地说话、精准地认字、快速学会各种技艺、言谈举止优雅得体等等，孩子稍有偏差，就责难孩子，甚至打骂孩子。使得孩子缺乏包容的成长经验，进而不懂得如何包容他人，也会使用苛刻的态度对待他人。

⑨孩子缺乏充分接触广阔社会的机会。家长生活习惯单一，除了让孩子学习，不主动让孩子接触家庭之外的事情，使得孩子较少接触不同的人群，较少见识不同的事物，也就局限于较小范围内的社会认知，缺乏宏观的视野，也缺乏丰富的社会生活锻炼，视野窄小，见识较少，难以具有博大的胸怀。

家庭教育建议

舍得，有舍才有得，无私给予，能获得更大的收获，同样，自私、狭隘，会使得社会关系越来越紧张，很难获得真正的朋友和友谊。

引导孩子慷慨地帮助他人、胸怀大度地包容他人，使得他成为一个温雅有度、襟怀博大的人。

①家长常对他人提供无私的帮助。家长大方有度的做法，能让孩子效仿，能让孩子懂得无私帮助他人、热情对待他人，是件快乐的事情，这样做，能给孩子带来舒心的感受。

②家长对孩子包容。家长的胸怀有多大，孩子的胸怀就差不多是多大。家长包容孩子，不仅能使得孩子具有不断探索事物的勇气，还能让孩子感觉到父母真挚的爱、父母博大的胸怀。包容孩子，是在鼓励孩子包容自己、包容他人。这能使得孩子在以后的社会交往中不会走极端，不会贸

然起冲突，能够容忍挫折，能够容忍他人的缺点，使得他与他人相互间的关爱得到更好的表达。

③家长引导孩子学会分享。虽然家长都疼爱孩子，希望孩子一直能够玩自己喜欢的玩具。但是孩子总是会跟其他小朋友接触，总会存在各种共同的活动，这时候，要引导自己的孩子把玩具分享给小朋友，即使对方没有带玩具，不能进行交换，也要让孩子分享给小朋友玩一会儿。等孩子长大一些，还可以鼓励孩子进行玩具交换，让他们在相互交往中，懂得给予，感受到因分享带来的快乐。

④家长避免苛刻地要求孩子。过分苛刻的要求，会使得孩子产生惧怕、过度焦虑等情绪，还有可能使得孩子撒谎，这不仅对孩子的情绪有影响，还对孩子的品质有影响。它会使得孩子未来也对他人苛刻，心胸狭窄。家长往往只关心孩子学习成绩，不关心孩子的心理和感受，为了让孩子追求学习目标，就不断采用苛刻的方法逼迫孩子去读书，这只会适得其反。还会使孩子变得焦虑、狭隘，对人严苛，这跟养成宽阔的胸怀背道而驰。

⑤遇到孩子间有冲突，引导孩子客观归因，不抱怨他人，更不能教孩子养成攻击性习惯。孩子间总会有矛盾，家长如果护短，就会不加分析地抱怨别的孩子，甚至让自己的孩子动手、还手。这样只能使得自己的孩子更自私，更暴力。在以后的社会生活中，他就会更加狂妄自大，容不下他人。家长在帮助孩子解决问题、平抑冲突时，引导孩子陈述事实，先从自己身上找原因，分析各自责任，并让自己孩子学会忍让。

遇到孩子物品被其他小朋友损坏时，可以不必计较，在宽慰孩子后，原谅对方孩子，有条件的情况下，给孩子买一个新的。

⑥教导孩子遵守公共秩序。公共场所需要公共秩序，要求孩子要排队等候，要求孩子不能长时间占有公共的玩具，使得孩子逐渐明白公共物品使用的限度，而不是无限制地为自己所用。如果不加引导，孩子就会认为所有的地方都是他可以为所欲为的地方，不会尊重他人的感受，逐渐养成唯我独尊的心态。

⑦引导孩子开阔视野，多跟不同的人群接触，多去不同的地方行走，有条件的家庭可以带孩子去更远的地方旅行，让孩子在社会活动中认识更多不同的事物，了解更多不同的文化，获得更多的信息，在他的观念中，逐渐就有了更丰富的生活知识，而不仅仅是来自书本上死记硬背的知识。这样开放的养育方式，能让孩子拥有更多的智慧，获得思想上的自由，养成多元思考问题的方法，用开阔的胸怀去接纳他人。

六　如何培养孩子的审美能力

上天造物，给予美好，世界本是充满奇妙和美善的，需要人们开启朦胧的双眼，去发现美，赞赏美。

感知美，追求美，能使人感觉幸福，能保持美善的心态面对生活，面对世界万物，对自己能平和喜悦，对他人、他物能心怀感激、和谐相处。

家长引导孩子发现美，感受美，并能创造美，使得生活总是荡漾着美好。

误区

如果我们总怀着仇恨的目光看待这个世界，世界也就总用愁苦来反馈给我们，我们也就感觉不到生活的美好。我们总是让自己和孩子蒙起双眼，忽视了那么多的美好。

①缺乏引导孩子发现身边美好的事物。家长自身功利心太重，在他们的眼里，到处充满争斗和私利，他们自己看不到自然界的美，也看不到人际间的友善与美好，因此，也鲜少告诉孩子什么是美，什么是丑；缺乏让孩子感觉到美的事物、美的社会的机会；缺乏对孩子使用赞美的语言。

②忽视对孩子丑的行为的纠正。因为孩子缺乏美丑的引导，他们不懂得真正的审美认知，也就不太能区分美丑，往往随波逐流地装扮成他们自己喜欢的样子。而这些行为，往往不符合美的标准，甚至是丑的行为，家长却忽视对这些行为的引导和纠正，任由其发展，以至于孩子把丑的当成

美的，把自己打扮得看上去不伦不类。

③缺乏对孩子赞美性言语的示范和引导。由于各种原因，家长让孩子长期处在负面的话语情景中，那样的情景中有人经常说脏话，有人经常批评人，有人经常挑剔别人，有人经常仇视别人，小到"一点都不好看、丑死了"，大到"我恨不得想踢死你"等话语，加载到孩子身上，使得孩子缺少获得赞美话语的机会，也缺少使用赞美语言去赞美他人。在缺乏赞美的氛围里，孩子逐渐习得挑剔、攻击、贬低他人的语言习惯。

④让孩子养成嫉妒之心。家长对孩子学习行为、社会行为提出过高的要求，给孩子太多竞争性行为的引导，常用"谁谁谁比你好"等话语来贬低孩子，就会使得孩子对他人产生嫉妒甚至敌视，嫉妒心会蒙蔽孩子看到他人的优点，因此也就不能发现他人和社会环境的美，总觉得自己生活在焦虑不安的氛围里，更进一步阻碍他看到美好的事物和美好的人群。

⑤缺乏给孩子创设美的环境。美的环境包括物理环境和社会环境，美的物理环境来源于美丽的大自然，美的社会环境来源于人的文明发展。家长缺乏从小到家庭物理环境的摆设，大到社会环境的追求中对美的关注，家里乱成一团糟，家庭关系也十分紧张，充满怨恨和争吵，而在大的社会环境中，无能为力改变，让孩子处在恶俗的氛围中。这也会使得孩子缺乏对美的感受，缺乏形成美的观念和美的行为。

家庭教育建议

有时候，生活的确让我们经历诸多的磨难，使我们觉得痛苦，往往只让我们看到丑陋和仇恨，使我们被困在怨恨的深渊中，失去美善的感觉。而如果我们能在苦楚中坚守追求美的脚步，一定能发现美、获得美。我们以美善的方式教育孩子，也必定能让他拥有感知美的能力。

①赞美孩子。让孩子感受到美的方式可以是"赞美他，赞美他的物品，赞美他的行为"。经常使用"你今天穿这样的衣服真漂亮，你这个玩具真不错，你画的画真好看，你把玩具摆放得真整齐"等，让孩子在赞美

的话语中，感知到关爱、感受到美，并能逐渐区分美丑。

②引导孩子发现美，家长要能看到万物之美，主动地赞赏眼前美的事物，这是发现美的要素，通过发现美，让孩子学会去寻找身边的美，而不是处处看到仇恨和憎恶。春夏秋冬四季之美，无不透过花草树木、山水鱼虫得到体现，人世的美，通过服装、建筑、语言、工具、作品等得到体现。家长主动引导孩子去观察身边事物，必然能发现其中美的奥秘，享受美所带来的快乐。

③引导孩子使用美的语言。如前所述，经常赞美孩子，能让他获得自信、快乐，能让他学会并习惯性地使用美的语言赞美他人，赞美他身边的事物，使得孩子更加温和友好、积极乐观，总能用宽容的方式与他人相处。使得他成为一位洋溢着微笑、流露着美的气息的人。

④引导孩子把自己装扮成美的样子。事物有美丑，人也会把自己打扮成美丑不同样子。引导孩子学习美丑的标准，懂得追求美，抛弃丑，引导孩子懂得语言的美、行为的美、着装的美、形象的美，而不因叛逆、对抗家长而把自己弄成恶言满口、行为乖戾、外表粗俗的样子。

⑤培养孩子创造美的行为。带孩子通过音乐、绘画、运动、劳动等行为，感受到美，并产生美的行为。可以从收拾家务开始，到选择自己的玩具、衣物，到绘画、音乐、运动、语言等方面，让孩子通过自己的行动，创造美的成果，并从这些美的事物和行动中，感受到鼓励和开心，进而再产生更多美的结果。

第十章

如何培养孩子是非判断

世间总是存在着黑白、是非、善恶、美丑，想要孩子获得美善的品质，就要使得他们认识是非的不同，区别黑白的差异，成为具有基本善恶判断的人，只有这样，才有可能祛恶扬善，从善如流。

生活中常见的现实是，有的人在该讲情理的时候讲法，该讲法律的时候讲情。这样的做法显然是在颠倒黑白，搬弄是非，必然使得一部分人的私利膨胀，大多数人的利益受损，最终破坏社会公义。

引导孩子能辨别是非、黑白，能知道在美丑面前选择美善，放弃邪恶，并能具有公义之心，那么社会才可能出现良性秩序，人们才能感受到更多的公义和幸福。

而现实生活中，许多家庭的父亲不参与或极少参与孩子的教养，这是严重错误的做法。父亲亲为的教养是孩子获得安全感、自信心并养成是非观念、规则意识的重要基础。缺乏父亲参与教养的孩子，在是非观念、社会规则养成上会出现诸多难以弥补的缺憾。

一 "孩子之间的冲突"不能由孩子自己解决

孩子们在一起玩耍、交往，总会有摩擦或冲突，家长们通常使用两种方法来让孩子解决冲突，一种是引导帮助孩子学习用分享、道歉、宽容等解决冲突，一种是由孩子们自己摸索，甚至以打斗、争吵来解决问题。

在引导孩子解决冲突上，家长们往往放任孩子去碰撞、摩擦，并美其名曰：孩子之间的事情，由孩子自己解决。这看似让孩子解决了冲突，其实没有让孩子养成友好处理冲突的方法。

其实，如果仔细观察，就不难发现，孩子们如果没有大人的引导，在解决冲突问题上，就会以丛林法则为基础，以占有、抢夺、控制，甚至打斗为手段，强逼另外一方屈服强势一方的要求来解决问题，缺少忍让、关爱、平等等要素。最终达到的所谓"和平"，不是真正的和平，而是以一方屈服于另一方为结束，不能给孩子带去真正的友好及和平相处的结果，反而使得孩子染上使用攻击性方式解决冲突的习惯。

让孩子用攻击性的方式解决冲突，不应该是文明时代我们要让孩子习得的社会交往方式。因为这样的方式不是公义的，也不是友善的，更不是怜悯与同情的，它偏离了人们对善的追求。

家长要有引导地帮助孩子处理他们之间的冲突，给予他们善恶曲直的标准，给予他们是非判断的依据，让他们依据这些人类积淀下来的规则来解决问题，而不是依据他们自己的喜好、强弱来解决冲突。这样，才不会使得孩子习得暴力、占有、凶狠等个性品质，才能帮助孩子建立和平、友好地处理冲突的习惯。

误区

①父母任由孩子在交往中相互冲突。家长以锻炼孩子的独立性为由，认为孩子们在冲突中可以使用他们的智慧解决问题，可以增长孩子解决问题的经验，提高他处理冲突的能力，就任由孩子相互争夺、打

斗、哭喊，让他们用相互伤害的办法结束冲突。其实，孩子在冲突中使用攻击性行为，不是为了对方的好处，而是为了自己的自私得到满足，如果任由孩子以争抢、打斗来解决问题，往往不能真正解决问题，还会使得他的攻击性行为变得更强。

②家长对冲突中的孩子寻求帮助置之不理。孩子间的冲突，总会有一方失去某些东西，失去的一方会找寻大人的帮助，期待大人能够伸张正义，而此时家长却视而不见，故意让孩子继续陷入冲突，让他在"绝境"中寻找可以突破的方法。这样做，依旧是让孩子在攻击性情景中，使用攻击性的方式处理冲突，而不是在家长的引导下，如何依据道德、法律等方式判断是非，用和平的方式解决冲突。这更可能激起孩子的愤怒，使他做出更激烈的攻击性动作。

③家长在处理孩子冲突时偏袒一方。即使有些家长会出面干预孩子的冲突，但是出于溺爱或者自私，不能坚持公正的原则，而是偏袒其中一方，让其他孩子感觉到明显的不公平，使得受到不公正对待的孩子感觉到委屈，使得他产生更大的气愤，酝酿更大的报复性行为。这样不仅不能让孩子们内心真正服从调解，反而留下更大的怨气，导致以后再度冲突。

④家长鼓励孩子使用攻击性手段对待冲突。前面章节也有论述，家长因担心自己孩子吃亏，鼓励孩子以牙还牙，当有冲突的时候，使用语言侮辱、肢体对抗，甚至使用暴力工具攻击对方，让孩子掌握了暴力解决冲突的习惯。这看似让自己的孩子在冲突中不吃亏，甚至会占便宜，实际上，这是在害孩子，是让孩子走上破坏规则、使用暴力的不归路。

家庭教育建议

孩子需要正确的社会规则指导，才能养成良好的社会交往能力，任由孩子自我探索解决交往冲突，是低效率的能力养成的方式，甚至会使得孩子养成攻击性人格，因为每个孩子在幼儿时期，都是以自我为中心，以利己为原则，他们相互间的冲突如果仅仅由他们自己凭己意解决，那么，争夺就成为他们解决问题的常用办法。显然，这和让孩子养成良好的社会交往能力，具有协商、合作的品格是对立的。

家长要为孩子间解决冲突提供及时有效的帮助，引导他们养成文明的社会交往习惯，掌握友好、公正、宽容地解决交往中冲突的方法。

①家长要及时制止孩子间攻击性行为，引导孩子平和地解决冲突。孩子间的冲突往往通过争吵、肢体攻击等形式出现，他们多数是因为分享事物时有矛盾，都想着自己的好处，而不想让对方得到好处，于是冲突就会出现。

家长要及时干预孩子间的冲突，不是任由他们争吵、抢夺，或者打斗，而是制止他们继续纠纷，等他们安静下来后，询问事情原因，除了必要的是非评价外，及时引导他们如何依据一定的规则进行处理。比如，大的主动分享玩具给小的，依据先后秩序依次玩玩具，通过交换获得想要的东西。不能放任孩子们通过他们相互间的攻击性言语、攻击性行为等获得想要的东西。

②为孩子冲突提供公平、公正的解决标准。家长不仅要及时帮助孩子解决冲突，还要给他们提供客观的、公平的、公正的标准，依据这些标准，让孩子们知道哪些行为是错的，哪些行为是对的。而不是让孩子凭着自己感觉到爽、获得了快乐为标准。

同时，家长在解决冲突中，不能偏袒任何一方的孩子，这样会让被偏袒的孩子逐渐变得更自私，并失去了让是非标准内化到内心的机会。

家长更不能护短而责骂其他孩子，这会使得自己的孩子成为骄横霸道的人，很难养成谦让、包容的性格。

③给孩子提供预防冲突、友好交往的说明和示范。家长可以在语言上引导孩子如何跟同龄孩子互动和分享，告诉孩子在跟同伴玩耍时，平等地说话，不说大话，不说脏话，不说虚假的话，不抢夺别人的玩具，也不强迫别的孩子听从自己的观点。给孩子准备随身携带的玩具，在共同玩耍的时候用来跟他人交换，而不至于发生抢夺别人玩具的现象。

孩子们一起玩耍时，给孩子们集中讲一遍分享、合作的要求，让他们明白如何友好地互动和分享，而不是靠抢夺、命令等方法得到物品。比如，告诉孩子们："一会儿我们玩滑滑梯，请大家按照年龄顺序，从小到大排好队，按顺序依次玩。"这样就避免了孩子不按秩序造成的混乱和冲突。

④告知孩子在交往中遇到冲突时，第一时间告诉大人，而不是靠自己争夺、打斗解决。家长要明确告诉自己的孩子，如果你和其他孩子发生矛盾时，马上告诉我们，我们会给你指导，当孩子真的遇到冲突并告诉家长时，家长要立即回应孩子，而不是置之不理。

当了解到事情的经过后，无论孩子做得对错与否，家长都不要责骂孩子，而应蹲下来，面对面看着孩子，询问事情的经过和客观原因，并告诉孩子如何去解决冲突，如果孩子做错了，告诉孩子要停止错误的行为，并向其他孩子道歉，如果自己的孩子没有错，就告诉孩子如何在发生冲突时寻求大人帮助，而不是学着其他人的错误做法去做。

如果是在冲突现场，可以把发生冲突的小朋友们都召集起来，告诉他们如何处理冲突，让做错的小朋友道歉，对做对的小朋友加以表扬。并告诉他们，遇到冲突，马上告诉大人们，而不是动手扭打或者争夺。

二　不能对孩子大是大非让步

在前文如何培养孩子良好的情绪，我们论述过不允许孩子哭闹。家长往往因孩子哭闹，就对孩子放弃了是非原则。使得孩子喜欢用无理取闹的方法迫使家长满足他们的要求，而不是依据规则来实现自己的愿望。

除此之外，孩子还会使用软磨硬泡的方法，达到他想要的目的，或者用耍赖的方式，躲避他可能受到的惩罚。

家长如果没有坚定的信念、一以贯之的原则，且认为孩子还小，他的行为无足轻重，就会混淆孩子行为上的是非对错，步步退让，使得孩子难以形成是非观念，也难以形成令行禁止的习惯，这不仅不能及时矫正孩子错的行为，也不能让孩子在"大非"事情面前止住脚步，逐渐形成胆大妄

为的个性。等到他们任性随意的行为变成了顽固的习惯，再想让他们树立正确的、端正的、是非清楚的认知观念就会比较困难。

> 误区

①家长观念错误，认为孩子可以做他想做的一切事情。家长认为孩子是发展中的人，要给孩子提供更多的自由空间，要让他像自由成长的小树一样，随意发展，对他所有的行为都不应加以干涉。这其实把自由教育的"自由"理解偏了。

孩子自由、自主地成长，不代表没有规则地成长。完全放任的养育方式，就是不区分孩子成长中的对错、是非，由孩子任性而为，这不仅不能使孩子懂得分辨是非，反而使得孩子为所欲为，无法习得正确的社会交往方式，成为不尊重道德和社会规则的人，随时都有可能破坏正常的社会生活，危害他人。

②只要孩子哭闹，家长就妥协，满足孩子不合理的要求。家长不能区分孩子合理的需求和不合理的需求，只要孩子想要什么，家长就立即满足，即使有时候会口头说："等下再给你，"而孩子马上会以哭闹相威胁，家长为了消除孩子的哭闹，就立即改变态度，给孩子想要的东西。这使得孩子逐渐明白：哭闹能获得想要的东西。家长这样不加区分地满足孩子的要求，不能很好地使孩子懂得哪些是对的需要，哪些是错的需要，想要什么就要什么，也就使得孩子养成为所欲为的个性，并总是通过哭闹或者缠磨家长来获得自己想要的东西。

③家长对孩子基本行为的引导缺乏是非标准。家长任由孩子做他想做的事情，无限制地满足他的各种要求，对孩子的引导没有是非标准。家长不知道孩子哪些行为是合适的，哪些是不合适的。比如，家长不知道孩子长期喝碳酸饮料有什么危害，于是就放任孩子喝各种饮料，导致孩子激素水平上升，产生病变；家长不知道孩子抢夺他人玩具有多大的不良后果，于是不加严格地纠正，导致孩子养成攻击性习惯，霸道的性格。

这些做法，都是家长不明白孩子健康发展需要基本的是非标准导致的后果，家长很少对照道德标准和社会规范来要求孩子，使得孩子缺乏对错、是非的体验，养成自私任性的性格。

④溺爱孩子，放任孩子做各种错的事情，不对孩子错误的行为加以纠正。有些家长对自己孩子过分溺爱，只要自己孩子占便宜、不吃亏，就万事大吉，不在意自己孩子对别的孩子的攻击性行为，不顾及别的孩子的利益和感受，纵容自己孩子说谎、骂人、争吵、击打、抢夺、偷窃等行为的发展。

家长奉行"树大自然直"的教育观点，以为孩子大了自然会掌握一些是非观念，就能得到较好的改变，因此疏于及时纠正孩子的错误行为。恰恰相反，不及时纠正孩子错误的行为，会使得孩子更加容易做错事、做坏事，放任自流的做法，不仅不能使得孩子长大了得到好的改变，反而会加重孩子恶的行为。

⑤大多数父亲较少参与孩子的教养。当前大部分家庭中教育孩子只是母亲的事情，觉得只要母亲或者其他监护人帮助照看好孩子就行了。父亲不仅不参与孩子的生活起居，也不参与孩子的教导，孩子成长中几乎看不到父亲参与的痕迹。即使部分爸爸看似也跟孩子有一些共同的活动，但都是对孩子进行"补偿式"的溺爱：无限制地给孩子买东西、无条件满足孩子各种要求等，而对孩子是非观念、规则意识、错误习惯等不进行教导和纠正。缺乏父亲管教的孩子，较难以形成是非观，较难以真正养成遵守规则的习惯。

家庭教育建议

家长自己要清楚孩子成长过程中的是非标准，不能是非不分，不知道什么对，什么错，那样，也就不能给孩子树立一个明确的尺度。比如，不能说脏话、不能骂人、不能打人、不能吃零食等等，都应该是非常清晰明白的标准，不可以违反。

家长不可以因为孩子无理取闹，就改变对他的要求，更不可以违反是非标准。不可以满足孩子不合理的要求，在是非标准面前要保持清醒，及时告知孩子什么是对错、什么是是非，对孩子偏离是非标准的行为要加以纠正和引导。

①要对孩子说"不可以"。孩子在自由发展的过程中，会有很多违反是非标准的行为，家长要及时跟孩子说不可以。比如，明确告知孩子"不可以尖叫、不可以打人、不可以在公共场所喧哗、不可以随地扔垃圾、不可以说脏话、不可以没有得到允许而拿东西、不可以随便翻动别人的物品"等。通过明确告知，让孩子知道哪些事情是绝对不可以做的，哪些情况是错误的，让孩子不仅在认知上知道不可以，更要在行为上不做不可以做的事情。

②支持孩子自由发展，但是要有明确的边界，不可以让孩子跨过边界。比如，让孩子进行体育锻炼，但是不能让孩子用拳头去攻击他人；让孩子交朋友，但是不能结伙围攻他人。如果对孩子的行为不设立边界，他的行为就没有底线，很快就会尝试做各种恶行，成为脱缰的野马，成为任性放纵的人。因此，家长在支持孩子自由发展的同时，要让孩子懂得有关道德标准、法律的标准，明确告诉孩子在生活中哪些事情是可以做的，哪些是不可以做的，这些标准，应该让孩子从幼儿时期就要习得并遵守。

③是非面前不退让。家长对孩子做错了事情而无理取闹的行为，不能因为他哭闹而让步。错就是错，非就是非，不能因为哭闹、撒娇就可以颠倒黑白，就可以免于管教。家长可以包容孩子做错了事情，但是不能把他做错的事情说成没有做错。家长在孩子做错事情后无论管教与否，都要让孩子明白：他所做错的、不正确的事情，就是错误的、不正确的，它是客观存在的，不会因为孩子狡辩、推诿而变成对的事情。只有让孩子懂得了是非标准，才有可能更好地约束自己，不做坏事情，也才有可能减少做错事情的概率。

④必要的严肃态度和管教。我们倡导家长在日常大多数情况下，都要跟孩子保持平和、关爱的沟通方式，对孩子采用温和的态度。但当孩子破坏了是非界限，做出了颠倒黑白甚至坏的行为，家长要适时地对孩子表现

出严肃的态度,不能轻松嘻哈地跟孩子交流,那样不能让孩子准确地理解错误的行为所带来的严重后果,反倒助长了他放任的行为。此外,对于屡次劝导、示范还没有改进的孩子,可以使用告诫的方法加以约束,如果孩子没有明显的改变,甚至屡教不改,就要适当使用管教,让他明白做错事情应该接受惩罚,促使他认识是非标准,努力改掉错误的行为。

⑤谨防溺爱孩子。家长要对孩子错误的行为及时纠正和引导,而不能因溺爱而不管。溺爱不是真爱,爱不仅仅意味着给予,还意味着禁止。不能以孩子还小为借口,放任他肆无忌惮地无理取闹、放任他抢夺、放任他打斗、放任他说谎,而是要对违背是非善恶的行为及时纠正,必要时候对孩子实施合适的管教。没有哪个孩子会在无约束的情景中学会自律,只有对其小错、小非及时纠正,才能阻止其犯大错。家长因为溺爱而放纵孩子的结果,只会让孩子走上害人害己的不归路。

⑥父亲要参与到养育孩子的全过程。父亲缺位导致幼儿缺乏规则意识,缺乏基本的是非观念。父亲是幼儿规则意识和是非观念养成的权威引导者。长期缺失父亲引导的幼儿,易导致基本行为规范养成差,规则意识淡薄,导致任性、自私等,缺乏关爱他人的意识和正义感。儿童阶段的表现为:任性、无理取闹、不顾及他人感受、占有欲强、攻击性行为频繁。

父亲缺位还易导致幼儿缺乏安全感和自信心。父亲缺位,不跟子女有过多的沟通,使得幼儿缺乏沟通能力,缺乏自信,人际交往充满焦虑和怀疑,不会主动合作,抵触情绪高。父亲的积极态度、果敢的行为方式、充满力量的形象易使幼儿消除胆怯、懦弱、积极,更有安全感和自信心,更能积极地应对困难,顺利的适应陌生情景。

父亲要参与孩子的活动,每天要与孩子进行聊天、游戏、阅读、劳动等活动,这些行为应该是长期、稳固的。及时给予孩子是非判断和引导。当孩子出现无理取闹、颠倒是非时,父亲要及时给予正当、明确的标准,不溺爱、不放纵,而是清楚地告知孩子什么可以做,什么不可以做。

父亲在必要时对孩子实施的管教,是母亲所不能替代的。因为父亲在孩子心中的权威性通常是母亲所不及的。父亲的管教能让孩子在对父亲权威的顺服中愿意去改变，朝好的方向发展，这常能纠正母亲们教导孩子常出现的"无效指令"并弥补一些缺失，能让孩子更好地形成是非观念、规则意识。

三　如何培养孩子公共规则意识

社会良性运转需要人人遵守规则，只有大家都遵守规则，才能维持良好的秩序。比如，只有人人都遵守红绿灯规则，交通才能顺畅有序。

遵守公共规则，是社会秩序性内化到个人身上的表现，是社会正常运转的基本要求。否则，大家都去违反社会规则，就会导致社会运行陷入混乱。

从小培养孩子遵守社会规则，是文明社会对个体发展的基本要求，也是个体融入文明社会所需要的基本素养。

误区

家长出于自私，为了自己的孩子获得利益，就任由孩子破坏社会规则，比如，鼓励孩子插队，看似获得了个人的利益，其实破坏了社会公共规则，导致社会公共秩序混乱。

①放任、鼓励孩子插队。家长怕孩子吃亏，怕孩子错过好机会，放任甚至鼓励孩子去插队。如在车站、商场、学校等各种需要排队的场合，告诉孩子可以去插队。或者假装有紧急情况，请求别人让孩子插队，并在达到目的后而沾沾自喜。这样的做法，是在鼓励孩子用侵占、欺骗的方法，获得优先的权利，会使得孩子养成随意破坏社会规则的习惯。

②任由孩子破坏公共规则。除了任由孩子插队外，家长还或明或暗地支持孩子破坏其他公共规则，比如，任由孩子在公共场所大声喧哗，故意丢垃圾、追逐打闹，甚至破坏公共物品，只要孩子觉得快乐，就可以在任何地方做他想做的事情，而无需顾忌公共秩序和别人的感受。这样的做

法，使得孩子在公共生活领域中，以自我为中心，个性非常自私，不会在公共事务中考虑自己行为所带来的危害性、破坏性，不顾及他人的需求和感受，完全是"我爽天下爽"的态度。

③放任孩子霸占公共物品。公共场所的物品，本是供大家轮流使用，而家长为了让孩子多获得一些利益，任由孩子长时间占用，比如公共场所的秋千、滑滑梯等，公园里的公共座椅等，家长让孩子长时间把玩或者占用，而不顾后面排队等候的其他人。这样做，也在助长孩子的自私个性，使得他缺乏公共规则意识，只会顾及自己的利益，而不会考虑他人的利益。

④家长不良示范。家长除了任由孩子做上述破坏公共规则的行为，自己也常在孩子面前做出违反公共规则的事情，比如，家长在孩子面前也去插队、闯红灯、开车加塞、强行变道等，在公交站、地铁站、商场等地方，抢占电梯、通道、座位等，在公共场所抽烟、丢垃圾、大声说话等，破坏公共地方的设施等，家长这些行为，都给孩子起到不良的示范作用，让孩子潜移默化地学会如何破坏公共规则。

家庭教育建议

大家都生活在社会公共领域中，没有人可以逃离社会公共领域而长时间单独生存，只有每个人都有公共规则意识，都遵守社会规则，那么，社会运行才有平稳的秩序，才会给大家带来顺畅的生活环境。

家长不仅要给予孩子明确的遵守公共规则的教导，还要以身作则，给予孩子遵守社会规则的示范，从言传身教上来引导孩子养成公共规则意识。

①家长要遵守公共规则，给孩子良好的示范。孩子无视公共规则，大都是从家长那里学来的，家长只有以身作则，才能给孩子一个好的示范。家长在需要排队的时候依次排队，需要安静的时候保持安静，不闯红灯，不大声喧哗，开车不加塞、不强行变道，给孩子提供文明行为的良好示范。

②在排队这种行为上，家长要严格遵守，并严格训练孩子。要求自己和孩子在任何需要排队的场合，无论他人是否插队，自己都要依次而行，都要遵守先后顺序，通过排队等待自己的机会，做到不插队。

③要求孩子在公共场所保持安静，保持整洁。家长自己不要在公共场所肆无忌惮地大声说话、大声接听电话、播放手机外放音等。同时要求孩子在公共场所保持安静，不可以大声说话、不可以制造噪音等。也要保持公共场所清洁，监督孩子把自己产生的废弃物等主动带走，不随地吐痰，把垃圾丢到垃圾桶等。

④示范并教导孩子依次使用公共物品，并及时交给下一个等待的人。比如，孩子在幼儿园玩秋千、在公园玩滑滑梯，遇到多人排队等候时，要有公共意识，不能长时间占有公共物品，及时让给下一个人使用。比如玩秋千，让自己孩子玩两三分钟，到了时间，马上交给下一个人，而不要长时间占用。

⑤对孩子破坏公共秩序的行为要及时矫正。如果没有家长默许或者放任，孩子一般不敢轻易破坏公共秩序，尤其是三四岁的幼儿，在初次破坏公共秩序后，如果没有得到纠正，他就会尝试着去做下一次破坏。敢于插队破坏公共规则的孩子，是长期得到了家长的默许甚至鼓励的结果。当孩子首次破坏公共秩序时，家长如果发现，应马上制止并纠正，并对其进行正确的行为示范，并告诉他为什么要遵守公共规则，让孩子在认知上明白破坏公共规则的深远危害，监督他在行为上及时控制自己，养成遵守公共规则的习惯。

四　如何让孩子明白善恶

善恶标准，是人类道德规范中的基本因素，如果社会离开善恶的标准，人们就会陷入行为混乱、关系冲突的泥沼中。

人类历史发展至今，都是在追求美善、摒弃丑恶的过程中弃恶扬善，具体到个体身上，是要他具有善的美德，消除恶的行为。

孩子明白善恶，才能对善良有追求，对罪恶厌恶，才能在成长中追求良善的行为习惯，避免陷入罪恶的漩涡中。

> 误区

从理论上讲，没有家长愿意自己的孩子充满恶意，行为凶残，我们都愿意自己的孩子成为一个善良、文明、友爱的人。但现实往往事与愿违，有许多家庭把孩子养成一个凶恶的人。原因在哪里呢，跟以下教养误区有很大关系。

①缺乏对孩子进行善恶标准的教导。家长自身不懂得善恶，为了自己的私利，常做损人利己的事情，并以此为荣，无法对孩子进行客观的、正确的善恶的教导。而有的家长能明辨善恶，原本对孩子善恶行为有教导的能力，但却不对孩子进行指导，完全任由孩子去做他喜欢的事情，以至于孩子认为只要自己喜欢做的事情，就是对的，就可以去做，结果就使得孩子为所欲为，甚至为非作歹。

②家长认为孩子凶猛一些能得到好处，不会吃亏。家长如果活在遵守弱肉强食的"丛林法则"的社会中，就会希望孩子也能狠一些，因为那样才能抢过别人，才能通过各种"恶"的方法得到利益。家长认为只要能让自己获得利益，任何方法都可以使用，认为孩子会打人、会争抢，才不会吃亏，才会给孩子带来利益，因此默许、鼓励孩子打人、抢夺、搞破坏等行为。这看似可以让孩子占便宜，实际会让孩子成为一个充满罪恶的人。

③家长对孩子管教粗暴、缺乏宽容和爱。家长对孩子过分苛刻，常用辱骂、暴打等方式对待孩子，只要孩子做错事情，或者家长自己情绪不好，就对孩子施暴，使得孩子缺乏安全感、缺乏爱的感受，也缺乏善意，就使得孩子在成长中，也逐渐学着使用暴力的方法对待他人，甚至凶残至极，最近几年的中小学校园欺凌、暴力事件多发，都是很好的例证。

④家长在孩子面前有粗暴的行为示范。家长对邻居、同事、亲友等态度恶劣，甚至行为凶狠，经常当着孩子的面谩骂他人，当着孩子的面打骂他人，给孩子起到坏的示范作用，把恶的种子埋到孩子心中，使得孩子也

学会心怀仇恨。

⑤家长未防微杜渐，娇惯孩子，任由其霸道蛮横。家长认为孩子偶尔一次对他人的攻击行为、偶尔一次暴力行为无关紧要，不仅不会对自己孩子有什么损害，反而能让孩子得利，并为此暗暗自喜。此外，即使孩子在家中霸道蛮横，比如打弟弟、妹妹，打奶奶、爷爷，父母也都出于溺爱而不加以真正有效的限制和管教，只是口头轻描淡写地说："不要那样啦！"就完事，没有真正禁止孩子做坏事。这样放任、溺爱的做法，使得孩子缺乏同情心，缺乏尊重和关心他人感受的习惯，就有可能养成骄横凶狠的个性。

家庭教育建议

为了防止孩子霸道蛮横，甚至穷凶极恶，家长要能给予孩子善恶观念的教导，对孩子恶的行为及时制止和引导，培养孩子养成宽容的心态，形成友善的行为。

①家长要学习善恶标准，掌握善恶的尺度，并给孩子进行教导和示范。家长要能出于对社会的责任、对家庭的责任而掌握善恶标准，不能为了得到私利而不顾善恶之别，更不能使用欺骗、诱惑、抢夺、暴力等方式获得利益。使用道德标准对孩子进行教育，让他明白善恶是什么，善恶的区别是什么，如何做才是善的。同时，家长要能从善如流，给孩子展示友好、关爱、合作等善的行为。

②关爱自己的孩子，让他感觉到温暖。时常给孩子展现笑容，关心孩子的想法、感受，及时满足孩子的合理需求，家庭内和谐地沟通，相互关爱，对孩子的错误的行为采用温和的说理方法，必要时有管教，但是不应该含着怒气，让孩子感觉到父母的爱，获得对"善"的体验，并掌握如何对他人表达友善。

③家长要能和亲友邻舍保持友善，做到爱人如己。家长关心自己的家人、朋友，跟邻居友好地交往，这不仅创设了友好、顺畅的社会交往氛围，更能为孩子起到善良行为的示范，能让孩子懂得使用尊重的、合作的、友好的方法进行社会沟通，而不是用冲突的、暴力的方法解决问题。

这就能使孩子从小学习如何使用善的方式处事，而不是用恶的方式待人。

④要及时纠正孩子的恶行。孩子恶的观念和恶的行为都是经过长期的过程才形成的，家长除了给孩子进行善良的行为示范，除了对孩子进行日常的正确的观念引导外，还要及时发现孩子恶念恶行，当孩子产生恶的行为时，要加以及时纠正，对严重的凶恶行为加以惩戒。比如，孩子打骂弟弟妹妹、拉扯爷爷奶奶等，不要以为是孩子不懂事，而是要重视这种行为背后孩子的恶念，要对这样的行为加以严厉的管教，避免他再做出这样的行为。

五　如何避免孩子出现极端思维

在我们的文化中，人们往往喜欢用极端的方式来做判断，比如，"这是个好人，那是个坏人，什么一定是对的，什么一定是错的"。因此，在人们的思维模式中，只有上下左右的极端，没有中间的中立地带。

如果家长也用这样的标准训练孩子，就会使得孩子喜欢用偏激的思维来判断事物，因此，孩子也常说：他肯定是个坏人，你一定不会给我买玩具，给我糖吃的叔叔一定是个好人，等等。

然而在现实生活中，事物不是简单的非此即彼，不一定是什么，也不一定不是什么，给出极端的判断，不一定符合事物的特点。大多数时，一件事物往往由多种因素所作用，体现出复杂性，不是简单地体现出非此即彼的状态，还有很多中性的、多元的样式。仅让孩子懂得好坏、对错还不够，还要让孩子避免简单的、单一的思维方式，培养其开放的、多元的思维模式，使得他们不简单粗暴地说"那就是白的，他就是个坏人"等观点，而是能根据事物多元的因素，描述它的不同状态。

因此，我们不能教育孩子简单地用非正即反的方式来思考问题，而是要培养孩子养成独立思维、逻辑思维、批评思维等思维品质。

误区

家长思维方式极端，并用这样的方式教育孩子，使得孩子缺乏多元思考的方式，形成偏见固执的思维习惯。

①家长经常使用非此即彼的判断方式，给孩子错误的示范。家长通常跟孩子说："就是这样的，不是那样的；他就是个坏蛋，不是好人；你就是爱干坏事，从来都不做好事。"这种使用极端对立的方法来表述观点，使得孩子也逐渐养成相同的思维，并以此来判断事物。

②家长缺乏对孩子"居中思维"的指导。家长在给孩子表述非此即彼的极端观点时，往往使用了绝对化的思维方式。在进行表达时，首先从事物的两极中的某一极出发，刻板地认为事物就是两个状态，不可能存在其他的形式或者状态，比如，"这个小区的小朋友都是友好的，对面小区的小朋友都具有攻击性"。缺乏从居中的、中立的、客观的视角做分析，这就使得孩子也较大可能地直接从好坏的两极去看待事物，缺乏多元分析的习惯，也缺乏客观分析事物的能力。

③家长习惯用感情判断替代陈述事实。我们不否认每个人在做判断的时候都会受情感的影响，而家长们不顾客观事实，全部以个人喜好作为标准接受或者否定某种事实，就不是理性的行为方式。比如，"夸赞自己喜欢的孩子是全能的，就以偏概全地说他所做的一切行为都非常好，都是正确的，而贬低自己不喜欢的孩子时，说他永远都是一无是处"。这样的行为方式，也会使得孩子学会仅仅用喜好作为判断的基础，偏离对客观事物的客观认知，缺乏必要的理性思维。

④家长对孩子常用"必须"作为要求。家长给予孩子制订目标，要求孩子必须达到，而这些目标往往是家长的目标，不是孩子真正希望的目标，换句话说，它不是孩子想要的，而是家长想要的。比如，考试成绩必须达到90分，晚上睡前必须喝完一杯牛奶，一周必须认识50个新字，这些要求在一定程度上能让孩子习得严谨的作风，但是，由于过于极端，不

仅不能使得孩子全然地达到家长所定的目标，反而使得孩子可能出现强迫症，并学着家长的做法，养成对别人苛刻严厉的性格，缺乏必要的温和的情感、包容的心态。

⑤家长缺乏对孩子的宽容，对孩子过于苛刻和严格，使得孩子在情感上感受到压制，并认为只能做对事情，不能做错事情，从父母那里得到的要么是爱，要么是恨的极端的情感体验，缺乏日常生活中平淡的、温和的情感体验。因此，孩子就以为生活中只有爱和恨，友好和敌对两种极端的情感，在社会交往中，也就养成对他人不是爱就是恨的心态，缺乏与人交往保持中和的尺度，缺乏交往的中性技巧和弹性，缺乏处理复杂人际关系的能力。

家庭教育建议

上述几种做法，在很大程度上，会使得孩子养成严苛的性格，并极端地认为事物非此即彼，缺乏对问题原因的多样化分析；在社会交往中，也缺乏对他人的多面性的认知，缺乏必要的宽容和理解。如果养成了极端的思维方式，会给孩子分析问题、判断事物、社会交往带去很大的困扰。

①家长不要对孩子说极端的话。孩子极端思维来自家长的示范，要减少孩子极端的想法和话语，家长自己要避免跟孩子讲述非此即彼的极端观点。家长不要跟孩子说某个事情就是好的，或者就是坏的，更不能判断一个人绝对是好人或者坏人，而是给孩子进行多面性分析，展示事物存在的多样可能性，使得孩子懂得事物不是只有对错两个极端、黑白两种状态，而是具有多样的可能，因此，让孩子明白，说话的时候，观点也具有多样性，不能单一地、绝对地评价事物或者他人。

②给孩子描述事实，而不用加入情感。在一定范围内，事物具有相对的稳定性，具有不以人的观念而改变的状态，给孩子描述事物时，要尽可能地描述事物当时存在的状态，而不要加入情感进行歪曲解释。比如，小明打了妹妹，这是一件事实。家长要跟孩子进行客观的解释，而不能因为

喜欢小明或者讨厌小明，偏离事情的客观情况加以分析，说小明是很坏的孩子，一定心怀险恶；或者说小明一直都是好孩子，肯定不会做打人的事情。因此，家长在和孩子进行描述事实交流时，要尽量保持客观，而不要表达态度，引导孩子学会客观分析事物，而不是感情用事。

③引导孩子对事物进行多样性分析。我们通常会说事物都有正反两面，这本身没有什么问题，但如果说事物只有正反两面，那就是极端的说法。非黑即白的分析方式，会让人走极端，也会让人看不到事物的多面性。引导孩子不仅认识到事物有两面，还可能有多面，事物在不同时候都可能有不同的状态，而不仅仅是我们看到的样子。教会孩子多观察事物多种多样的样子，引导他们对事物发生的原因进行多因素分析，推测原因的多种可能性。让孩子不仅仅停留在非此即彼的简单思维层面，还要让孩子学会多样分析，逻辑分析的方法。

④宽容孩子，允许他具有多样性的想法，接纳他不同的观点和行为。孩子想法、观点往往超出大人们的思维范围，他们有些观点看起来奇怪，甚至可笑，但是，那都是他思考的结果，正反映出他思维的多元性，而不是僵化了的思维。家长要容许孩子有不同的观点，有多样的表述，这样就支持了孩子多元分析的习惯，使得他不至于用极端的方法看待事物，也不会有极端的话语和极端的行为。

六　如何培养孩子的社会担当

人们具有社会担当，是具有公共理性的表现。什么是公共理性呢，通俗地讲，就是大家在公共领域，能主动做出有利于他人的行为，用理性的方式去行动。比如，大家在红灯的时候依次排队，在公园里带走自己产生的垃圾，在开车的时候不对行人鸣喇叭，等等。

公共理性是互利社会形成的基础，大家都保持公共理性，在公共场所主动做出利他行为，就增加了社会的秩序性，增加了社会有益的行为产出，提升了社会文明行为的水平，自己也因他人的利他行为而得到益处。

如果大多数人缺少公共理性，只从自己及家人当时的利益出发，就会产生破坏公共秩序和公共物品的行为，认为"我爽天下爽"，只在意自己得到好处，而一旦这样的人多了，自私的行为就会增多，利他的行为就会减少，就形成了互害模式，每个人本应享有的公共利益，也都受到了损害。

然而，很多人因为当前的社会状况，不敢让自己的孩子有所担当，更多地教会孩子自私、软弱、冷漠等行为，事不关己高高挂起，这看似有利自己的孩子，而一个个这样的孩子在学校、在宿舍、在马路、在商场等公共场所聚集在一起，就是一个个冰冷的集体，不具有公义，不具有怜悯，如果这样的人聚集到一个地方，就会破坏那里的道德和良知，这对所有参与的孩子来说，都是充满伤害的危险情境，所以，冷漠最终导致互害。

我们要教导孩子从完成自己可以完成的小事做起，逐渐具有公共理性的思维和行为，这是利他且利己的源泉，一个个孩子具有公共理性了，社会的良性运转也就呈现了出来。

误区　家长认为在当前鱼龙混杂的社会模式中，孩子不要去做有理性、有担当的事情，保护好自己即可，不用为他人的行为买单。而哪里有与社会真正隔绝的环境呢？大家都为自己着想，不为他人着想，那么，人人都会只顾自己，个个变得自私，最终也都免不了自己伤害他人或被他人直接和间接伤害的状况。

①家长包办孩子可以独立完成的事情，使得孩子慵懒、无责任感、没有担当意识。家长溺爱孩子，包办一切，不让孩子做他原本可以做的事情。孩子可以自己收拾玩具、衣物，家长却代替完成，孩子可以自己端饭、收碗，家长担心他会弄坏碗筷就不让他做。甚至有家长认为只要孩子专心学习，就可以不做任何体力劳动，家长愿意替他完成。这样的做法，让孩子以为他是世界的中心，别人都应为他付出，他不用为他人付出。

②缺乏对孩子参与家庭任务的引导。家庭生活中，家长除了不让孩子完成上述有关自己的事情，还缺乏让孩子参与家庭事务的引导。比如，家

庭卫生可以由孩子来完成，家长不要孩子做；家庭可以一起收割、采摘等劳动，不要孩子参与；家庭里洗衣服、做饭烧菜等，都可以让孩子尝试参与并承担一部分任务，家长却不要孩子参与，总之，家庭公共事情都不要孩子做。而这些事情，恰恰是孩子公共意识形成的家庭基础，他没有参与家庭事务的锻炼，就会更加缺乏对社会公共事务的关心，也就很难做出利他的公共行为。

③家长自身自私狭隘，教会孩子自私、狡诈。家长经常在对于有利于自己的事情上，争夺抢拿，甚至给孩子灌输为了自己的利益，可以不择手段的思想，还给孩子示范撒谎、奸诈等做法，使得孩子在社会交往中，也仅仅为自己的利益考虑，而不关心他人利益。

④缺乏对孩子公共担当的引导和实践。家长阻止孩子参与公共事务，对有需要帮助的人视而不见，对于孩子在公共场所大声喧哗、弄脏公共物品、霸占公共资源，甚至破坏公共物品等行为不加过问，对孩子破坏公共秩序、破坏规则、违反道德等行为不加制止，使得孩子对公共资源没有尊重，甚至还有"不用白不用，不拿白不拿"的极端自私观念，这些做法，使得孩子自私自利，很难对他人有主动帮助、主动付出的行为。

⑤家长教导孩子不要做出头鸟。告诫孩子只要管好自己的事情，防止自己的利益受到损失，其他人的事情不要过问，就当视而不见。因此，告诉孩子出门的时候要注意安全，遇到他人需要帮助的情况快速离开，不要做领头羊，只要全力保护自己利益不受损害就好。这样教导，也进一步导致孩子只是看到自己的利益，而不会主动关心他人的利益，也不会主动维护公共利益。

家庭教育建议

我们都想别人为我们付出白白的服务，而不想为别人付出服务，最终大家都得不到相互的关爱、帮助，甚至在危难时刻，无人伸出援助之手。只有大家都养成公共理性，才能逐渐形成互利的社会模式。只有大家互相做出利他行为，社会才会出现更多的相互关怀行为，人们才能生活在一个处处都安全、快乐、文明的社会环境中。

①在家庭内部，要求孩子做他自己力所能及的事情，担当起自己的责任。在孩子两岁大左右，就可以鼓励他收拾自己的玩具，在孩子三岁左右的时候，鼓励并引导他收拾自己的餐具，并参与到家庭公共事务中去，要求孩子帮助打扫卫生，要求孩子在家庭需要共同劳动时，参与到其中，做其能胜任的事情。而不是由家长包办孩子的、家庭的所有事物，不能让孩子做一个旁观者，而是要他做一个参与者。

②教导孩子养成守秩序、爱护公共物品的观念和行为。带孩子出门玩耍时，密切观察孩子的行为，除了告诫他不能破坏秩序、不能破坏公共事务外，还要盯紧孩子，阻止孩子摘花、踏物、乱抹乱涂等行为，必要时进行管教。让孩子掌握爱惜公共物品的观念，养成爱护公共物品、遵守公共秩序的习惯。

③家长以身作则，给孩子一个良好的行为示范。家长要在公共生活中，保持公共理性的行为，比如，不插队、不破坏公共物品、见义勇为、主动帮助他人等，让孩子从父母身上直观地感受到公共理性的行为，并进行模仿，从而养成公共理性的品质。

④家长主动带领并鼓励孩子参与公益活动。家长不仅要让孩子承担一定的家庭事务，还要主动带领孩子，参与社会公共事务，比如，带领孩子参与社区的环境维护等，让孩子感受到参与社会事务、帮助他人所带来的快乐，促使他养成长久地参与公共事务的习惯。

⑤鼓励孩子做公共事务的组织者。让孩子成为组织者，更能激发孩子主动参与公共事务的热情。其实，无论是在小区还是在学校，都可以发起多种公共活动，通过这些活动，让孩子感受到因得到他人帮助所获得的快乐，也让孩子感受到帮助他人所带来的自豪感和自信心。让他在相互的付出中，感受到社会的责任，也感受到相互帮助带来的满足。

毅力篇

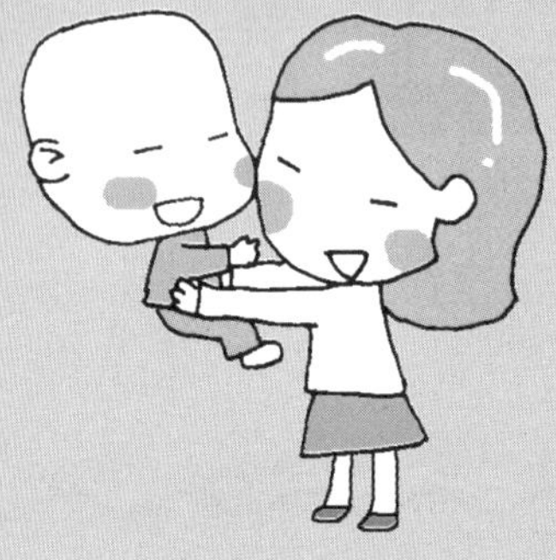

第十一章

如何培养孩子的毅力

毅力是指人在实现目标过程中，所使用的持续力，通常也称为意志力。我们要达到某一目标，需要有一定的毅力。

家长常常抱怨孩子缺乏毅力，遇到困难踌躇不前，喜欢中途放弃，希望孩子能具有刻苦精神，充满信心地实现目标。

在养育子女过程中，我们却往往替代孩子做了原本需要他们自己做的事情，使得他们的生活中都是坦途，较少经历困难和挫折，缺失必要的锤炼，在面对有困难的任务时，也就缺失自信、缺乏毅力。

我们需要给予孩子自主完成事情的锻炼，让他们在完成每一件事情中获得快乐的感受，引导他们愿意接受合理的目标，并为之付出努力。

一 如何引导孩子学会吃苦

个人毅力的表现，不仅是在顺境中能完成任务，更是在逆境中，也能把能力发挥出来，完成应当完成的任务。要让孩子从小就能经历困难，品尝吃苦的滋味，进而锻炼他们的毅力。

当前经济条件好了，各种物质供应丰富了，各个家庭也富裕了，使得

家长们忽略了对孩子吃苦能力的养成。

当然，吃苦能力不仅仅是物质上经历简朴，甚至困乏，也是在思想上经历磨练，孩子在物质和精神都经历了困难考验后，才能更好地应对各样困境。

误区

家长们总认为自己辛苦努力换来的富裕生活，不就是为了不让孩子再受苦吗，不就是为了孩子摆脱困境的束缚吗，殊不知，用娇惯的教养方式，不仅不能减少孩子将来因为不能吃苦带来的痛苦，反而会使得他们在困境面前轻易放弃，毫无进取的意愿和习惯。

①无节制地给孩子各种物质的满足。家长的物欲膨胀心理用在养育孩子上，认为自己有钱了，不仅孩子要什么给什么，还主动给孩子提供没有必要的各种物品。让孩子沉浸在完全衣食无忧的氛围里，缺少吃苦的锻炼。

②缺乏让孩子接触困难情景的机会。替孩子包办一切，不让孩子在体力上受苦，也不让孩子在行为中接触困难情景。有困难的活动不让孩子参加，有困难的地方不让孩子去，需要付出一些体力的事情不让孩子做。比如，喜欢把孩子带到设施齐备的地方旅行，完全衣食无忧，不愿意让孩子去农村感受一下生活，嫌弃农村脏、农村穷。这都让孩子因缺少看见真实的困难情景，而对世界认识不足，对困难的心理准备不足。

③缺乏让孩子经历困难的过程。当孩子遇到一些困难时，马上替孩子解决。甚至提前就为孩子铺设各种条件，替代他去面对那些问题。比如，孩子不愿意上楼，就抱他；孩子不愿意吃饭，就追着喂他；孩子跟小朋友发生冲突，不问原因就责怪其他孩子。这也都让孩子缺乏自主应对困难的锻炼，缺少处理困难问题的经验。

④缺乏对孩子在经历困难时的思想引导。即使有些家长愿意让孩子吃一些苦，但缺乏对孩子在克服困难时进行必要的引导和鼓励。要么是放任孩子苦苦挣扎，找不到出路，要么是简单粗暴的训斥。这都不能让孩子有

更好的方法来处理困难，反而使得他害怕困难，躲避困难，同样也难以养成克服困难的能力。

⑤误导孩子形成不切实际的优越感。有些家长具有暴发户的心态，自己有了一些物质积累，就以为什么都不缺了，误导孩子可以不用吃苦，随意享乐。家长无限制满足孩子超出必要限度内的物质需求，误导孩子想怎么花钱就怎么花，不用吃那么多的苦，不用紧衣缩食，更不用过简单的生活。这样做，不仅不能使得孩子养成珍惜钱财的习惯，也无法培养孩子的吃苦耐劳精神，未来生活中吃不了苦，承受不了困难。

家庭教育建议

家长不仅不能给予孩子衣食无忧的享乐性的教导，更不能让他们养成所谓的不切实际的优越感。而是要让孩子经历一定的吃苦锻炼，来提高他的吃苦能力。培养他们对困难的正确认识，并养成敢于面对困难的习性、独立地解决困难的能力。

①避免将孩子放在安逸的生活氛围里。虽然大多数家庭物质条件提高了，不缺衣少食了，甚至有的家庭很富有了，但是不能用暴发户的心态来给孩子提供奢华的生活条件，吃穿用的东西，朴实平常即可，不给孩子形成"家里很富有，不用去吃苦"的印象。

不要给孩子过多的零花钱，更不能只要孩子要钱，就不加限制地给他，那样会导致孩子毫无节制地乱花钱，养成大手大脚的习惯，而在没有钱的时候，就吃不了苦。

不给孩子买超出其年龄段的高价物品、名牌物品。这样会助长孩子的攀比心理，助长他安逸享乐的习惯，缺乏过平常日子时的吃苦能力。

②带领孩子感受吃苦的情景，鼓励他们自己克服困难。有条件的家庭，可以让孩子接触生产劳动领域，让他参与种植、养殖、生产等环节，承担家庭日常家务，完成自己生活起居的基本事情。生活在城市的家庭，可以带孩子参加有特定任务的活动项目，让他在活动中完成要承担的任务，或者带孩子到农村体验生活，感受生产劳动的不易。

③帮助孩子在困难中建立信心。在孩子面临不超过他能力范围的任务时，鼓励他自己解决。比如，鼓励孩子自己走路、吃饭、洗漱，鼓励孩子自己完成手工作品，在这样的锻炼中，让他形成独自完成任务的能力，产生较强的自信心。

鼓励孩子不要害怕出错，多尝试寻找解决问题的办法。告诉孩子遇到困难是每个人都要面临的事情，用坦然的心态面对困难，持续不断地坚持，就能克服困难。当孩子在困难中害怕、悲伤时，要给予孩子及时的安慰，安抚孩子的心情，肯定他已经做出的努力，以增加他敢于面对困难的勇气和信心。

④破除孩子虚无的优越感，以及由此带来的依赖性。除了不给孩子留下"家里很富有、钱可以随便花"等错误的印象外，家长还要让孩子明白钱财都是随时可能丧失的，没有永远的安逸，只有自己的勤奋、吃苦、能力才是长久的生存之道，不干活，不形成劳动能力，不努力进取，就没有自己稳定的生活，不可能靠着父母永久地享受生活。自己的事情，自己的未来，必须由自己去承担，依赖父母的财富，获得不了真正的幸福生活。只有建立在自己付出之上的收获，才是稳定的生活来源。所以，家长不能一味地给孩子提供奢侈的生活条件，让他形成享乐的观念，依赖、懒惰的习惯，而是要在简朴的生活中，引导孩子形成独立的生活能力。

二 如何培养孩子的专注力

毅力的一个表现就是专注力，也是人们一般所说的"专心"，它是指人在一定时间内，集中注意力，稳定地关注某件事物、某种行为，以保证有足够的精力来实现目标。

幼儿通常还没有形成专注力，或者专注时间不长，他们喜欢变动，喜欢不断转移关注的目标，不断变动自己的行为。这就是人们说的静不下来。

专注力对孩子持续观察力、毅力的养成，都有重要的作用，它能让孩

子专注地投入到各种需要毅力的行动中，尤其是需要保持较长注意力的活动，比如学习。有了专注力，孩子能够较好地保持对各种行为的投入，能够克服一定的困难性情景。

人的专注力的养成，需要很长的时间，需要不断地培养，为他们提供专注力的训练，在日常行为中加以引导，长期坚持，才能形成。

> **误区**
>
> 家长往往忽略孩子专注力的培养，认为孩子马马虎虎地成长也无大碍，无非是没有耐心，急躁一些罢了。这就会导致孩子养成松散的习惯，无法专心地投入到一般性的活动中，对日常活动表现出没有兴趣，不愿意深入去行动。

①家长不重视孩子专注力养成。他们懂得孩子专心是好的，是重要的，但是很多家长不知道如何引导孩子养成专心，于是就不重视去培养孩子养成专心的习惯，任由孩子松懈懒散地发展。有的家长虽然口头上提醒孩子要专心做事情，而实际上不能长时间地坚持引导孩子去做。甚至有的家长认为孩子是否专心无所谓，反正他们长大了就行了。

②家长经常打断孩子正在进行的行动。幼儿专注力的形成，都是从对感兴趣的事物或者活动中开始的，当幼儿对感兴趣的事物投入一定的精力时，他会认真地观察、认真地行动，甚至达到忘我的地步。而家长通常会以吃饭、出门、做作业、睡觉等为借口，用语言打断孩子正在专注做的事情，要求他们中断或者停止。有的家长在孩子专心做事情的时候，出于好奇心或者不信任，时不时地问话，想知道孩子在做什么，其实是在打断孩子的思路。这些破坏孩子专注性行动的做法，逐渐就让孩子失去专注性，破坏甚至阻碍他专注力的发展。

③家长经常在孩子面前急躁做事，没有忍耐和专注的示范。很多父母缺乏耐心，性格急躁，通常表现为，做事情匆忙，草草地敷衍了事，并把这样的行为表现在孩子面前。比如打扫卫生、收拾物品等家庭行为，经常

随性而为，没有投入更多的注意力和耐心。这就给了孩子错误的示范，孩子也就可能模仿家长的行为，养成敷衍了事的态度和习惯。

④家长缺乏耐心，随意放弃本可以做得到的事情。家长没有坚持的精神，主动放弃自己原本可以完成的、应该完成的事情，或者在完成应该完成的事情时遇到困难，就退缩、放弃，也就是通常所说的半路撂挑子、半途而废，而不是仔细分析、耐心观察，多方寻找出路和办法。家长这样的做法，就会给孩子形成可以随意放弃的观念，使得孩子也不愿意在正当的事情上投入更多的精力，当然也就很难形成专注力和毅力。

家庭教育建议

鼓励孩子专心地做他喜欢的事情，不轻易打断、中断孩子所做的事情，而是要鼓励孩子耐心地完成，在渐进的过程中增加孩子的专注力。

①重视孩子的专注力养成，及时改变他粗心做事的习惯。家长要能重视孩子专心习惯的养成，认识到专心对孩子以后的坚持性、毅力的养成的积极作用，如果孩子因为习惯性地粗心，就会养成应付的习惯，不能专心投入到正当的行为中，也就不能很好地持续完成一件连续性的任务。所以，多鼓励孩子尽力完成一些他可以做的事情，督促孩子坚持完成，不要半途而废。

②不轻易打断孩子正在做的正当的事情。当孩子正在做一件他喜欢的事情，并投入全部注意力在上面时，他的思维，他的动作，都在围绕着那个事情转，这能提高他注意力的品质，促进他专注力的发展。家长不要轻易打断他正在专注做的事情，这有利于孩子全身心地投入到他所做的事情中。经常性打断孩子专注做事情，会让孩子在情绪上反感家长，产生情绪对抗，也会使得专注力养成的基础受到破坏，导致孩子以后可能不愿意专注做事情。

③家长对自己的事情要有耐心地完成，给孩子形成一个好的示范。这对孩子专注力养成具有最直接的激励作用。家长经常随意草率放弃原本可以专注完成的事情，会让孩子认为轻易放弃也没有什么大不了的，也就会

模仿家长在做事情的时候不愿意投入太多精力，不愿意尝试进一步探索，这就导致他毅力的品质养成大打折扣。因此，只要有可能，家长在孩子面前做事情，都要尽力保持耐心，有始有终地完成，不轻易放弃，也不轻易发脾气，更不能中途撂挑子。

④对孩子专心地完成活动给予语言上的及时鼓励。除了不打断孩子正在专注地做正常的事情，家长在孩子专注地完成了一件事情后，要及时地赞赏他，跟他说："你刚才很投入，很专心，这样的做法真棒！"让孩子在赞赏中感受到专注地投入到自己喜欢的事情中是愉快的，是有价值的，那么，也就能激发他继续保持专注力去做其他的事情。

⑤当孩子随意放弃原本可以完成的事情时，要督促、鼓励他继续完成，或者和他一起完成。有些时候，孩子正在搭积木、画画等，因为外界干扰，或者遇到了一些困难，他想放弃，家长可以鼓励说："再试试，很快就能完成的。"或者说："你前面做得很棒，不用担心太多，我们一起来完善它好吗？"家长可以帮助孩子一起解决，把孩子重新引导到完成当时的任务中，和他一起把事情做完。如果孩子真的不愿意做，就不要强求孩子必须去完成，允许他暂时先放下。这样的方式，孩子就不会轻易放弃他可以完成的事情，而是寻求解决的办法，投入更多的精力专注地去完成。

三 如何培养孩子主动解决问题的能力

在前文我们有专门分析如何培养孩子的独立个性，其中就包含如何让孩子自己处理事情，养成独立、自主的能力。

让孩子完成他可以完成的事情，由他自己去做，而不是由家长无限替代孩子去做。尤其是在孩子遇到困难和问题时，引导他先自行尝试解决，不要轻易替代他处理问题，等他真正无法克服时，再提供有效的帮助。

鼓励孩子主动地去解决他能解决的问题，慢慢培养他克服困难的能力。这能增加孩子在面对困难时的勇气，能够从容地寻找办法，去解决他面临的问题。如果孩子能够在不断地主动解决问题中成长，他就能在新的

任务面前去主动想办法，而不是选择放弃，其毅力就能体现出来。

〈 误区 〉

家长以为替孩子先做一些事情，没有什么大不了，等他们大了，就自然会做事情了。这是一个错误的观念。只有在每一件小事上鼓励孩子自己去处理，才能更好地养成独立个性，并形成毅力。

①包办孩子的一切事情。孩子学走路的时候一直搀扶，不舍得放手，怕他摔着；孩子学吃饭时，一直喂着，不让他自己学着拿勺子、筷子，担心他吃不饱，担心他弄乱桌面；孩子四至五岁左右，原本可以自己洗澡、穿衣，家长还要帮他做；孩子玩过的玩具，从来不收拾，由家长代劳。这些都会让孩子养成懒惰、依赖的习惯，不会主动去承担责任。

孩子遇到问题，本可以稍加尝试，或者再进一步努力，就能解决，而家长马上替代他去解决。长此以往，孩子一遇到小困难，就依赖大人，而不愿意主动去解决问题。

②孩子寻求帮助时袖手旁观，回避孩子要家长帮助的请求。与替代孩子解决问题相对立的另外一个极端是不管不问孩子的事情，不参与孩子的行动，对孩子无法解决的困难视而不见，不帮助孩子解决他无法克服的问题，当孩子提出请求时，不做回应，甚至会不冷不热地说："你自己弄，不要烦我。"使得孩子产生对困难性任务的惧怕感，缺乏坚持下去的信心。

③孩子未能解决问题时贬低他，无视孩子为解决问题所付出的各种想法和努力。家长在孩子遇到无法克服的困难时，尽管孩子做出了努力，家长却嘲笑孩子无能，甚至打骂孩子。使得孩子自信心受到伤害，不敢迎接问题，遇到困难就选择放弃。

还有的情形是，当孩子提出一些解决问题的想法时，家长觉得孩子那些想法天真可笑，要么当着笑话置之不理，要么用贬低的语言打击他，使得孩子受到羞辱，缺乏足够的成就感，转而放弃继续尝试解决问题。

有的家长认为激将法对孩子有激励作用，故意嘲讽孩子："你就是做得不好，就是达不到某个目标。"还常用"丑死了，做得不好看"等语言贬低孩子的努力或者行为，这对孩子自尊心是极大的打击，多半会让孩子缺乏自信心，导致孩子在困难面前的毅力比较差。

④当孩子遇到问题时，家长过早地给出答案。家长不是鼓励孩子一步一步地探索着尝试解决问题，而是直接干预孩子探索，当孩子在问题面前积极寻找出路时，家长着急，不是鼓励孩子慢慢探索，而是直接给出答案，使得孩子缺少思考的锻炼，以致在以后遇到困难时，喜欢寻找大人要现成的答案，缺乏主动探索的习惯，也缺乏解决问题的观点和能力。

⑤替孩子做决定。家长把自己的观点、喜好强加给孩子，无论是给孩子物品，还是给孩子灌输观念，都以家长为准，而不管孩子的感受，直接给孩子挑物品，或者直接给孩子做指示，不跟孩子讨论，不询问孩子看法，也不顾孩子的情绪，完全把孩子掌控在家长手中。这样的模式下，孩子就缺乏自主性、独立性，也缺乏主动思考的习惯。

家庭教育建议

孩子是独立的个体，他有自己的思想、行动，他也完全具有逐步完成一些事情的能力，鼓励孩子独立解决问题，能使得他不惧怕困难，并能在不断解决问题中，获得成就感，形成自信心，当他在新的任务中再遇到问题时，会主动寻找解决的办法，而不是放弃。能够在处理问题中展现良好的毅力。

①引导孩子做力所能及的事情。如前所述，家长要从鼓励孩子自己学走路、自己学吃饭开始，引导孩子自己完成事情，尤其是到了孩子完全有能力自主时，家长要懂得放手，由孩子自己做，而不是包办代替。家长只有在孩子尝试多种方法，还不能完成某些行动时，才可以提供必要的帮助，而不是先入为主地，完全把自己的想法、行动强加给孩子。

②鼓励孩子独立解决问题。孩子总会遇到各种困难和问题，在他还不具备太多自主能力时，会寻求家长帮助解决，这时，家长不要立即给出答案，或者帮他解决问题，而是鼓励他再使用一些方法，再想一些相关因

素，由他自己找到可行的办法。哪怕他还不能完美地解决这些问题，家长也要对他已经做出的行为加以赞赏，鼓励他尽可能地去完成。

③提供必要的帮助。当孩子遇到超出他能力范围之外的困难时，他会寻求别人的帮助，比如会喊："妈妈（爸爸）帮我。"这时候，如果家长能够判断出是孩子不能克服的问题，就要及时提供有利于他解决问题的建议、行动；如果是动脑筋的困难，可以指导孩子如何去分析问题；如果是行为上的困难，可以帮孩子一起完成。当然，是要有启发地帮助他，而不是替他去完成。

④提供适时的帮助。论语中说："不愤不启，不悱不发"是说受教育者如果还没有经过深刻的思考，就不要马上开导和启发。家长对待孩子面临的问题，也要遵循这个方法。孩子在解决问题的过程中，需要先经历一个自己思考、探索的阶段，那样才能调动他的思维主动性，找到解决问题的方法，并逐渐培养解决更复杂问题的能力。如果过早地告诉孩子如何做，实际上是拿掉了他独立思考的环节，他只是拿着大人给予他的方法处理事情而已，不能很好地形成自我钻研的习惯。

家长在孩子遇到问题或者困难的早期，鼓励他自己去尝试寻找解决的方法，在他多次尝试还不能克服时，再提供必要的帮助。这既让孩子自己经历了坚持的过程，也在无法解决的问题时，得到了有效的支持。这样既能让他锻炼独立的能力，也培养了不轻易放弃的品质。

⑤无论孩子是否能解决问题，都要用赞赏的语言鼓励他，不能用贬低的语言讽刺他，更不能进行人格侮辱。可以鼓励孩子说："你做得很不错，再进一步，就会有更好的结果。"或者说："再试试，问题就有可能解决了。"伤害孩子人格的话，一句都不可以说出口，绝对不要对孩子说"你怎么那么笨，你是不是没有脑子，你永远都做不好"等伤害性的话语。

⑥让孩子自由表达观点和想法。无论孩子表述了什么观点，家长都应站在孩子的视角，理解他表达那些观点的原因、意图，对孩子自由表达思想的做法表示支持，而不是贸然斥责和贬低，让他进一步懂得如何构思自己的观点，如何通过自己的语言传达自己的想法，或者希望达到的目标，

这样才能锻炼孩子的思维，也能增强孩子的主见。

四 如何培养孩子注重细节

我们是不是经常听到家长们抱怨孩子粗心，抱怨孩子马虎？孩子不是丢三落四，就是粗枝大叶，有时候不能准确地完成他可以完成的任务，甚至导致半途而废。这样的习惯，给孩子自己和他人都带去各种烦恼。

引导孩子养成细心的品质，有助于他养成注意细节的习惯，能够在做事情中懂得观察、懂得处理整体和局部的关系，形成严谨的处事风格。

误区

①家长自己马虎，做事粗糙随意，在生活中给孩子不良的示范。家长通常也是马虎的人，处理家中各种事情敷衍了事，比如扫地随便划拉几下，并没有把地板收拾干净，房间随便收拾一下，并没有做到整洁，就草草地结束工作，家中的物品随意堆放，空间凌乱无序。家长除了在行为上潦草，还在语言上告诉孩子不用仔细认真，比如，通常跟孩子说："差不多就算了。"这些话语，都会瓦解孩子的严谨想法，不能让孩子养成认真的态度。

②缺乏对孩子马虎行为的及时纠正。孩子时常都会偷懒，比如，收拾玩具时马虎，丢三落四不收拾完全。家长对此视而不见，没有及时提醒孩子应该如何处理，任由孩子马虎懒散的行为发生，甚至有家长替孩子收拾残局，助长孩子放任自己的马虎行为。不及时纠正孩子马虎的行为，就会让孩子以为可以马虎，不用认真，就很难养成严谨的习惯。

③缺乏对孩子细心养成的长期引导。家长知道孩子马虎、粗心的行为需要纠正，偶尔也会纠正一下孩子粗心的行为，但是不能长期坚持，仅仅凭着情绪来引导，某天觉得想纠正孩子这些不当做法，就纠正一下，某天懒得纠正孩子了，就又放任孩子丢三落四、漏洞百出的行为发生。不能对孩子严谨做事情进行长期的引导，这也就很难让孩子始终如一地坚持仔细

认真地做事情，细心的习惯不容易养成。

家庭教育建议

细心的品质，是严谨个性的体现，除了跟个体的观察力、注意力有一定关系外，更多地跟习惯有关系。比如，养成事后检查的习惯，养成随手收拾起物品的习惯，都能对细心的养成有促进作用。家长要能长期地示范、引导孩子注意细节，养成细心的习惯。

①家长要给孩子示范如何注意观察细节，中国有句老话说"处处留心皆学问"。留心观察、仔细思考，能使人看到事物更多的特点，能发现事物之间更多联系，最为主要的是，能让人养成细心观察的品质。家长在孩子面前多展现出细心观察的行为，就能使孩子看到平常看不到的现象，这既能给孩子示范如何观察细节，也能让孩子看到没有完成的细节，让孩子明白家长是在仔细观察，自己也需要像父母那样去观察，也会因为父母对自己行为的仔细观察而不敢偷懒，不敢放任自己的马虎的行为。

②家长做事要注意细节。家长不仅要展示出仔细观察，还要在日常行为上做出来，在生活点滴细节上给孩子示范。要想让孩子不马虎，家长在生活细节上也不能马虎。比如，家长进门后是否把自己的衣帽、鞋子摆放整齐，会影响到孩子的相应行为习惯的养成。家长是否把家里的物品收拾整齐，是否把犄角旮旯收拾完整，也影响到孩子细心的养成。家长在家中细心地做事情，是对孩子细心养成最好的示范。

③家长要及时纠正孩子粗心的行为。孩子粗心、马虎的习惯，是一点点形成的，从他不收拾玩具开始，到他不收拾餐具，到不收拾自己的衣物，再到不注重自己的功课，是一天天养成的。粗心、马虎的习惯一旦养成，就很难再细心起来。在孩子两岁左右，如果发现他没有仔细地完成任务，比如没有收拾整齐玩具，没有收拾好自己的衣物，没有摆放好物品等，要及时告诉他，并跟他一起，示范给他看该如何做，并帮助他重新收拾整洁，直到完成为止，并要在每一日的生活中，坚持督促他那样做。

在孩子粗心行为纠正上，指导性语言要严肃，并且客观，只对孩子没有完成的任务进行评价，不对孩子人格进行评价。可以说："你没有把玩具收拾完，要收拾干净。"而不能说："怎么这么粗心，又没有收拾好玩具。"用话语指导孩子，目的是让他知道没有完成任务，没有做到细心，而不是让他人格受到刺激。

④家长要长期引导孩子细心做事。家长要能对孩子细心养成进行长期坚持，有的家长听了别人说孩子粗心不好，就热心一阵子，马上对自己孩子进行纠正和引导，但是不能长期坚持。这本身就给孩子虎头蛇尾的印象，不能对孩子起到有效的示范作用。从孩子两岁左右，就可以引导他养成细心做事的习惯，制订一个较为明确的规定，比如，玩具玩过后，要自己收拾，自己的鞋子要摆放整齐，每天都坚持去引导，久而久之，就能使得孩子具有细心的习惯。

五 赞赏孩子的劳动成果

赞赏孩子的劳动成果跟毅力的养成有什么关系呢？有关系。孩子在不断被赏识的过程中，获得被认可的感觉，建立自己的信心，对自己的行动有足够的接纳，就有信心去探索新的任务，完成更复杂的工作，在困难面前不气馁。

欣赏孩子亲手做出的成果，比如画的画、摆的积木、拼的拼图、做的各种手工等，赞赏孩子的行动，比如唱歌、运动、音乐、想法等。这是培养他形成不轻言放弃，坚持到底的毅力的重要方法。

误区　孩子在没有盼望的情景中，最终会选择放弃。欣赏孩子的成果，让他一直具有盼望，在盼望中获得坚持下去的信念。而家长们往往不懂得赞赏，总是以挑剔的眼光，紧盯孩子的不足，使得孩子缺少被认可、被接纳的体验，致使孩子缺少必要的信心。

①家长习惯性贬低孩子的成果。家长在孩子完成了某个成果后,不是欣赏孩子的作品,而是使用"真丑""不好看""难听死了"等言语来评价。用单一的尺度来衡量孩子的成果,限制孩子思维不超出他们认为的框架,就会对孩子奇特的创意不是赞赏,而是进行批评:"不是那样的,怎么胡乱做啊?"这就扼杀了孩子的好奇心发展,也阻止孩子探究性行为的发展。

②家长不关心孩子的日常活动,对孩子的成果视而不见。家长对孩子做手工、搞创意的行为不关心,也不在意孩子在做什么,当孩子有成果的时候,却视而不见。家长不关心孩子,与孩子互动、交流频度低,自然也就很少给予孩子充满爱的关怀,不会主动关注孩子的行为结果,这样的亲子模式,就让孩子缺乏积极的评价,不能得到及时的鼓励,获得感就低。

③家长认为孩子做了一些成果,是他应该有的,不值得赞赏。当孩子希望家长对他的成果赞赏或者鼓励时,家长吝惜自己的赞美,认为孩子有一定的成果,是他应该具有的能力,认为鼓励孩子会让他变得骄傲,因此就不去赞扬孩子。这也会挫伤孩子对认可的渴盼,削弱孩子继续努力的进取心。

④家长喜欢对孩子说"还不够"。家长对孩子要求苛刻,总是看不上孩子的成果,常对孩子说"你做得还不够好""还需要努力"等。家长还会拿自己孩子的成果跟别的孩子比,告诉孩子:"看,谁谁都会怎么样了,你的还不如他的,需要再加油"等。这看似在激励孩子,其实是看不到孩子已经取得的成就,不能对孩子进行及时的鼓励,打击了孩子的成就感。

⑤家长错误的激励方式。长期使用物质激励的方式,来诱导孩子完成原本不需要附加条件就可完成的任务。比如,让孩子参与家务劳动,要求孩子刷碗,本来不需要给孩子任何物质刺激,要求他去干就是了,家长却用刷一次碗,给予一元钱的奖励,来让孩子去做。

这样做法看起来很合理,其实,这样做,只会让孩子做事情的动机出错,他愿意去刷碗不是因为愿意主动承担家务,而是想要得到金钱奖赏,长期使用这样的激励方法,不能让孩子真正喜欢参与家务,而是想要获得金钱，一旦停止给他物质奖励，他就不愿意真正地干活。

此外，家长为了让孩子努力学习、干活等，告诉孩子"如果你做得好了，我给你买玩具，我给你钱，我给你买衣服"等。这样的激励方式偶尔使用没有什么要紧。而如果经常使用，会使得孩子对承担任务不是出于主动和甘心乐意，而是对家长的物质激励有兴趣。这不能培养他担当责任的主动性，也不能形成坚定的毅力。

家庭教育建议

家长不认可或者贬低孩子的辛勤劳动所获得的成果，会一次次浇灭了孩子渴望家长赞许、认可和鼓励的期盼。使得孩子渐渐放弃了主动尝试做得更好的追求，对提高自己的行为失去兴趣和信心，养成退缩和放弃的习惯。

如果家长能够及时地赞扬孩子的成果，鼓励他们继续探索，那么，孩子就能在不断的鼓励中获得成就感，并能自我鼓励，形成坚定的毅力。

①积极赞赏孩子的成果。孩子经过自己努力所产生的劳动成果，都是他思维、行动所形成的，家长要赞赏这些成果。可以使用"做得不错""看起来棒极了""这个东西我很喜欢""它一定费了你不少时间""我为你的成果感到开心"等词语来夸赞孩子。让孩子在赞赏的话语中获得收获感、成就感，能提高孩子的行动积极性。

②认可孩子各种各样的创意。孩子的思维是跳跃的，也是开放的，如果他有各种新奇的想法，就会在他的成果上体现出来，这正是让孩子养成创新思维、激发兴趣的最好时机。家长要对孩子做出来的各种各样的物品、画出来的各种各样的图画、做出来的各种各样的行动认可和接纳。也许他的那些行为和结果在成人看起来比较幼稚或者怪诞，但是家长不要阻断和打击他，而是要鼓励他，让他在他的思维逻辑里自由发展，促进孩子更多的创新思维展现出来。

③提供必要的陪伴和帮助。孩子在产生他的成果时，有时候需要家长

陪同一起行动，有时候需要家长在他遇到困难时提供建议和解决办法。家长要在这些时刻，陪同孩子一起完成某些困难的环节，或者给予有效的建议，这样做能使得孩子继续完成他的成果，使得他继续行动，而不会因为特别大的困难而放弃。换句话说，家长对孩子行动的支持和帮助，辅助了孩子完成任务，推动了孩子继续前进，而不是让他在困难面前不得不放弃，有助于孩子养成更坚定的毅力。

④不拿孩子跟别人比较。无论自己的孩子成果是什么样的，除了赞许和认可外，还要避免跟其他的孩子比较。尤其避免用挑剔的、贬低的态度对比孩子们的成果，不要使用："谁谁比你做得好，谁谁的更好！"来贬低孩子。用这些比较的方法，会让孩子感觉一直处在不能达到完美的状态中，使得他的成就感和自信心受到严重挫折。而是要鼓励孩子说："你做得不错，比你以前更进步了，你还会做得更好"等。让孩子在获得鼓励中逐渐提高自己。

⑤尽量避免用物质激励的方式诱导孩子完成任务。如果是对孩子进行任务安排，直接给他说明，这个任务是你可以承担的，你去完成，我们会很感谢你，而不要给孩子一个额外的物质激励。

多使用赞许和鼓励的话语对孩子进行激励。当孩子完成任务，或者做出一个成果后，对他进行语言上赞赏，也可以给予孩子拥抱，或者微笑着鼓掌等，而不是用给他金钱的方式激励他。家长对孩子行为结果用语言的激励，能让孩子对他的成果产生满足感，而不是渴望得到物质的奖励。家长也可以告诉孩子："你所做的事情，是对你自己最好的回报。"避免孩子为了追求金钱的奖励，而产生错误的动机。

六　允许孩子放弃

孩子也有克服不了的困难，孩子也需要暂停休整。

家长往往死盯着孩子必须达到某个目标，比如要考 100 分，逼迫孩子努力去做到，有时候，催逼看起来可以奏效，而不顾孩子具体能力水平，

盲目攀比而逼迫孩子达到高目标，很多时候却不一定能实现。

迫使孩子不达目标不罢休的做法，往往被证明不仅不能使得孩子具有坚强的毅力，反而使得孩子身心健康受挫，甚至引发心理疾病。

家长引导孩子养成努力坚持，尽力克服与他能力相适应的困难，这是可取的，而如果一味逼迫孩子不能放弃，必须死扛到底，是非常有害的。

孩子在努力之后，如果还不能达到目标，并且想要退缩时，家长就要依据孩子的能力状况，不是死守着不放，而是宽慰孩子，允许他放弃某个高目标，或者降低目标要求，让他在不断达到目标中获得信心，并养成不断追求更高目标的毅力。

误区

家长误以为任何事情只要坚持，就能做到，而这是不考虑人的有限性，也不考虑环境状况，盲目自信的表现。家长误以为只要逼孩子多一些，孩子就能进步多一些。就像榨甘蔗一样，越用力，越出水。其实则不然，人是有主观意识的动物，当任务超出孩子能力范围，再多的逼迫，都是没有用的。

①家长为孩子制订超出他年龄特征的目标，并逼迫孩子去完成超出他能力之外的任务。家长围绕应试教育目标，强塞给孩子各种成长目标，比如要在不同阶段学会打球、弹琴、书法等等，其实这些目标是家长的目标，不是孩子喜欢的事情，也不是孩子自己发展真正所需的目标。家长给孩子制订目标后，强逼孩子去完成那些明显超出他能力之外的任务，并美其名曰：不要输在起跑线上。

家长强塞给孩子的任务，不一定是孩子喜欢的，当在家长逼迫的情况下，孩子可能会配合着去做，但当孩子有了更多的抗拒能力后，就会对抗家长的要求，这不仅不能让孩子获得家长想要的收获，反而破坏了亲子关系。

②孩子完成不了能力之外的任务时，家长就责骂孩子。家长认为孩子就像发动机，只要倒满油，就可以无差别地运转起来。当孩子在家长认为

的可以达到目标的时候没有达到目标，家长就责骂孩子，贬低孩子，冷嘲热讽说孩子无能。这样的做法，是在把孩子当机器，把孩子当作一个完人来看待，没有真切地看到孩子的优势和不足，而是以为孩子处处都能达到目标。这些不切实际的认知，就导致家长逼迫孩子，挫伤孩子的自尊心和自信心。

③家长只是关心孩子是否达到目标，不关心孩子的情感。家长为了使得孩子能达到目标，使用各种方法催逼孩子去做家长布置给他的学习任务，甚至用哄骗、嘲讽的方法诱导孩子去达到目标。家长只是关心孩子能否去完成任务，至于孩子是否有过度的焦虑，是否压抑沉闷，家长并不关心。家长也不关心孩子的情绪是否顺畅，心理是否健康。也就是在这样的模式中，孩子的情绪得不到疏导，往往会导致心理问题。

④家长不允许孩子放弃不能达到的目标。家长认为孩子的能力是无限的，认为只要激发孩子，他就能达到某种目标，当孩子实在不能达到目标想放弃时，家长认为是孩子偷懒，是没有激发出足够多的能力的表现，于是就继续督促孩子坚持，催逼孩子继续努力，而不肯轻易让孩子放弃。这样做看起来有道理，对于有随便放弃习惯的孩子来说有一定的督促作用。而当家长不考虑孩子的能力，不管任务的难度，一味地要求孩子不得放弃，就不能很好地激发孩子的主动性和毅力，反而会让孩子在高压下不能发挥正常能力，也会在焦虑中抵触继续行动。

家庭教育建议

一个有坚定毅力的孩子，在无法克服困难时，肯定会寻找帮助，并尝试解决问题，而他在经过多次努力还不能达到目标时，选择放弃就成为必然。

允许孩子放弃他暂时还不能取得的成绩、还不能达到的目标、还不能克服的困难，是对孩子的尊重，也是对孩子的包容和鼓励，更是对孩子身心健康发展的保护。放弃不代表以后一直不会再重来，放弃可能意味着通过调整，等待孩子能力提高、条件齐备时，再实现进一步的突破。这有利于孩子调整自己的情绪以适应困境，有利于他们发现解决问题的办法，有利于他们更全面地认识自己，更好地确定适合自己的目标。所以，不要催逼孩子必须达到某个目标，在他暂时实在无法完成时，要允许孩子放弃。

①引导孩子自己确定切合自己实际的目标。家长要避免把自己认为的目标强加给孩子。因为家长设定的目标，不一定是孩子喜欢的，有可能是超出孩子的能力范围的，这些目标不仅不能起到引导的作用，反而会让孩子抵触和排斥。家长最好的做法，是和孩子进行充分的交流，由孩子依据自己的能力、兴趣等，来确定目标。比如，由孩子自己决定是否学习某种技能，由孩子决定是否参加某种活动，家长不要强逼着孩子去做。

②允许孩子放弃。家长要放弃"孩子只要努力什么都能做到"的错误观念，明白孩子也有许多克服不了的困难，在鼓励、帮助孩子之后，他还不能完成某个任务、达到某个目标，决定放弃时，家长要坦然接受，而不要责骂孩子，更不要打击、讽刺孩子。在孩子放弃某个困难目标后，要多安慰孩子："现在做不到的事情，也许以后可以做到，你还有很多可以做得好的地方，不要担心。"孩子在父母的包容、理解中感觉到安全，能够积攒力量，做出更好的成绩。

③关心孩子在困难面前的感受。当孩子遇到困境时，父母先鼓励他自己去尝试解决问题，同时给孩子做好情绪上的指导，告诉孩子如果不能克服困难，情绪上出现焦虑、沉闷都是正常的现象，不用为此长久地懊悔和烦恼。家长此时要在情感上包容孩子，安抚他，使他不被坏的情绪长时间困扰。引导孩子暂时放下对任务的追求，放松情绪，调整心情，以良好的情绪状态面对接下来的现实，做出更好的成果，而不要纠结在一件事情上。

多子女关系篇

第十二章

如何培养多子女间的亲情关系

多子女家庭中，面临着孩子们不能亲密相处，经常争吵甚至打闹的情景，如何让大孩和二孩融合，一起亲密地成长，是父母需要去解决的问题。我们不能只是让两个孩子在一起生活，而不加教导和管束，任由他们发生冲突而导致亲情关系淡漠，而是要让他们在一起有共同的情感，相互关爱，在亲情关系上紧密连接，成为相爱的一家人。

选择生养更多子女的父母，要避免把孩子当作小动物那样只是喂活，而不关心他们之间亲情关系的培养。要避免把他们分别放在不同的地方分开养，即使是在一起养育，也要关心他们之间相互关爱之心的养成，在遇到冲突时，要及时调解，培养他们互爱的心态，而不是养成互恨的心态。

一 如何让大孩预备接纳二孩的心

我更愿意鼓励目前还是一个孩子的父母，再生一个宝宝，乃至更多的宝宝。

做父母的有了生养第二个乃至更多孩子的意愿，这是对大孩子最好的祝福。父母除了预备好自己再生一个孩子的心态，也要帮助大孩子预备好接纳弟弟或妹妹的心，这是建构和谐亲情关系的基础性环节。

诸多家庭因为没有预备好大孩接纳二孩的心，要么因为大孩的极力反抗，不得不放弃生育二孩的打算，要么在二孩出生后，大孩与二孩产生诸多冲突，不能很好地建立孩子间亲情关系。

只有预备好大孩认可并接受要生一个弟弟妹妹的心情，才能使得他甘心乐意地接纳第二个孩子。当大孩认可和接受了父母要生第二个孩子，他基本上能很好地与第二个孩子建立起亲密的亲情关系。

误区

①父母自己在生养第一个孩子时没有生育二孩的意愿，把"只生一个好"的观念不断传递给大孩，父母直接或间接地告诉大孩："有你就够了，三人的家庭多简单，一切都是你的。"这就使得大孩强化了自私自利、唯我独尊的心态，不愿意父母再生育第二个孩子，等到父母再想生育第二个孩子时，很难改变大孩已形成的不再生弟弟妹妹的观念。而父母一旦决定再生第二个孩子，大孩就会长期抵抗，甚至在二孩出生后拒绝、排挤，对二孩不亲。

②父母任由大孩接触"生二孩有害处"等信息。当前社会上、小区里、家庭中会不断地给大孩传递"不要生第二个"的错误信息，父母并不加以阻止，甚至也会开玩笑似地跟大孩说："如果有了二孩，就会跟你争抢东西，就会把父母的爱分散到他身上，你得到的就会减少。"这些错误的信息，让大孩对未来可能要来的二孩充满抵触、敌意。

③父母哄骗大孩自己家不会生二孩。通常情况下，大孩子接触到不良的信息后，会跟父母争吵不要生第二个孩子，父母不是正面地引导孩子的观念，不是跟孩子解释生第二个孩子对他有帮助，是给他一个亲密的礼物，而是哄骗大孩说："好的，我们不要生弟弟妹妹。"而在哄骗大孩的同时，却悄悄地准备生育二孩的行动，当等到大孩发现父母真实的做法后，就会对父母这种欺骗行为产生更大的抵抗，更加会对未来弟弟妹妹不满和排斥。

④父母未及时消除大孩对生二孩抵触的情绪。大孩在认同了社会上传递给他的不要生弟弟妹妹的观念后，会对父母要生二孩的计划产生抵触，而父母不重视大孩这些情绪，不关心大孩的内心想法，就不会跟大孩进行全面充分的沟通，也没有跟大孩进行生二孩会给他带来哪些益处的教导，使得大孩的心理一直处在紧张、抵触的状态。这不仅不能理顺大孩的情绪，还给大孩在二孩出生后抵触、排斥埋下了更深的隐患。

家庭教育建议

父母要预备好生养二孩的心，也要引导大孩迎接弟弟妹妹的心。避免大孩接触不要生弟弟妹妹的信息而产生抵触心理，要向大孩说明生弟弟妹妹会带来的益处，邀请大孩参与到准备生二孩的日常行动中，使得大孩满怀欢喜和期待等待弟弟妹妹的到来。

①主动带大孩接触二孩的群体。家长可以多带大孩接触已经是二孩的家庭，让大孩跟他们一起玩耍，使得他能亲自感受到大孩跟二孩互动带来的快乐，让大孩从二孩甚至多孩家庭的亲密关系中，盼望也有一个弟弟妹妹。相应地，家长要避免带大孩接触那些决定不要二孩的家庭，以减少他们对大孩传播不要二孩的错误观念。

②父母要多跟大孩交流有关生二孩给他带来的益处。父母可以客观地、温和地跟大孩沟通，向他讲明家庭要生二孩能给他带来的美好结果：会给他带来一个亲密的伙伴，这个亲密的伙伴会像一个可爱的同伴，是他未来成长好的伙伴，会是他一生相伴的亲人，会在困难的时候给他带来帮助和支持。让大孩在内心中产生对二孩的渴盼，并真心地期待二孩的到来。

③父母要及时解答大孩对生二孩的疑惑。即使父母给大孩进行了相关的引导，大孩也会时而对要生一个弟弟、妹妹产生困扰，他会想到二孩会跟他抢玩具，会跟他分各种好东西。家长要及时安抚大孩的情绪，表示理解和同感，同时，跟大孩讲明白在这些可能的问题出现之前，父母会做好相关的准备，比如，会给他们买同样的玩具，也告诉大孩，在问题出现之

后，父母也会帮助他们解决，使得他们亲密地相处。这样就能消除大孩的各种担忧和顾虑，愿意接纳未来的弟弟妹妹。

④父母要跟大孩明确家庭要生二孩的态度。家长在跟大孩进行了充分的沟通后，要明确地告诉大孩："我们家生二孩是一个确定的计划，不会因为你的无理取闹而放弃。"他要做的是满怀期待地迎接弟弟妹妹的到来，这是给他准备的最好的礼物。父母不要用欺骗的方式来对待大孩，而是向他明确说明生二孩的计划，用确定的态度推动大孩逐渐认识到这是一个事实，并慢慢认识和接受这个计划。

⑤鼓励大孩参与到生育二孩的准备工作中。如果家长已经跟大孩进行了相关的沟通，使得他在思想上愿意接受弟弟妹妹，孕育也已经进行，就可以多邀请大孩参与到孕期行动。比如：让大孩跟爸爸一起照顾妈妈，跟爸爸一起听胎动，让他抚摸妈妈肚子里的宝宝，陪妈妈一起散步，跟妈妈一起准备二孩的衣物、玩具等。跟他一起设想弟弟妹妹出生后，家里如何活动，鼓励他期待弟弟妹妹的到来。这样的做法，能让大孩非常盼望弟弟妹妹的出生，并且在二孩出生后，他也能积极主动地参与到日常养育过程中，积极地陪同二孩成长。

二　为什么要把孩子们放在一起养

如果家庭生了二孩或者更多孩子，要尽力放到一起养育，而不是把他们分开交给爷爷奶奶或者其他亲属帮养。

把孩子们放到一起养，是指父母把孩子们放到自己的身边一起养育。不是把孩子分别送给爷爷家、外婆家或者其他人家养。

也不是把孩子分给父母，每个人主要带一个。

把孩子们一起养育，父母都要参与每个孩子的养育的各个环节，妈妈对大孩担任什么样的角色，也要对二孩担任什么样的角色，爸爸对大孩有什么样的养育支持，也要对二孩提供相同的支持。

父母共同养育两个或者多个孩子，要引导孩子们在日常生活中密切交

流，引导他们在共同的行动中相互关爱，培养他们相互包容和相互关爱的观念，促进他们亲情关系的发展，最终形成牢固的手足情谊。

> **误区**

很多养育多个子女的父母，迫于精力、财力等，把孩子们分开，分别放给老人帮忙养育，这看似能解决养活孩子的问题，但是不能解决孩子们相互间亲情养成的问题。

①把孩子分开在不同家庭养育。父母迫于现实的各种原因，有了二孩后，把其中的一个放到外婆家或者奶奶家养育，等他们能上幼儿园时，再接到父母身边养。这似乎能解决父母养育孩子精力不足的问题，但是，这让放在奶奶家或者外婆家的孩子人格不能得到全面的发展，也阻断孩子们之间的亲密交流，不利于他们相互亲情关系的建立。

②两个孩子虽然在一个家庭养育，但是父母不参与孩子们的抚养和教导，主要由老人帮着养育孩子。另外一种情况是，父母把两个孩子都放到外婆家或者奶奶家，长期不在孩子身边，基本没有对孩子有养育和教导的行为。这两种做法，都没有尽到父母对孩子的养育、教导的职责，当然也就没有培养孩子间的相处能力，也缺乏对孩子们亲情关系养成的引导，使得孩子间不是相亲相爱，而是相互冲突，甚至对抗。

③两个孩子由父母分开带。二孩出生后，父母做了分工，爸爸固定地带一个孩子，妈妈固定地带一个孩子。这看起来好像很平均，很符合分工，其实，这样做法非常有问题，因为父母分开带孩子，阻断了孩子们正常的交往，使得两个孩子缺乏充分的共同生活，也缺乏足够的交流和互动，只有少量的时间是把他们放在一起玩，而在这个过程中，因为平时缺乏足够的交流互动，两人又会常常发生冲突，这样分开带孩子的做法，阻碍了两个孩子相互的认同，对孩子的个性养成和亲情培养都非常不利。

④父母疏于对第二个孩子的管教。父母自以为养育大孩时已经有了经验，养育第二个乃至更多孩子不会有什么问题，于是放松了对第二个孩子

个性发展的引导，疏于对第二个孩子不良行为的及时纠正和教导，任由其肆意发展，这就相当于娇惯第二个孩子，最终导致第二个孩子难以形成良好的个性，人格发展受限。同时，第二个孩子也因为个性发展没有得到好的教养，和大孩的冲突也就不断，破坏亲情关系发展。

⑤父母不让大孩管二孩的事情。父母因为担心大孩跟二孩的交往会产生冲突，索性不让大孩参与二孩的日常事情，父母通常会说："你不要管弟弟（妹妹）的事。"这看似也会让大孩在一定程度上远离二孩，减少二人之间的冲突，但是，父母不断要求大孩子远离二孩子的一般的生活行为，会使得二人的交往频度降低，互动程度不高，大孩也就不太愿意关注二孩，两人心理距离就会加大，这也不利于亲情关系的建立。

家庭教育建议

父母既然决定要生育二孩，就要尽力克服各种困难，把两个孩子放在自己身边共同养育，并引导两个孩子亲密交往，培养他们相互认同、相互关爱的亲情关系。

把孩子分开在不同地方养，或者父母分工单独带某一个孩子，都是非常错误的做法。不利于孩子亲情关系的建立，甚至会导致他们相互间冷漠以对，冲突对抗，对家庭亲情关系的发展破坏性很大。

①父母要把两个孩子带在自己身边养育。父母要有克服诸多困难的思想准备，无论是工作原因、生活原因等，都不要成为把两个孩子分开养育的借口，都要尽力排除这些困难，把共同养育多个孩子放在首位，尽量把孩子带在自己身边养育。

如果把两个孩子分开养育，还不如不生养第二个孩子。因为两个孩子在一起，在空间上，没有了交往的阻隔，能够亲密无间地交流，在相互认知上，两人每天在一起，可以相互认同和关爱，这对他们相互情感的建立具有不可替代的作用。即使两个孩子经常有冲突，只要父母及时纠正和引导，也能使得两个孩子在冲突中学会如何处理矛盾，如何与对方友好交往，这种能力，是一个没有经历过太多冲突情景的孩子所不具备的。

反之，分开在不同家庭养育的孩子，他们之间好像没有相亲相爱的感觉，这是因为他们没有在幼儿时期形成紧密的亲情关系，相互之间因陌生而冷淡。这样的关系一旦固化，后面就很难改变，也就是人们常见的兄弟姊妹间没有什么相互关爱，形同陌生人。

②父母要共同参与两个孩子的养育，不可以分工一个人带一个。父母分工各带一个孩子，首先使得两个孩子相互间交往的频度降低，二人缺乏充分交流、相互参与的机会。此外，还会使得两个孩子与父母的交往频度有不同，使得孩子只对带自己的爸爸或者妈妈产生顺服和依恋感，而对不带自己的爸爸或者妈妈的依恋程度、尊重程度、信赖程度不高，对父母在自己生命中的地位有轻重不同的对待，这也会导致孩子与父母一方产生疏远感，不服从其中一方的管教，进而破坏整个家庭的相互关爱、紧密相亲的关系。

而父母共同养育所有的孩子，能够让孩子在共同的生活情境中成长，无论他们是合作还是冲突，都能增加他们交往的频度，增加他们的亲情感受。此外，父母共同养育孩子，使得每个孩子都能均衡地得到父母的关爱，能够让每个孩子都能对父母产生依赖和信任，都能尊重父母双方，这对家庭关系的充分发展，对完善家庭成员稳定的亲情关系都有积极的促进作用。

③不可以让老人主导孩子的教养。父母可以请老人帮助做家务，做好后勤保障，但是，不能让老人主导孩子的教导。因为当前老人与年轻父母在养育孩子观念上有着较大的差异，容易引发育儿观念的冲突，进而带来养育方式的冲突，就会使得养育孩子的方式摇摆不定，这对孩子形成正确的价值观不利。

从经验来说，老人带孩子，几乎都会因为溺爱而放纵孩子，疏于对孩子管教，使得孩子在行为方式上习得不良习惯，甚至导致产生任性、骄横的个性。为了避免因为老人主导教养带来的巨大问题，父母要担当起教养儿女的责任，哪怕是养育多个子女，都要由父母亲自养育，而不能放手给老人主导养育。

父母亲自主导孩子的养育，用客观、端正的教养方式引导孩子发展，可以及时纠正孩子的不良行为，督促其养成好的行为习惯，这个作用，是老人养育孩子所不能达到的。

④父母不可放松对第二个孩子的管教和引导。家长通常会说把第二个孩子当猪养，这是错误的观念。不能因为有了养育第一个孩子的一些经验，就想当然地放松对第二个孩子的有效教导。父母除了给予第二个孩子生理性成长的必要支持外，更要加强对第二个孩子健全人格养成的引导。像对待第一个孩子那样认认真真地观察第二个孩子的发展变化，在不同的阶段提供及时的帮助、纠正等行为，在第二个孩子出现不当的行为时，及时加以纠正和教导。只有用同样认真负责的态度养育第二个孩子，才能使得他避免养成任性、自私、慵懒等性格，而是形成积极向上的个性。

⑤父母多鼓励大孩参与到二孩的发展中。父母要鼓励大孩一起参与弟弟妹妹的日常起居料理的各项活动，比如，邀请大孩一起为二孩洗澡、换尿布、挑玩具、挑选物品等，鼓励大孩给二孩讲故事、照看二孩等，在遇到家庭有决策的时候，让大孩分享他的观点，表达他的看法，引导他参与决策的过程，让他感受到他也是家庭主角中的一员，而不是可有可无的旁观者，这样能促进大孩形成照顾二孩的担当意识，并养成实际关爱二孩的习惯。

当二孩可以坐起来玩耍时，鼓励大孩和二孩一起玩耍，等到大孩有一定的独立能力后，分配一些大孩能做的照顾二孩的任务，鼓励他去完成，并及时地夸赞他为弟弟妹妹做出的付出，让大孩在照顾弟弟妹妹中获得成就感，他也就能更多地自愿主动地与弟弟妹妹互动，并建立紧密的亲情关系。

三　如何避免偏爱某个孩子

家庭无论有多少个孩子，都应是父母的至宝，他们每一个都是家庭中

不可缺少的部分。

父母要做到公平地对待每一个孩子，用一致的爱、一致的观念和期望，来抚育每一个孩子。父母要在孩子中间做到公平、公正，处理孩子问题时要一碗水端平，不偏袒任何一个孩子，也不冷落任何一个孩子。

父母长期偏爱某一个孩子的行为，会导致家庭关系紧张甚至破裂，会对亲情关系造成难以愈合的长久伤害。

误区

①父母缺乏公平对待每一个孩子的心，内心深处厚此薄彼。最常见的是父母重男轻女，重小轻大，当然，也有相反的。还有的父母依据孩子的外貌，孩子的个性特征等厚此薄彼，不同的孩子，在他们心目中重要程度不同，因此对不同孩子投入的关爱的程度有区别。这样就使得孩子们相互间嫉妒、愤恨，不仅不能让孩子之间相互关爱，反而因为怨恨父母不公平而相互排挤和对抗。

②父母对待孩子的行为上不公平。父母一旦在思想上对待孩子有差别，就会在行为上做出来，对待孩子有偏向、有倾斜。对待喜欢的孩子就关爱有加，而对待自己不喜欢的孩子就责骂冷落。在物质给予上有差异，在情感关爱上有差异，在提供必要的帮助上有差异。比如，父母给自己偏爱的孩子买他喜欢的东西，尽力满足他的所有要求，而对自己不喜欢的孩子不主动给他买东西，对他的要求不理睬，不去主动满足。父母这些偏爱的做法，会让孩子们相互争宠，导致亲情关系难以建立。

③父母经常拿孩子们进行比较，指责其中他们认为不好的孩子。父母如果有了对自己孩子们厚此薄彼的心，就会寻找孩子间的差异，把自己喜欢的孩子优点给放大，用来跟不喜欢的孩子做对比，借此来贬低不喜欢的孩子，把不喜欢的孩子的缺点拿出来大加批评、指责。通常使用："你哥哥（弟弟）可不是这样，你姐姐（妹妹）可不是这样做的，要是他，他早就会了。你一点都不如你哥哥（弟弟）/姐姐（妹妹）。"等话语来责怪另外一个孩子。这样的做法，更加伤害了被指责的孩子的自尊心，使得他对

父母和兄弟姐妹都有怨恨。

④父母语言上的几个误区。父母通常会跟孩子看似开玩笑地问:"爸爸妈妈更喜欢你们哪一个啊?你们哪个更让爸爸更开心?"这是人为地来制造孩子间的攀比和对立。

夫妻间在语言上把孩子归属于另外一个人的,通常会责问地说:"来看看,你儿子怎么怎么了,你女儿怎么怎么了。"或者说:"去,把你儿子弄过来,去,给你儿子洗澡。"等等,说这话的时候,仿佛孩子不是自己的,这会让孩子慢慢认为他可能只属于父母中的某一个,长此以往,他就可能只爱父母中的一个。

父母一味地批评某个孩子,并拿另外一个孩子做对比,并要求被批评者让步,常说:"你就不能让着你弟弟(妹妹、哥哥、姐姐)吗?"这就给孩子传递出一个信息:另外一个孩子比他更重要。

家庭教育建议

多子女的家庭,每个孩子都应当得到公平的对待,都应当得到无差别的关心和积极的支持。

父母在思想观念上要有公平的心,时刻警醒自己是否毫无区别地把孩子们当作无差别的人。保证自己在内心最深处,对待所有的孩子都是公正的、均衡的。

父母更要在行为上、语言上公平地对待孩子,无差别地积极支持每个孩子的发展,让他们实实在在地感受到父母无差别的爱。只有通过父母公平地关爱孩子,培养孩子之间浓浓的亲情,才能避免子女间相互产生矛盾、冲突和仇恨。

①父母要预备自己的心态,端正自己内心深处的想法,做到心里无差别地对待每一个孩子。想要生育二孩的父母,就要在自己的内心深处做好准备,是否可以公平地接纳新的生命,是否可以在未来的生活中公平地对待两个甚至多个孩子。当自己做不到的时候,如何调整,如何去改变,这需要提前做好反思,并进而改变自己可能不公正的心。

准备好公平地对待孩子的心,在养育孩子过程中反复叩问自己是否对待每个孩子都有公正的心,是否对待每个孩子都有平等的观念。只有这样,才能防止父母对孩子偏爱,防止因为偏爱导致家庭成员间的冲突和矛盾。

②父母要平等地关爱孩子。父母不仅在内心中要持有公正,还要在关爱孩子的具体行为上体现出来。给予孩子的物质条件要一样,给予孩子的精神关爱要一样,无论哪个孩子有需要帮助,都要及时地提供积极的支持。

不能以任何一个借口厚此薄彼,那样不仅不能让受宠的孩子得到真正的爱,也更不会让缺少关爱的孩子得到有效的支持,而是使得孩子间相互嫉妒和排挤,这会导致整个家庭亲情关系变得扭曲,甚至发生家庭悲剧。

③父母不要拿孩子作对比。不把大孩子和小孩子做比较,尤其不能拿小孩子跟大孩子比较,家长通常无意地说:"你哥哥(姐姐)像你这样大的时候,就已经会了。"或者说:"你哥哥(姐姐)从不那样。"这些话语都是对被批评的孩子极大的伤害,会使得他逐渐恨哥哥(姐姐),加剧他们之间的矛盾,不利于他们相亲相爱地融合。

④父母要避免在语言上伤害孩子。不要拿弟兄姊妹进行对比,并借此嘲笑他,也不要询问孩子"父母更爱哪一个",可以经常跟孩子说:"爸爸妈妈都爱你们,爸爸妈妈一样地爱你们,你们也一样地爱我们。"让孩子在认知上理解父母公平对待他们的心意。

不把孩子在语言上归属于爸爸或者妈妈,如果要表达指代,就说:"去,给我们的孩子洗澡,去帮咱们的孩子拿东西。"

除了必要的引导和教导时对孩子使用严肃的语言外,不对孩子一味地指责,不对任何一个孩子说"你永远都不会,你一直都不会"等话语。而是鼓励孩子说:"不要担心,你现在不会的事情,等你再长大一些,就会了。不要担心,爸爸妈妈一直爱你。"

⑤父母帮助柔弱的孩子,而又不失公允。二孩中可能会出现发展阶段的差异性,比如老大三岁多了,已经会跑了,老二还不到一岁,可能还不会走,这时候给予第二个孩子提供更多的时间陪同是必要的。如果大孩子

因此埋怨父母对第二个孩子更多的陪同和帮助，父母就要告诉大孩："在你学走路的时候，我们也是这样帮助你的，现在帮助弟弟（妹妹）是应该的。"让暂时不需要帮助的孩子明白父母对他们略有不同的养育行为背后，是充满着爱的。同时，也要对另外一个孩子经常关心，防止他受到冷落。这样做，能及时传递出爱的思想，而不是让孩子感觉到不公平。

⑥父母要引导并鼓励孩子们互相关爱、包容、忍让，多为对方做可以做的事情。父母甚至可以制订一个规则，家人间每天为对方做一件有爱心的事。父母要以身示范，每天为家庭成员做有爱心的事情，也要求孩子们每天为对方做有爱心的事情。

鼓励孩子们相互照顾、相互谦让、相互分享，而不是争抢。鼓励大的多带领小的，引导小的多服从大的，相互分享着玩具玩，遇到无法同时使用或者分开玩的物品，要依据秩序轮流玩，做到谦让而不争抢。

四　如何处理孩子间的冲突

二孩及多孩家庭，孩子间一定会有冲突，不是大的招惹小的，就是小的跟大的争抢，如果及时地引导，就能够化解他们之间的矛盾，促进他们相亲相爱。反之，父母不公平地对待孩子，或者任由孩子间相互争抢甚至厮打，就不利于亲情关系的建立。

父母要常陪同在孩子们的身边，及时发现冲突，及时制止冲突，并提供解决的办法，帮助孩子们认识到问题所在，并一起化解矛盾，让他们相互和解，进而增进他们之间的亲情。

误区

①父母对孩子们的冲突视而不见，任由他们相互对抗。父母对待孩子间冲突的观念有误，认为孩子们冲突不需要大人干预，他们打打闹闹之后就自然好了。因此，父母对孩子间的冲突基本不管不问，由孩子们肢体上冲撞、语言上攻击、情绪上躁动，并不加

以制止和引导，这样放任的做法，往往使得孩子争吵不断，甚至打斗不断。这会让孩子间相互争抢、排挤，甚至侵犯，而不能培养他们之间的真心关爱、帮助。

②父母调解冲突时偏袒一方。虽然父母对孩子间的冲突有所制止，但却不能做到公平，不是依据事实来判断谁对谁错，而是靠对哪个更偏爱来判断对错，甚至颠倒是非，以各种理由偏袒其中一方，使另外一个孩子觉得委屈和愤懑。父母这样的做法，不仅不能让孩子的冲突减少，反而使得受到不公正对待的孩子更加怨恨被偏袒的孩子，甚至使得他将来嫉恨父母，对家庭没有归宿感，也就不会关爱家庭。

③父母以暴制暴，用体罚来替代言语的教导。父母调解孩子间的冲突本来应该是依据事实，客观分析，用语言教导孩子们不应该怎么做、应该怎么做。而有的父母为了制止孩子的冲突，不是用语言沟通来分析对错、判定责任，而是不加区分地，把两个孩子都打一顿。这样简单粗暴的方式，不能让孩子明白自己错在哪里，也不知道怎么做是合适的，也就不能有效地减少冲突。

④父母在孩子冲突后寻求帮助时斥责他。孩子发生冲突后，一方或者双方主动到父母面前，寻求大人的帮助，而父母却斥责他们，让他们走开，或者质问他为什么要惹事。父母以为这样就能让孩子们不冲突，而这样做，却把孩子们推到了孤立无援的地步，因为他们发生了冲突，靠自己的办法无法解决时，才来寻求父母帮助，而父母斥责他们，冷落他们，就把他们希望通过父母调节的愿望给浇灭了。

这样做，会让孩子对父母失去信任，也不能让他们明白如何解决冲突，他们在得不到指导的情况下，就有可能继续冲突、打闹，会把手足关系弄得更糟糕，不能使得孩子间养成好的亲情关系。

> **家庭教育建议**

二孩或者多子女家庭，孩子间因为年龄的差距、认知的差异、兴趣的偏好、性格特点不同等原因，会使得他们在交往中产生摩擦和冲突，这本是常见的现象，也是必然的过程。父母要做好迎接孩子们会产生冲突的现实，并正面引导他们，使得孩子间在刚出现冲突时，就能得到正确的引导。父母帮助孩子们化解冲突，借着调解冲突来增进他们的亲情关系，促使他们相互关爱、相互包容。

①重视孩子间的冲突，并及时化解。不可以由孩子们用冲突的方式解决冲突，那样会带来无休止的打闹，甚至升级为暴力打斗。当孩子发生冲突时，家长要及时制止，并要求双方同时在场，让他们依次陈述发生冲突的原因，讲明他们希望得到什么样的结果，通过这样的方式，来查明冲突的事实真相，家长再依据这些事实，公平地判断他们谁对谁错，哪一个该道歉，哪一个该承担责任，哪一个该归还物品等。

家庭教育中，也可以以预防为主，父母平时多以身示范，树立谦让、关爱的做法，使得孩子们也慢慢学会关爱对方，相互包容，把冲突的可能降到最低的程度。

②不允许孩子间有攻击性的互动方式。孩子间通常会用打闹的方式来玩耍，比如，用垫子拍打对方，向对方扔砸物品，抱着对方扭动，拉着对方扯动等，这些在孩子们看来可能是在游戏，如果不加以制止，就有可能养成固定的互动习惯，随着他们放任式的打闹，就会升级成更大的攻击性动作。这样的习惯，轻则使得他们尖叫哭喊，重则导致身体受伤，更严重的是，他们会把这样的方式用来攻击其他孩子，制造更大范围内的交往冲突。

因此，父母在孩子刚有打闹型的嬉戏时，就要当机立断制止，告诉他们不可以用拍打、扭打、抓扯、抛掷等方式来玩耍，把他们可能养成攻击性交往的习惯消除在萌芽状态。

如果孩子们已经有了这样的习惯，也可以通过管教、教导等方式，要求他们逐步消除这样的习惯。取而代之的是，鼓励他们通过做手工、拼积木、运动等可以共同参与的方式，来引导他们养成温和的交往习惯。

③调解孩子冲突时要客观、公平，不能偏袒。父母在孩子发生冲突时，要查明原因，就要让孩子们都在场，要求他们按顺序分别陈述，不可只是让一方陈述，不允许另外一方说明，在他们分别陈述事实后，再当面质证，以保证他们陈述的内容是客观的，而不是编造的。只有让两个或者多个孩子都充分陈述，充分表达各自的感受和看法，才能较为客观地查明冲突的原因，而避免冤枉或者委屈另外一方。

父母在弄清楚事实后，要以公平的心态，判断孩子对错，不替任何一个孩子找借口，不为任何一个孩子辩解开脱，对做对的孩子进行鼓励，对做错的孩子进行管教。让引发冲突的孩子得到惩戒，让受委屈的孩子得到安慰。

父母只有公平地对待每一个孩子，才能在孩子心中树立威信，也才能让做错事的孩子甘心改正，也才能让做对的孩子继续保持对的方法行事，也才能让孩子们感受到家庭的公正、平等，才有可能避免因为偏爱导致的嫉恨和更大的冲突。

④用说理的方式调解孩子的冲突。孩子冲突固然会让父母情绪焦躁不安，但做父母的要控制自己的情绪，耐心地陪同孩子们一起分析冲突的原因，再用说理的方式，让他们明白自己的行为对错，不能直接吼叫孩子或者打骂孩子。用高压威胁的方法使得他们停止冲突，只能是暂时的，不能解决孩子心里的认知问题，也就不能使得他们真正愿意减少冲突，甚至还会引发更多的冲突。

常用说理的方式让孩子明白是非观念，明白和弟弟妹妹（哥哥姐姐）间的交往什么是可以做的，什么是不可以做的，以及如何关爱对方、包容对方，在日常生活中如何主动爱对方。那么，这些深入他们内心的观念，才会使得他们愿意用温和的、充满爱的方式来对待弟弟妹妹（哥哥姐姐），实现更长久的友爱相处。

⑤父母对孩子冲突时的请求要有积极的回应。孩子在冲突中觉得委屈、觉得吃亏了，就会寻求父母提供帮助，他们期望父母帮助自己，或者希望父母公平地解决问题，讨回公道。这一时刻，寻求帮助的孩子内心是脆弱的，他渴望关爱、渴望被积极地对待。父母在这个时候，要及时帮助孩子们解决问题，而不是冷落他们或者呵斥他们离开，而是要耐心地听他们陈述，并可以对孩子们说："我理解你们，我爱你们。我们来一起解决问题。"

给予上述回应后，父母再要求孩子们依次分别陈述，在查明事实后，依据事实，公平地处理他们的冲突，让做错的孩子道歉，让做对的孩子说没有关系。引导他们真心地相互关爱、相互包容。

后　记

　　生儿养女本是人的职分，一代生一代，代代相传，人也就遍满了大地，这是奇妙而伟大的作为。

　　我的父亲名叫孙行艮，母亲名叫雷国英，他们生活在河南省淮滨县谷堆乡孙岗村，和祖辈一样，都是地道的农民。他们靠着淮河南岸的土地维持生计。

　　到了我们这一代，家中有四个儿女：我的三位姐姐和我。父母养育了我们，也把他们二人的勤劳、坚毅、忍耐、善良等品质传递给了我们，当然，也把他们的急躁、争吵传递给我们。他们把人性最真实的东西浇灌在我们身上，这就是养育的本质。我的姐姐们，也在我成长的过程中，把爱给了我，成为我生命中的成长要素。我要对父母和姐姐们说：谢谢你们！

　　按照当前年轻人的择偶标准，我是讨不到妻子的。而我的妻子蒋淑婷对我却没有太多的嫌弃，愿意嫁我为妻，并和我共同生养了两个男孩，担当起为人父母的职分。我要对妻子和她的父母、妹妹、弟弟表达同样的谢意。他们的家庭，成就了我们的家庭，让我们的生命得以延续。谢谢你们！

　　讲个笑话：我原本不是写育儿书稿的，本书纯属意外之笔。

时光大概要回到 2014 年左右，那时，我写了一本关于摩旅西藏的游记，正寻找出版社出版的时候，认识了福建教育出版社的林春森老师，互加了 QQ，跟他交流了书稿的情况，却没有达成出版的意向。

　　本以为事情就这样结束了，各自过自己的日子，没想到林春森老师却看上了我 QQ 空间每日分享的育儿记录，还时常为我点赞。过了一些时日，他主动联系我，问我能不能写一些育儿经验的文字，我当场推脱说：我哪有那本事，QQ 空间记载的育儿内容只是记录孩子成长的流水账，我不过是摸索着前行，跟别人学习还来不及呢，哪里会写育儿经验哦。

　　确实，我那时在 QQ 空间记录孩子成长，只是想把他的日常成长记录下来，等他长大了，作为礼物送给他。根本没有想到所谓的经验和方法，我想的无非是让孩子在自由的环境中自主成长，尽可能地养成健全人格罢了。

　　而林春森老师却不离不弃，继续关注我的育儿记录，还是偶尔询问我能否写一些养育孩子的经验，我依旧对他说不行。但他如此的启发，使我冒出留心记录以便将来写点东西的想法，或许可以总结出一些经验来，促使我更好地养育孩子，也惠及更多的孩子。

　　随着我们家大孩子的成长，我对孩子成长中各种状况的亲历经验也在不断增加，到了 2017 年，大孩子快五岁的时候，在林春森老师的再次邀约下，我感觉到自己好像有一点点育儿感悟与大家分享了，只是还不成熟，还不成体系，不能动笔。

　　林春森老师依旧对我鼓励有加，甚至和我讨论起如何教养儿女，如何把孩子养成人格健全的人，而不是仅仅会考试的人。就这样，我被他的鼓励感动了，决定在记录孩子成长的基础上，试着总结出一些提纲性的内容，集结成书，以飨读者。

　　然而，把经验凝结成观点不算容易，从 2017 年底到 2022 年秋，在差不多五年的时间内，我拖拖拉拉、走走停停，才把初稿完成。原本定的出版时间一拖再拖、一变再变，我觉得愧对林老师。想要对林春森老师说：谢谢您！感谢上天让您出现在我的生命中。

也想对读者们说：若不是林春森老师，就没有这本书。

更为可喜的是，林老师起初关注我们育儿的时候，家中只有大儿子，到了2017年，二儿子也出生了，我一并记录他俩的成长，养育过程也有了许多新的经验。这可乐坏了林老师，他鼓励我把养育两个儿子的经验也一并记录下来。就这样，从养育一娃的经验，变成了养育两娃的经验，多么奇妙的事情。

时至今日，得知林春森老师已退休，开启生命中另外一段旅程，朝往更美好的地方，本书的出版是对他生命美好的祝福。

感恩的是，梁怡婷编辑接续林老师完成书稿的编辑出版工作。她是我厦大校友，一位热心、友善的学妹，她亦为本书付出诸多心力，在此对她表示感谢，愿她的编辑工作日后更为成功！

这两个娃，哥哥叫贝西，弟弟叫珮杰。其间，我父母来到我们工作的城市，帮我们照看孩子长达十年之久，这样舍己的付出，只有在亲情力量的支撑下才能做到。若不是我父母如此全然无私的关爱，无法想象我们能有时间、精力养育出两个健康的孩子。感谢我的父母。

贝西和珮杰是在散养的模式中长大的。我们生活在广西大学的院子里，那里的农田边是他俩自由活动的天地，他俩自由地奔跑、攀爬，自由地钓鱼、摸虾，自由地游泳、骑行，自由地种菜、种花，自由地探险、采摘，自由地交友、玩耍。我们注重他俩的独立性、主体性的养成，我们把他们当作有独立能力的人来对待，支持他们的观点，支持他们的活动，而不是把他们掌控在我们的主权之下。我有时候会想，等以后把他俩的成长记录整理成另外一本书，名字或许可以叫《在城市的村里养俩娃》。

因为我坚信，孩子在运动能力、认知能力、情感表达、独立能力、交往能力、适应能力、解决问题能力、良善的品格等方面的发展，要比仅仅会应对考试更重要，要比功利性地养成某种才艺更重要。为此，我们也就更加注重贝西和珮杰在这些方面自由、自主地发展，有意引导他们自由探究，支持他们最大可能地独立尝试、独立完成、独立解决问题，并严格要求他们在是非观念、道德品行上追求良善，远避恶行。

也就是在这样的观念下，两个孩子成长得还不错，无论是在体能健康上，还是在思维逻辑、语言表达、交友沟通、独立能力、坚韧毅力、情绪情感、好奇探索、运动技能、创新创意、解决冲突上，他俩都有相应的品质，也养成了正直、怜悯、善良的道德品格。

要感谢在我准备写作之时，自愿帮我整理空间记录，以便作为写作背景资料的几位同学，他们是：邓肖肖、李世敏、刘桂玲、刘珍莉、肖佳鑫、钟彩云、曾雪萍。谢谢你们付出的时间和精力，为我写作提供了便捷的素材。他们现在都已经工作，甚至有的已为人父母，祝愿他们的孩子也能成为全面健康发展的人。

也感谢先后为分享育儿经验的公众号编辑的几位同学，他们是：卢璐、杨静（郑州）、王家兰、许海敏、刘建霞、陆铭颖、芮箕俊、赵若洪、郑雅华。谢谢你们让贝西、珮杰的成长过程展示在公众中间，带动更多人主动参与到孩子的养育中。

感谢我的博士导师周川教授，他像慈父一样包容我如此不学无术，认可我如此这般荒废专业只顾陪娃的做法，并欣然作序鼓励我继续前行，爱生之情跃然纸上。贝西三岁那年和我去他办公室拜访，老师对他关爱有加，并以一本植物百科全书送他，暖心之举，至今难忘。祝愿老师和师母安康顺意。

也感谢我的硕士导师母小勇教授和师母，虽然我们远隔两地，每每回去看望，总会关切地问起贝西、珮杰成长的情况，他们更以恩爱、和美的家庭氛围，给我们养育孩子树立了榜样，也祝愿老师和师母顺意安康。

也感谢对贝西、珮杰和我在美国访学期间给予无私帮助的师友，他们是李亚东、时尽书、Mr. Bobby、Sydney、Joshua、Cray、Nathan、Patrick、Leo、Mrs. Angela、Mrs. Noel、Mrs. Rachel、Mrs. Salters、Mrs. Jones、Mrs. Stovall、Mrs. Norma Jean、Mrs. Erin、Mrs. Vania、尹建军、蒋瑞莲、陆端军、黄泓、李雯、裴晓玲、陈彩霞、孟妍、谌悦、徐文雅、岑慧贤、刘子豪、朱水萍、张怀胜、潘莉、赵晶瑾、赵永祯、苏平、章琦、汪春阳、雷蕾、刘勇、王振友夫妇及其家人、卢永欣、田春来、雷湘竹、杨彦等，谢谢你们陪伴我们进入新的生命历程。还有贝西的好朋友：翟翼、甜甜、洋洋、来来、溪溪、安妮、暖暖、如怡、紫玉、欣欣、壮壮、安安、开心、可可、SanDiego 和他的妹妹等，感谢你们陪伴贝西一起成长。

感谢在 QQ 空间、微信公众号、新浪微博、广西人民广播电视台等渠道上关注贝西、珮杰成长的朋友们，你们不断的点赞、留言鼓励我持续前行，使得我能坚持走到今天。也祝愿你们的孩子都健康成长。

感谢我的姐姐孙存月、孙存莉及外甥外女们，你们在贝西、珮杰成长过程中给予的关爱，对他们的温暖照顾，很多是我所做不到的，谢谢你们。

也感谢关心贝西、珮杰成长的我的同学、亲友、邻居，以及他们俩的老师，你们在不同场景中给予贝西、珮杰自由成长的各种支持，都是他俩健全人格发展的宝贵因素，有了你们的包容、支持、教导，才有了他们更加全面的发展。

也感谢贝西、珮杰成长中一起玩耍的小伙伴们，你们是他们俩生命中不可或缺的宝贵财富，等将来你们长大了，看到这些文字时，愿你们还能够记起曾经一起度过的美好时光。也愿上天护佑你们的成长。

也愿读到本书的读者，能用爱的信念陪同自己孩子健康成长，努力让孩子养成独立、自由、坚毅、善良的品质，也愿你们的孩子得到满满的爱，健康快乐地成长，成为人格健全的人。

在近十一年的陪伴中，我几乎每天都拍照、写文字，记录贝西和珮杰的生活点滴，从每日记录中总结经验，成了本书，这不是因为我有能力，而是厚赐恩典的上天眷顾，让我把这样的陪伴成长经验聚成了贵重的礼物，赐予养育子女的千万家庭，成为大家的福分，愿这样的厚爱能从这里分享扩散。

孙存昌

2024年1月9日于广西南宁